HANS-JÜRGEN KION

Eventualverhältnisse im Zivilprozeß

Schriften zum Prozessrecht

Band 24

Eventualverhältnisse im Zivilprozeß

Von

Dr. Hans-Jürgen Kion

DUNCKER & HUMBLOT / BERLIN

1971 Duncker & Humblot, Berlin 41
Gedruckt 1971 bei Feese & Schulz, Berlin 41
Printed in Germany
ISBN 3 428 02479 6

Dem Andenken meines Vaters

Walter Kion

Vorwort

Die vorliegende Arbeit ist im November 1969 abgeschlossen worden und hat der Juristischen Fakultät der Johann Wolfgang Goethe-Universität in Frankfurt am Main im Sommersemester 1970 als Dissertation vorgelegen. Die in der ersten Jahreshälfte 1970 erschienene Literatur und Rechtsprechung ist nach Möglichkeit noch in den Fußnoten berücksichtigt worden. Dagegen konnte die Abhandlung von W. Merle „Zur eventuellen Klagenhäufung“ in ZZP 83, 436 ff., die erst im Oktober dieses Jahres erschienen ist und die Ergebnisse meiner Arbeit weitgehend bestätigt, leider nicht mehr eingearbeitet werden.

Meinem verehrten Lehrer, Herrn Professor Dr. Gerhard Schiedermair, schulde ich herzlichen Dank für die mir bei der Anfertigung der Arbeit in jeder Hinsicht gewährte Unterstützung. Dankbar verbunden bin ich auch Herrn Karl Günther Deubner, Richter am Landgericht Frankfurt, der mir die Anregung zur Bearbeitung dieses Themas gab.

Frankfurt am Main, im Dezember 1970

Hans-Jürgen Kion

Inhaltsverzeichnis

Dritter Teil

Mehrheit von Streitgegenständen bei Eventualverhältnissen (eventuelle objektive Klagenhäufung)

Vierter Teil

Die prozessuale Behandlung von Eventualverhältnissen im Zivilprozeß

Abkürzungsverzeichnis

AcP	=	Archiv für die zivilistische Praxis
AP	=	Arbeitsrechtliche Praxis
BAGE	=	Amtliche Sammlung der Rechtsprechung des Bundesarbeitsgerichts
BGHZ	=	Amtliche Sammlung der Entscheidungen des Bundesgerichtshofs in Zivilsachen
BlfRA	=	Blätter für Rechtsanwendung
DB	=	Der Betrieb
DJZ	=	Deutsche Juristenzeitung
DÖV	=	Die öffentliche Verwaltung
DR	=	Deutsches Recht
DVBl	=	Deutsches Verwaltungsblatt
Gruch	=	Gruchot's Beiträge
HRR	=	Höchstrichterliche Rechtsprechung
JR	=	Juristische Rundschau
JurBüro	=	Juristisches Büro
JuS	=	Juristische Schulung
JW	=	Juristische Wochenschrift
JZ	=	Juristenzeitung
LM	=	Nachschlagewerk des Bundesgerichtshofs in Zivilsachen, herausgegeben von Lindenmaier und Möhring
LZ	=	Leipziger Zeitschrift für Deutsches Recht
MDR	=	Monatsschrift für Deutsches Recht
NJW	=	Neue Juristische Wochenschrift
OGHZ	=	Entscheidungssammlung des Obersten Gerichtshofs für die britische Zone
OLGRspr	=	Rechtsprechung der Oberlandesgerichte
OLGZ	=	Entscheidungssammlung der Oberlandesgerichte in Zivilsachen
RAG	=	Amtliche Sammlung der Entscheidungen des Reichsarbeitsgerichts
RGZ	=	Amtliche Sammlung der Rechtsprechung des Reichsgerichts in Zivilsachen
SeuffArch	=	J. A. Seufferts Archiv für Entscheidungen der obersten Gerichte
Warn	=	Warneyer, Rechtsprechung des Reichsgerichts auf dem Gebiete des Zivilrechts
ZZP	=	Zeitschrift für Zivilprozeß

Im übrigen wurden allgemein gebräuchliche Abkürzungen verwendet.

§ 1 Einleitung

Die vorliegende Arbeit beschäftigt sich mit einem Ausschnitt aus dem Problemkreis der bedingten Prozeßhandlungen, mit den eventuellen Parteihandlungen[1] im Erkenntnisverfahren des Zivilprozesses. Diese haben in der Praxis eine große Bedeutung erlangt. Kaum ein Prozeß vergeht, ohne daß wenigstens eine Partei einen Hilfsantrag stellt oder sich auf eventuelles Vorbringen stützt. Hieraus ergeben lich zahlreiche Probleme, vor allem hinsichtlich des Umfangs der Zulässigkeit, der Wirkung und der prozessualen Behandlung derartiger Eventualverhältnisse.

In Rechtsprechung und Lehre fehlt es nicht an Bemühungen, den Eigenarten und Besonderheiten eventueller Parteihandlungen gerecht zu werden. Vorwiegend beschränkt man sich allerdings darauf, einzelne Probleme gesondert zu behandeln. Dies birgt jedoch die Gefahr in sich, daß der prozessuale Zusammenhang, in dem die Einzelprobleme zueinander stehen, nicht genügend berücksichtigt wird und somit hinsichtlich der anstehenden Einzelfragen oftmals Ergebnisse erzielt werden, die nur schwerlich miteinander in Einklang zu bringen sind.

Aufgabe dieser Arbeit ist es daher, eine bisher fehlende systematische Gesamtdarstellung der den Eventualverhältnissen eigenen Problematik zu geben. Auf diese Weise soll versucht werden, die Eigenart der Eventualverhältnisse im Zusammenhang mit den Grundlehren des Zivilprozesses zu erläutern und die Einzelfragen so zu lösen, daß notwendige systematische Zusammenhänge nach Möglichkeit gewahrt werden und zugleich den Erfordernissen der Praxis, insbesondere den Interessen der Parteien, Genüge getan wird. Dabei wird sich freilich zeigen, daß es nicht in allen Fällen möglich ist, dogmatisch völlig überzeugende Lösungen anzubieten, da die Zivilprozeßordnung auf Eventualverhältnisse nicht ausdrücklich zugeschnitten ist. Das Ziel der Untersuchungen muß deshalb bereits dann als erreicht angesehen werden, wenn es gelingt, die sich bei der zur Zeit geübten Praxis ergebenden Mißhelligkeiten auf ein erträgliches Mindestmaß zu beschränken.

[1] Zum Begriff der Parteihandlung vgl. *Rosenberg*, ZivilprozeßR, § 59. Innerhalb der Parteihandlungen werden bei der folgenden Untersuchung die prozeßrechtlichen Verträge ausgeklammert, die ohnehin in bezug auf die Zulässigkeit von Bedingungen eine Sonderstellung einnehmen. Hierzu *Schiedermair*, Vereinbarungen, S. 153 f.

Die Arbeit wird in ihrem ersten Teil zunächst den Begriff des Eventualverhältnisses genau bestimmen und zugleich die Fälle von der weiteren Untersuchung ausschließen, in denen einer Eventualstellung keine eigentliche Bedeutung zukommt. Im zweiten Teil werden die Eventualverhältnisse dann in Einzeluntersuchungen auf ihre Zulässigkeit hin überprüft. Dabei wird vor allem zu berücksichtigen sein, welche Wechselbeziehungen zwischen den jeweiligen Eventualstellungen einerseits und der Rechtshängigkeit, dem Prozeßrechtsverhältnis, dem Streitgegenstand sowie der materiellen Rechtskraft andererseits bestehen. Die beiden letzten Teile der Arbeit werden dann ausschließlich das praktisch wohl bedeutsamste Eventualverhältnis, die eventuelle Klagenhäufung, zum Gegenstand haben. Zunächst wird unter Berücksichtigung der Lehren vom Streitgegenstand überprüft, wann überhaupt — insbesondere bei eventuellen Begründungen — vom Vorliegen einer objektiven Klagenhäufung gesprochen werden kann, ehe im abschließenden Teil die sich aus der Zulässigkeit eventueller Klagenhäufungen ergebenden Auswirkungen bei der prozessualen Behandlung überprüft und soweit wie möglich miteinander in Einklang gebracht werden.

Erster Teil

Begriff und Wesen des Eventualverhältnisses

§ 2 Der Begriff des Eventualverhältnisses

Zunächst ist zu klären, was unter einem Eventualverhältnis zu verstehen ist. Eine Begriffsbestimmung ist erforderlich, um die Eventualverhältnisse, die allein Gegenstand dieser Untersuchung sein sollen, von den übrigen bedingten Parteihandlungen abzugrenzen. Darüber hinaus erscheint eine begriffliche Abgrenzung aber auch deshalb notwendig, weil — wie sich im Verlaufe der Arbeit zeigen wird — gerade bei Eventualverhältnissen besondere Probleme hinsichtlich ihrer Zulässigkeit und ihrer prozessualen Behandlung aufreten.

I. Die bedingte Parteihandlung

Allgemein wird unter einer bedingten[1] Parteihandlung in Anlehnung an die übliche Definition des bedingten Rechtsgeschäfts im Zivilrecht eine Prozeßhandlung verstanden, die eine Partei in der Weise vornimmt, daß deren Wirkung von einem zukünftigen ungewissen Ereignis[2] abhängig gemacht wird. Dabei umfaßt der übliche Begriff der Bedingung nicht die condicio in praesens vel praeteritum collata. Im Zivilrecht wird diese als sogenannte uneigentliche (oder Schein-) Bedingung der echten Bedingung gegenübergestellt[3]. Zwischen beiden besteht ein Unterschied hinsichtlich des Eintritts des Rechtserfolges. Während dieser bei der echten Bedingung zunächst objektiv ungewiß ist, besteht in den Fällen der Abhängigkeit von einem in der Gegen-

---

[1] Zum Begriff der Bedingung im Rechtssinne vgl. *Flume*, Rechtsgeschäft, § 38 1 a; *Enneccerus-Nipperdey*, § 194 I, II; *Staudinger-Coing*, Vorbem. § 158 Rdnr. 3; *Stein*, DJZ 13, 35.

[2] Die Art und Beschaffenheit des zukünftigen ungewissen Ereignisses spielt bei der Begriffsbestimmung zunächst keine Rolle. Dies ist vielmehr erst bei der Frage der Zulässigkeit bedingter Parteihandlungen von Bedeutung, vgl. *Baumgärtel*, Prozeßhandlung, S. 122 ff.; *Blomeyer*, ZivilprozeßR, § 30 VI.

[3] Vgl. statt aller *Enneccerus-Nipperdey*, § 194 II; *Flume*, Rechtsgeschäft, § 38 1 b.

wart oder Vergangenheit liegenden Umstand von Anfang an nur eine subjektive Ungewißheit. Denn der fragliche Umstand, von dem der Eintritt der Rechtswirkungen abhängig gemacht ist, ist im Zeitpunkt der Abgabe der Willenserklärung bereits eingetreten oder nicht eingetreten. Zugleich wird aber deutlich, daß beide „Bedingungen" auch eine Gemeinsamkeit aufzuweisen haben[4]. In beiden Fällen bleibt nämlich die Frage des Eintritts der Rechtswirkungen eine Zeitlang in der Schwebe. Dies beruht bei der echten Bedingung auf rechtlichen, bei der uneigentlichen Bedingung dagegen nur auf tatsächlichen Gründen, da der Eintritt oder Nichteintritt der Bedingung, der objektiv feststeht, erst noch der Aufklärung durch die Beteiligten bedarf. Da diesem Schwebezustand, der jeder Bedingung wesenseigen ist, unter Umständen bei der Frage der Zulässigkeit von bedingten Parteihandlungen wegen des Interesses der Rechtspflege und des Gegners an einer sicheren und schnellen Durchführung des Verfahrens höchste Bedeutung zukommt[5], darf die condicio in praesens vel praeteritum collata nicht von vornherein deshalb als problemlos und allgemein zulässig[6] angesehen werden, weil sie nach der üblichen Definition nicht zu den Bedingungen zählt. Soweit die Frage der Zulässigkeit bedingter Parteihandlungen später behandelt werden muß, ist daher von einem Bedingungsbegriff im weiteren Sinne auszugehen, der sowohl die echte als auch die eben erörterte uneigentliche Bedingung umfaßt.

Wesentlich ist, daß die Abhängigkeit von dem zur Bedingung gemachten ungewissen Ereignis allein auf dem Willen einer Prozeßpartei beruht. Wird dagegen eine Parteihandlung von einer Voraussetzung abhängig gemacht, die ohnehin kraft Gesetzes zu beachten ist, so liegt keine bedingte Parteihandlung vor. Es handelt sich hierbei um keine Bedingung im weiteren Sinne, sondern lediglich um eine sogenannte

---

[4] *Flume* (Rechtsgeschäft, § 38 1 b) weist zu Recht darauf hin, daß diese Gemeinsamkeit im allgemeinen nicht genügend beachtet wird.

[5] Vgl. *Baumgärtel*, Prozeßhandlung, S. 120 f.

[6] Selbst im Bereich des Bürgerlichen Rechts ist umstritten, ob eine auf die Gegenwart oder Vergangenheit gestellte Bedingung bei sonst bedingungsfeindlichen Rechtsgeschäften zuzulassen ist. Während vor allem *Staudinger-Coing* (Vorbem. § 158 Rdnr. 9) und *Lehmann-Hübner* (S. 279) die Zulässigkeit bejahen, weil es sich eben um keine echte Bedingung handele, wollen *Bruck* (S. 159 f.), *Flume* (Rechtsgeschäft, § 38 1 b) und *Palandt-Danckelmann* (Einf. vor § 158 Anm. 6) die condicio in praesens vel praeteritum collata hinsichtlich der Zulässigkeit genauso behandeln wie die echte Bedingung. Dies wird damit begründet, daß auch die nur faktisch bestehende Ungewißheit einen Schwebezustand erzeugen könne, der mit dem rechtlichen Interesse an der Bestimmtheit einer Erklärung — dem Rechtsgrund für das Bedingungsverbot bei bedingungsfeindlichen Rechtsgeschäften (vgl. *Bruck*, S. 111) — unvereinbar sei. Die letztgenannte Auffassung verdient m. E. den Vorzug.

Rechtsbedingung[7], die als überflüssiger Zusatz zu keinen Schwierigkeiten hinsichtlich der Zulässigkeit führt[8]. Dagegen ist eine bedingte Parteihandlung zum Beispiel gegeben, wenn eine Prozeßhandlung von einer Partei für den Fall vorgenommen wird, daß eine andere Prozeßhandlung keinen Erfolg hat. Diese Fallgestaltung wird allgemein als Eventualvorbringen[9] oder als eventuelle Vornahme einer Prozeßhandlung[10] bezeichnet.

II. Das Eventualverhältnis

Damit sind wir bereits bei dem Begriff des Eventualverhältnisses angelangt. Ein solches liegt vor, wenn von einer Partei zwischen mehreren Prozeßhandlungen ein Abhängigkeitsverhältnis in der Weise geschaffen wird, daß eine Prozeßhandlung nur für den Fall eines bestimmten positiven oder negativen Ergebnisses einer anderen Prozeßhandlung zur Geltung kommen soll[11]. Ein typisches Beispiel hierfür ist der vom Reichsgericht[12] entschiedene Fall, in welchem der Kläger in erster Linie Grundbuchberichtigung beantragte und für den Fall, daß das Gericht diesem Antrag nicht stattgeben sollte, die Rückübertragung des Grundstücks begehrte. Ausschlaggebend für die Annahme eines Eventualverhältnisses ist, daß durch eine Bedingung mehrere Prozeßhandlungen in ein Abhängigkeitsverhältnis gebracht werden. Es genügt also nicht, daß neben einer bedingten zugleich eine unbedingte Prozeßhandlung vorgenommen wird. Dagegen ist es für den Begriff des Eventualverhältnisses gleichgültig, von welcher Partei die bedingte

---

[7] Zur Unterscheidung der echten Bedingung von der Rechtsbedingung, auf die noch näher einzugehen ist, vgl. *Oertmann*, S. 3; *Stein-Jonas-Pohle*, XI 3 g a. E. vor § 128; BGHZ 4, 54 = NJW 52, 102. Ob von einer Rechtsbedingung im technischen Sinne nur dann gesprochen werden sollte, wenn es sich um eine im Zeitpunkt der Vornahme der Rechtshandlung noch ausstehende, aber nachholbare gesetzliche Wirksamkeitsvoraussetzung handelt (so *Oertmann*, S. 28 f.; *Enneccerus-Nipperdey*, § 194 II 2 a; *Schwab*, Prozeßaufrechnung, S. 945), kann dahingestellt bleiben. Hier kommt es allein auf die Klarstellung an, daß es sich bei Bedingungen, die ihren Grund nicht im Willen der Partei haben, lediglich um eine Scheinbedingung handelt.

[8] *Baumgärtel, Prozeßhandlung, S. 120.*

[9] *Baumbach-Lauterbach*, Grundz. § 128 Anm. 5 D; *Schönke-Schröder-Niese*, § 31 II 3; *Stein-Jonas-Pohle*, XI 3 g vor § 128.

[10] So *Baumgärtel*, Prozeßhandlung, S. 119; *Goldschmidt*, Prozeß als Rechtslage, S. 479; *Stein*, DJZ 13, 36.

[11] Vgl. *Stein*, DJZ 13, 36, der allerdings mit dem Verlangen, daß die mehreren Parteihandlungen auf denselben prozessualen Erfolg gerichtet sein müssen, bereits eine einschränkende Zulässigkeitsvoraussetzung in die Begriffsbestimmung hineinbringt. Auch ist begrifflich nicht erforderlich, daß die eventuelle Parteihandlung stets von der *Erfolglosigkeit* einer anderen Parteihandlung abhängig gemacht werden muß, vgl. *Schönke-Schröder-Niese*, § 50 II 2 b.

[12] RGZ 77, 120.

Prozeßhandlung vorgenommen und ob sie mit einer Prozeßhandlung derselben Partei oder mit einer des Prozeßgegners in ein Abhängigkeitsverhältnis gebracht wird[13].

Enthält somit jedes Eventualverhältnis eine bedingte Parteihandlung, so liegt dennoch — entgegen einer zum Teil im Schrifttum[14] vertretenen Meinung — nicht umgekehrt bei jeder bedingten Parteihandlung auch ein Eventualverhältnis vor. So kann die Vornahme einer Prozeßhandlung ebensogut davon abhängig gemacht werden, daß das Gericht sich bei einer im Prozeß auftauchenden Rechtsfrage zu einer bestimmten Rechtsauffassung bekennt. Von praktischer Bedeutung ist in diesem Zusammenhang der bedingte Antrag auf Parteivernehmung, bei dem die Vernehmung der Gegenpartei für den Fall beantragt wird, daß das Gericht den Antragsteller als beweispflichtig ansieht[15]. Hier hängt der Eintritt der Bedingung nicht von der Entscheidung zu einer unbedingt vorgenommenen Prozeßhandlung ab; auch handelt es sich bei dieser Bedingung nicht lediglich um eine Rechtsbedingung. Bei der Parteivernehmung ist zwar gemäß § 445 ZPO stets der Gegner der beweispflichtigen Partei zu vernehmen. Erklärt sich der Gegner jedoch zur Aussage bereit, so kann er gemäß § 447 ZPO auch dann vernommen werden, wenn er selbst beweispflichtig ist. Da eine Partei in der Regel kein Interesse daran hat, daß die Gegenpartei den ihr obliegenden Beweis im Wege der Parteivernehmung mittels der eigenen Aussage erbringen kann, muß sie sogar die bedingte Antragsform wählen, um den möglichen Eintritt dieser unerwünschten Folge zu verhindern.

Es zeigt sich somit, daß das Eventualverhältnis mit der bedingten Parteihandlung nicht einfach gleichgesetzt werden kann. Vielmehr handelt es sich bei einem Eventualverhältnis um einen Unterfall einer bedingten Parteihandlung[16], der durch die besondere Art der Bedingung gekennzeichnet ist.

---

[13] Vgl. *Goldschmidt,* Prozeß als Rechtslage, S. 492 ff. Allerdings handelt es sich bei den von *Goldschmidt* (S. 493 oben) hierfür angeführten Beispielen zumeist um keine bedingten Prozeßhandlungen, sondern um Prozeßhandlungen „auf Vorrat" (vgl. hierzu *Stein-Jonas-Pohle,* XI 3 f vor § 128). Dieser Fallgestaltung kommt zudem insofern keine wesentliche Bedeutung zu, als in der Regel selbst dann, wenn die Partei ausdrücklich ein Abhängigkeitsverhältnis zu einer Prozeßhandlung der Gegenpartei herstellt, zugleich auch ein solches mit einer eigenen unbedingten Prozeßhandlung entsteht.

Beispiel: Erhebt der Beklagte Widerklage für den Fall, daß dem Klageantrag stattgegeben wird, so ist die Entscheidung über die Widerklage zugleich von der Erfolglosigkeit des Klageabweisungsantrages des Beklagten abhängig.

[14] Vgl. *Baumbach-Lauterbach,* Grundz. § 128 Anm. 5 D; *Baumgärtel,* Prozeßhandlung, S. 119; *Blomeyer,* ZivilprozeßR, § 30 VI.

[15] Vgl. *Baumbach-Lauterbach,* § 447 Anm. C.

[16] *Stein,* DJZ 13, 36, 39; *Stein-Jonas-Pohle,* XI 3 g vor § 128; vgl. auch *Schiedermair,* Vereinbarungen, S. 153. Eine Bestätigung findet dieses Ergeb-

III. Die Arten der Eventualverhältnisse

Bei der Vielzahl und Vielgestaltigkeit der in der Praxis vorkommenden Eventualverhältnisse kann nicht davon ausgegangen werden, daß die auftretenden Probleme für alle Eventualverhältnisse einheitlich gelöst werden können. Auch treten nicht bei allen Eventualverhältnissen die gleichen Probleme auf. So läßt sich bereits jetzt sagen, daß nur bei solchen Eventualverhältnissen, denen für die Bestimmung des Streitgegenstandes Bedeutung zukommt, über die Zulässigkeit hinaus auch Fragen der weiteren prozessualen Behandlung erörtert werden müssen, während sich bei den übrigen Eventualverhältnissen die Problematik in der Frage der Zulässigkeit erschöpft. Es ist daher erforderlich, die Eventualverhältnisse nach Fallgruppen zu ordnen. Hierfür bietet sich eine Gruppierung entsprechend den verschiedenen Arten der Parteihandlungen an. Geht man dabei von der prozessualen Wirkung der einzelnen Parteihandlung als dem entscheidenden Gesichtspunkt[17] für eine Unterscheidung aus, so ist zunächst zwischen eventuellen Erwirkungs- und Bewirkungshandlungen zu unterscheiden[18].

Die Erwirkungshandlungen sind die praktisch wichtigsten Prozeßhandlungen. Zu ihnen gehören diejenigen Parteihandlungen, mit denen von dem Gericht eine bestimmte Entscheidung begehrt oder der Stoff zu deren Begründung geliefert wird[19], also alle Anträge, Behauptungen und Beweisführungen. Entsprechend lassen sich die Eventualverhältnisse in Eventualanträge und Eventualvorbringen unterteilen[20]. Während man bei den Eventualanträgen weiterhin danach unterscheiden kann, ob ein Antrag den Inhalt der Entscheidung betrifft (Sachantrag), oder ob durch ihn allein die Gestaltung des Verfahrens beeinflußt werden soll (Prozeßantrag), läßt sich das Eventual-

---

nis durch die entsprechende Abgrenzung des eventuellen vom bedingten Beweisantrag im Strafprozeß, vgl. hierzu *Alsberg-Nüse*, S. 41 f. (S. 41 Fußn. 5).

[17] Wegen anderer Kriterien für eine Unterscheidung vgl. *Hellwig*, Prozeßhandlung, S. 62 ff.; *Sauer*, Prozeßrechtslehre, S. 139 ff. (141); *Siegert*, Prozeßhandlungen, S. 29 f.

[18] Diese Unterscheidung geht auf *Goldschmidt* (Prozeß als Rechtslage, S. 364 f., 456 f.) zurück und wird heute allgemein anerkannt. Vgl. *Baumgärtel*, Prozeßhandlung, S. 95; *Blomeyer*, ZivilprozeßR, § 60; *Stein-Jonas-Pohle*, XI 2 b vor § 128.

[19] Vgl. statt aller *Goldschmidt*, Prozeß als Rechtslage, S. 364 f.; *Stein-Jonas-Pohle*, XI 2 b vor § 128.

[20] Ebenso *Baumgärtel* (Prozeßhandlung, S. 135), während *Stein-Jonas-Pohle* (XI 3 g vor § 128) vom Eventualvorbringen als Oberbegriff ausgehen und dieses in eventuelle Anträge und Behauptungen aufgliedern. Dies bedeutet jedoch keinen sachlichen Unterschied, sondern ist lediglich eine Frage der Terminologie.

vorbringen in eventuelle Tatsachen- und Rechtsbehauptungen[21] gliedern[22].

Alle übrigen Parteihandlungen, die nicht dazu bestimmt sind, eine gerichtliche Entscheidung herbeizuführen, werden zu den Bewirkungshandlungen gerechnet. Ihre Eigenart besteht darin, daß sie unmittelbare prozessuale Rechtswirkungen erzeugen, das heißt durch ihre Vornahme die prozessuale Rechtslage unmittelbar gestaltet wird[23]. Das Gesetz kennt eine Vielzahl solcher Handlungen[24]. Wichtig davon sind vor allem solche Erklärungen, die den Willen des Erklärenden zum Ausdruck bringen. Denn allein bei diesen ist — anders als bei reinen Wissenserklärungen, Vorstellungsmitteilungen oder Realakten — die Beifügung einer Bedingung denkbar[25]. Von den Bewirkungshandlungen kommt somit auch nur diese Gruppe für die eventuellen Parteihandlungen in Betracht.

Die Untergliederung der eventuellen Parteihandlungen stellt zunächst lediglich ein Ordnungssystem dar. Ob diese Einteilung auch dogmatischen Wert hat, wird sich erst im Laufe der Arbeit herausstellen, je nachdem ob sich bei der Frage der Zulässigkeit und der prozessualen Behandlung Unterschiede und Besonderheiten ergeben.

§ 3 Die wesentliche prozessuale Wirkung des Eventualverhältnisses und seine Abgrenzung von ähnlichen Erscheinungen

Zulässigkeit und Wirkung von Eventualverhältnissen stehen in einer gewissen Wechselbeziehung. Während Eventualverhältnisse nur dann die gewollte prozeßrechtliche Wirkung entfalten können, wenn sie zulässig sind, hängt die Frage der Zulässigkeit wiederum weitgehend davon ab, ob die beabsichtigte Wirkung vom Prozeßrecht ge-

---

[21] Zum Begriff von Tatsachen- und Rechtsbehauptungen vgl. *Blomeyer*, ZivilprozeßR, § 30 II 1 b.

[22] Eine Unterteilung des Eventualvorbringens in eventuelle (Tatsachen- und Rechts-)Behauptungen und Beweisantritte (vgl. *Baumgärtel*, Prozeßhandlung, S. 135) ist m. E. nicht erforderlich. Ein Beweisantritt ist die Einführung eines Beweismittels in den Prozeß zum Beweis einer bestimmten Behauptung (*Baumbach-Lauterbach*, § 282 Anm. 1), enthält also sowohl einen Beweisantrag als auch eine Tatsachenbehauptung und läßt sich damit auch ohne die besondere Kategorie der „eventuellen Beweisantritte" bei den Eventualverhältnissen einordnen. Die Unterteilung von Parteihandlungen in Anträge, Behauptungen und Beweisführungen ist nur insoweit von Bedeutung und daher üblich, als sich Unterschiede zwischen diesen drei Gruppen vor allem in Fragen des Widerrufs, der Zurücknahme und der Berichtigung ergeben (vgl. *Stein-Jonas-Pohle*, XI 2 c vor § 128).

[23] Vgl. statt aller *Goldschmidt*, Prozeß als Rechtslage, S. 456; *Rosenberg*, ZivilprozeßR, § 60 II.

[24] Vgl. die Aufzählungen bei *Goldschmidt*, Prozeß als Rechtslage, S. 457 ff.; *Rosenberg*, ZivilprozeßR, § 60 II 1—4.

[25] Vgl. *Baumgärtel*, Prozeßhandlungen, S. 122; *Stein*, DJZ 13, 36.

stattet wird[1]. Eine zusammenhängende Betrachtung dieser Problemkreise im Rahmen der Zulässigkeitsprüfung erscheint daher angebracht. Wenn dennoch zunächst die wesentliche prozessuale Wirkung des Eventualverhältnisses schärfer herausgearbeitet werden soll, so liegt der Grund hierfür darin, daß ein Kriterium gefunden werden muß, um bereits vor der Prüfung der Zulässigkeit diejenigen Fallgestaltungen aussondern zu können, die in Wirklichkeit keine echten Eventualverhältnisse darstellen.

I. Die Bindungswirkung bei Eventualverhältnissen

Bei der begrifflichen Bestimmung des Eventualverhältnisses wurde bereits hervorgehoben, daß die Prozeßpartei durch die Eventualstellung ein Abhängigkeitsverhältnis zwischen mehreren Prozeßhandlungen herstellt. Dieses Abhängigkeitsverhältnis muß — wenn die Eventualstellung zulässig ist und von der Prozeßpartei nicht freiwillig wieder aufgegeben wird[2] — während des Prozesses erhalten bleiben und hat zur Folge, daß das Gericht in der Reihenfolge der Prüfung gebunden ist. Es darf die hilfsweise geltend gemachte Prozeßhandlung erst dann beachten oder bescheiden, wenn sich die in erster Linie vorgenommene Prozeßhandlung im Sinne der Eventualstellung erledigt hat[3]. Diese Bindungswirkung, die allen echten Eventualverhältnissen — ganz gleich, welcher Art sie sind — zukommt, unterscheidet das Eventualverhältnis wesentlich von jedem alternativen Vorbringen, bei dem es dem Gericht überlassen bleibt, welches Vorbringen es zuerst prüfen will[4]. Für das echte Eventualverhältnis ist dabei charakteristisch, daß die Bindungswirkung nicht etwa auf einer logischen Abhängigkeit[5] des einen Vorbringens von dem anderen, sondern vielmehr allein auf dem Willen der Partei beruht[6]. Jeder andere Grund für die Bindung des Gerichtes an die Reihenfolge des Parteivorbringens würde nämlich die von der Partei vorgenommene Eventualstellung von vornherein als überflüssig erscheinen lassen. Denn ob der mit der Eventualstellung von der Partei bezweckte Erfolg eintreten würde,

---

[1] So bereits *Schiedermair* (Vereinbarungen, S. 44 f.) im Hinblick auf prozeßrechtliche Verträge.

[2] Ob und unter welchen Voraussetzungen eine Prozeßpartei von einer zunächst gewählten Eventualstellung wieder Abstand nehmen kann, bedarf an dieser Stelle keiner näheren Erörterung. Vgl. dazu die Ausführungen unten § 13 II.

[3] *Rosenberg*, ZivilprozeßR, § 61 IV 4.

[4] Vgl. *Stein-Jonas-Schumann/Leipold*, § 260 II B 2 b. Dies verkennt *Lang* (S. 44), wenn er im Ergebnis das Eventualvorbringen grundsätzlich wie ein alternatives behandeln will.

[5] So aber *Hellwig*, Prozeßhandlung, S. 99.

[6] So auch ausdrücklich *Stein-Jonas-Pohle*, XI 3 g vor § 128.

hinge dann von Umständen ab, die auch bei einem unbedingten Nebeneinander des Parteivorbringens für die Einhaltung einer bestimmten Reihenfolge bei der richterlichen Prüfung maßgebend gewesen wären.

II. Abgrenzung der echten von den unechten Eventualverhältnissen

Erkennt man die Bindungswirkung aufgrund des Parteiwillens als wesentliche prozessuale Wirkung des echten Eventualverhältnisses an, so ist es nunmehr möglich, die echten Eventualverhältnisse von ähnlichen Erscheinungen (unechten Eventualverhältnissen) abzugrenzen.

1. Das Fehlen eines auf die Bindungswirkung zielenden Parteiwillens

Unechte Eventualverhältnisse sind demnach einmal dann gegeben, wenn mit der Eventualstellung gar keine Bindungswirkung erstrebt wird.

Der Wille der Partei, das Gericht bei der Reihenfolge der Prüfung zu binden, muß erkennbar zum Ausdruck gebracht werden. Auf welche Weise dies geschieht, ist im allgemeinen gleichgültig. Meistens werden die Formulierungen „eventuell", „hilfsweise" oder „für den Fall, daß" gebraucht; es genügt aber auch, daß sich der auf eine bestimmte Reihenfolge der Prüfung gerichtete Wille aus dem gesamten Vorbringen der Partei deutlich ergibt. Dies ist allerdings nicht schon dann der Fall, wenn zwischen dem mehrfachen Vorbringen einer Partei ein gewisses materiellrechtliches Abhängigkeitsverhältnis besteht. Deutlich wird dies an dem Beispiel einer Zwischenfeststellungsklage nach § 280 ZPO. Verlangt der Kläger die Herausgabe einer Sache nach § 985 BGB und die Feststellung gemäß § 280 ZPO, daß ihm das Eigentum an dieser Sache zustehe, so ist eine materiellrechtliche Abhängigkeit zweifellos gegeben: Nur wenn die Feststellungsklage begründet ist, hat er mit seiner Herausgabeklage Aussicht auf Erfolg. Dennoch liegt hier kein Eventualverhältnis vor, da die Herausgabe der Sache nicht hilfsweise, sondern neben der Feststellung des Eigentums begehrt wird[7].

Andererseits darf aber auch nicht schon immer dann auf das Vorliegen eines echten Eventualverhältnisses geschlossen werden, wenn die bei einem Eventualverhältnis typischen Formulierungen gebraucht werden. Die Parteien benutzen diese Formulierungen nämlich häufig,

---

[7] So mit Recht *Lent*, JR 51, 376; *Blomeyer*, ZivilprozeßR, § 42 III 2 b (S. 217 Fußn. 2). Ob ein echtes Eventualverhältnis vorliegt, wenn der Kläger die Herausgabe ausdrücklich nur für den Fall verlangt, daß sein Feststellungsbegehren Erfolg hat, ist zweifelhaft. Dazu Näheres unten § 3 II 2 b.

ohne daß damit ein Bindungswille hinsichtlich der Reihenfolge der gerichtlichen Prüfung zum Ausdruck gebracht werden soll. So kommt es zum Beispiel in der Praxis ständig vor, daß der Beklagte Klagabweisung beantragt und dafür mehrere Gründe vorträgt. Er führt beispielsweise aus, die geltend gemachte Forderung sei aufgrund der Nichtigkeit des Rechtsgeschäftes wegen Formmangels niemals entstanden, zumindest aber stehe die Forderung nicht dem Kläger zu, da er bei Abschluß des Rechtsgeschäftes als Vertreter gehandelt habe, und schließlich sei die Forderung bereits verjährt. Jede einzelne Begründung würde — wenn sie zutrifft — zur Abweisung der Klage führen. Da der Beklagte jedoch nicht sicher sein kann, daß das Gericht seine Ansicht in jedem Falle teilen wird, muß er alle für eine Klagabweisung in Frage kommenden Gründe vortragen, um eine Verurteilung abzuwenden. Wenn dies nun in der äußeren Form von Eventualstellungen geschieht, so bedeutet es dennoch der Sache nach nichts anderes als eine einfache Numerierung[8], durch die zudem vermieden werden soll, daß das Vorbringen vom Gericht als widersprüchlich und folglich mit § 138 Abs. 1 ZPO unvereinbar angesehen wird[9]. Der Beklagte hat in der Regel nur ein Interesse an der Abweisung der Klage, nicht aber auch daran, das Gericht im Wege einer echten Eventualstellung an die von ihm gewählte Reihenfolge seines Vorbringens zu binden. Er wird also — um bei dem gewählten Beispielsfall zu bleiben — regelmäßig damit zufrieden sein, daß das Gericht die Klage mit der Begründung abweist, es könne dahingestellt bleiben, ob der Kläger bei dem Abschluß des Rechtsgeschäftes überhaupt eine Forderung erworben habe, da eine entsprechende Forderung auf jeden Fall bereits verjährt sei[10].

Für die Feststellung, wann bei einem auf das Vorliegen einer Eventualstellung hindeutenden Vorbringen tatsächlich ein echtes Eventualverhältnis gegeben ist, lassen sich keine allgemeingültigen Regeln aufstellen. In Zweifelsfällen wird das Gericht gemäß § 139 Abs. 1 ZPO aufklären müssen, ob die Partei ein wirkliches Interesse an einer für das Gericht bindenden Reihenfolge zum Ausdruck bringen will.

---

[8] Vgl. *Stein*, DJZ 13, 37.

[9] Vgl. *Baumbach-Lauterbach*, § 138 Anm. 1 B; *Thomas-Putzo*, § 138 Anm. 2 c; BGHZ 19, 387 (390) = NJW 56, 631 (bzgl. tatsächlich widersprechender Begründungen für einen Klageantrag).

[10] Entsprechende Beispiele lassen sich auch auf seiten des Klägers bilden. Vgl. z. B. den instruktiven Fall in BGHZ 19, 387 ff. Hier begehrte der Kläger Grundbuchberichtigung mit der Begründung, der Grundstückskaufvertrag und die Auflassung seien aufgrund der Anfechtung wegen arglistiger Täuschung, hilfsweise wegen Wuchers nichtig. Mit der Eventualstellung wollte der Kläger lediglich vermeiden, daß die sich widersprechenden Begründungen als einheitliches Vorbringen aufgefaßt werden, nicht aber das Gericht an eine bestimmte Reihenfolge bei der Prüfung binden. Es handelte sich daher um kein echtes Eventualvorbringen.

2. Das Fehlen einer auf dem Parteiwillen beruhenden Bindungswirkung

Ein unechtes Eventualverhältnis liegt weiterhin vor, wenn das Gericht bereits unabhängig von dem erklärten Willen der Partei an die Einhaltung einer bestimmten Reihenfolge bei der Prüfung des Parteivorbringens gebunden ist, so daß sich insoweit allein aus der Eventualstellung keine Probleme hinsichtlich der Zulässigkeit ergeben. Dies sind vor allem Fälle, bei denen es zunächst den Anschein hat, als ob eine echte, von der Partei gesetzte Bedingung vorliegt, während es sich doch bei näherer Betrachtung lediglich um eine sogenannte Rechtsbedingung, also eine Hervorhebung einer für die Zulässigkeit oder Begründetheit der Prozeßhandlung maßgeblichen Wirksamkeitsvoraussetzung handelt. Da diese Fälle schon begrifflich nicht zu den echten Eventualverhältnissen gerechnet werden können[11], erscheint ein näheres Eingehen auf sie an sich nicht mehr erforderlich. Wenn dies im folgenden dennoch geschieht, so liegt der Grund hierfür darin, daß vielfach der Unterschied zwischen echten und unechten Eventualverhältnissen verkannt wird und somit gerade solche Fälle als Musterbeispiele für Eventualverhältnisse gebraucht und auf ihre Zulässigkeit hin untersucht werden, die in Wirklichkeit keine solchen sind. So bezeichnen *Nikisch* und *Rosenberg* einen Verweisungsantrag nach § 276 ZPO, der neben dem Sachantrag „hilfsweise" für den Fall gestellt wird, daß das angerufene Gericht sich für unzuständig halten sollte[12], als Beispielsfall für einen eventuellen Prozeßantrag[13]. Bei genauer Betrachtung erweist sich dies jedoch als unzutreffend. Durch die hilfsweise Antragstellung wird die Verweisung nicht von einer Entscheidung über den Sachantrag abhängig gemacht. Eine solche Abhängigkeit läßt sich nicht erreichen, weil durch eine wie auch immer ausfallende Sachentscheidung der Verweisungsantrag gegenstandslos würde. Die Entscheidung über den Verweisungsantrag wird vielmehr lediglich von einer bestimmten Auffassung des Gerichts hinsichtlich seiner Zuständigkeit abhängig gemacht. Da jedoch von Gesetzes wegen die Verweisung nur möglich ist, wenn das angerufene Gericht seine sachliche oder örtliche Unzuständigkeit ausspricht, handelt es sich hierbei lediglich um eine Rechtsbedingung. Der Kläger will durch die hilfsweise Antragsstellung nur zum Ausdruck bringen, daß er trotz bestehender Zweifel das angerufene Gericht für zuständig hält, eine Abweisung der Klage als unzulässig jedoch unter allen Umständen vermeiden möchte. Bei einem hilfsweise gestellten Verweisungsantrag handelt es

---

[11] Vgl. oben § 2 I (bei Fußn. 7).

[12] Vgl. OLG Stettin, JW 25, 2273; RGZ 108, 263 (264); BGH, MDR 53, 544.

[13] *Nikisch*, ZivilprozeßR, § 54 IV 2; *Rosenberg*, ZivilprozeßR, § 61 IV 2.

sich somit um keinen echten Eventualantrag. Er ist prozessual genauso zu behandeln wie ein uneingeschränkt gestellter Verweisungsantrag[14].

Die folgenden Ausführungen beschränken sich darauf, zwei praktisch bedeutsame Fallgruppen auf ihre Zugehörigkeit zu den echten Eventualverhältnissen hin zu untersuchen, nämlich a) die Eventualaufrechnung sowie b) die sogenannten „uneigentlichen" Eventualstellungen.

a) Von einer Eventualaufrechnung spricht man, wenn der Beklagte im Prozeß die Aufrechnung für den Fall erklärt, daß die Klage ohne die Aufrechnung Erfolg haben würde[15]. In erster Linie bestreitet er also gewöhnlich den Bestand der Klageforderung. Der Beklagte bringt damit seinen Willen zum Ausdruck, daß über die Aufrechnung erst zu entscheiden sei, wenn die Existenz der Klageforderung feststehe. Für ihn ist die Aufrechnung nur das letzte Mittel, um den Prozeß zu gewinnen, weil er bei einer Klagabweisung infolge der Aufrechnung zugleich seine Gegenforderung einbüßt[16]. Zweifelhaft ist jedoch, ob dieser Wille entscheidend dafür ist, daß das Gericht über die Aufrechnung erst befinden darf, wenn es zuvor festgestellt hat, daß die Klageforderung „an sich" besteht.

Die herrschende Lehre sieht in der Prozeßaufrechnung einen „Doppeltatbestand". Sie ist sowohl ein materielles Rechtsgeschäft, als auch eine Prozeßhandlung, da sie prozessual nur dann Beachtung findet, wenn der Beklagte sich im Prozeß auf die Aufrechnung beruft[17]. Im Falle der Eventualaufrechnung sind die meisten Vertreter der zivilisti-

---

14 Wie bedeutungsvoll es für die prozessuale Behandlung ist, zwischen echten und unechten Eventualanträgen zu unterscheiden und welche Folgen sich bei Verkennung dieses Unterschiedes ergeben können, zeigt das Urteil des VGH Kassel, NJW 67, 2147. Der VGH gelangt zu der Auffassung, daß im Falle eines nur hilfsweise gestellten Verweisungsantrags nicht durch unanfechtbaren Beschluß, sondern durch ein den allgemeinen Rechtsmitteln unterliegendes Urteil zu entscheiden ist. Zur Kritik an dieser Entscheidung vgl. *Kion*, NJW 68, 268 f.

15 Vgl. *Lent-Jauernig*, ZivilprozeßR, § 45 II; *Schwab*, Prozeßaufrechnung, S. 943.

16 Vgl. *Lent-Jauernig*, ZivilprozeßR, § 45 II 2.

17 Vgl. zu dieser auch „zivilistische Theorie" genannten Auffassung *Baumbach-Lauterbach*, § 145 Anm. 4 C; *Baumgärtel*, Prozeßhandlung, S. 161 ff.; *Blomeyer*, ZivilprozeßR, § 60 II; *Erman-Westermann*, § 388 Anm. 3; *Esser*, § 27 IV; *Lent-Jauernig*, ZivilprozeßR, § 29 V; *Palandt-Heinrichs*, § 388 Anm. 2; *RGRK*, vor § 387 Anm. 8; *Rosenberg*, ZivilprozeßR, § 104 I 1; *Schwab*, Prozeßaufrechnung, S. 952; *Soergel-Schmidt*, § 388 Rdnr. 3; *Stein-Jonas-Pohle*, § 145 VI 2 b; *Thomas-Putzo*, § 145 II; BGHZ 16, 124 (128) und 23, 17 (23).

Nach der gegenwärtig noch von *Nikisch* (ZivilprozeßR, § 68 II 2 und Festschrift H. *Lehmann*, S. 765 ff.) und *Larenz* (§ 27 III c, S. 330 Fußn. 2) vertretenen „prozessualen Theorie" handelt es sich bei der Prozeßaufrechnung dagegen um ein „Rechtsinstitut eigener Art".

schen Theorie der Ansicht, daß das materielle Rechtsgeschäft unter der Rechstbedingung des Bestehens der Klageforderung stehe, während die Prozeßhandlung dadurch bedingt sei, daß das Gericht die Klageforderung für bestehend erachte[18]. Zum Teil wird auch die Auffassung vertreten, daß die Eventualaufrechnung auch materiellrechtlich stets für den zuletzt genannten Fall erklärt werde[19]. Ist es richtig, daß bei Abstellen darauf, ob das Gericht die Forderung als bestehend erachtet, eine echte Bedingung vorliegt[20], so würde dies für die Maßgeblichkeit des Parteiwillens bei der Eventualaufrechnung sprechen. Gegen diese Auffassung bestehen jedoch erhebliche Bedenken.

Materiellrechtliche Voraussetzung für eine wirksame Aufrechnung ist das Bestehen der Klageforderung. Das Gericht, das die Klage mit der Begründung abweisen will, der Beklagte habe wirksam aufgerechnet, muß daher zuvor kraft Gesetzes feststellen, daß die Klageforderung an sich bestanden hat. Wenn also der Beklagte nur für den Fall des Bestehens der Klageforderung aufrechnet, so wird darin zu Recht lediglich eine Rechtsbedingung gesehen[21]. Dies muß auch insoweit gelten, als die Eventualaufrechnung eine Prozeßhandlung darstellt, denn auch die Prozeßhandlung führt nur dann zum Erfolg, wenn die Aufrechnung materiellrechtlich wirksam ist. Nun ergibt sich in der Regel bereits aus der Tatsache der Klageerhebung, daß zwischen den Prozeßparteien über den Bestand der Klageforderung Streit besteht. Dieser Streit wird erst mit der rechtskräftigen Entscheidung des Gerichts beendet. Sieht dieses die Klageforderung als bestehend an und weist es die Klage aufgrund der wirksamen Aufrechnung des Beklagten ab, so steht fest, daß Klageforderung und Gegenforderung[22] nicht mehr bestehen. Auch wenn diese Entscheidung falsch ist, das heißt wenn die

---

[18] Vgl. z. B. *Blomeyer*, ZivilprozeßR, § 60 II 3; *Rosenberg*, ZivilprozeßR, § 104 I 3; *Soergel-Schmidt*, § 388 Rdnr. 3; so aber auch *Nikisch*, Festschrift H. *Lehmann*, S. 775; *Larenz*, § 27 III c (S. 330 Fußn. 1).

[19] Vgl. *Nikisch*, Festschrift H. *Lehmann*, S. 775; *Stein-Jonas-Pohle*, § 145 VI 2 c und früher *Blomeyer*, JZ 57, 127, der diese Meinung inzwischen jedoch ausdrücklich aufgegeben hat (vgl. ZivilprozeßR, § 60 II 3).

[20] So bereits früher *Windscheid-Kipp*, Bd. II, S. 481; vgl. auch *Lang*, S. 12 f.; *Larenz*, § 27 III c (S. 330 Fußn. 1); *Schwab*, Prozeßaufrechnung, S. 949; *Stein-Jonas-Pohle*, § 145 VI 2 c (im Widerspruch zu XI 3 g a. E. vor § 128).

[21] *Schwab* (Prozeßaufrechnung, S. 945) verneint sogar das Vorliegen einer Rechtsbedingung. Dies beruht darauf, daß er im Anschluß an *Oertmann* (Rechtsbedingung, S. 28) von einem sehr eng gefaßten Begriff der Rechtsbedingung ausgeht (vgl. oben § 2 I Fußn. 7). Bezüglich des Ergebnisses erwachsen daraus jedoch keine Unterschiede, da eine Rechtsbedingung eben keine echte, auf dem Parteiwillen beruhende Bedingung ist.

[22] Es ist heute einhellige Auffassung, daß gemäß § 322 Abs. 2 ZPO auch die Entscheidung über das Nichtmehrbestehen der Gegenforderung infolge der Aufrechnung in Rechtskraft erwächst, vgl. statt aller *Stein-Jonas-Schumann/Leipold*, § 322 VII 1.

Klageforderung in Wirklichkeit zum Beispiel nie bestanden hat und somit auch die Aufrechnung nicht wirksam werden konnte, kommt der Abweichung der gerichtlichen Entscheidung von der objektiven Rechtslage so lange keine Bedeutung zu, als das Urteil nicht im Wege der Wiederaufnahme des Verfahrens beseitigt worden ist. Infolge der materiellen Rechtskraft der Entscheidung ist der Beklagte in Zukunft gehindert, seine Gegenforderung mit der Begründung geltend zu machen, eine wirksame Aufrechnung habe nicht vorgelegen, da das Gericht die Klageforderung zu Unrecht als an sich bestehend angesehen habe[23]. Ist somit für die Frage des Bestands der Klageforderung im Endergebnis die Entscheidung des Gerichts maßgebend, so ist es nicht sinnvoll, zwischen einer in Wirklichkeit bestehenden und einer nur vom Gericht als bestehend erachteten Forderung zu unterscheiden. Dieser Auffassung sind auch *Nikisch* und *Blomeyer*[24], ohne jedoch daraus die einzig richtige Schlußfolgerung zu ziehen: Macht der Beklagte die Aufrechnung im Prozeß für den Fall geltend, daß das Gericht die Klageforderung als bestehend erachtet, so handelt es sich ebenfalls nur um eine Rechtsbedingung.

Die Auffassung der herrschenden Lehre wird demgegenüber damit begründet, daß es sich bei der Entscheidung des Gerichts um ein zukünftiges ungewisses Ereignis handele[25]. Dies ist zwar zutreffend, rechtfertigt jedoch noch nicht die Annahme einer echten Bedingung. Entscheidend ist vielmehr, ob es sich bei dem zukünftigen ungewissen Ereignis um eine kraft Gesetzes zu beachtende Wirksamkeitsvoraussetzung handelt. Hat zum Beispiel A letztwillig verfügt, daß B sein Haus erben solle für den Fall, daß er ihn — den A — überlebt[26], so ist nicht zu bezweifeln, daß es sich bei der Frage, ob B den A überlebt, um ein zukünftiges ungewisses Ereignis handelt. Dennoch liegt ebenso unzweifelhaft nur eine Rechtsbedingung vor, da schon gemäß § 1923 Abs. 1 BGB Erbe nur werden kann, wer zur Zeit des Erbfalls lebt.

---

[23] Hat das erstinstanzliche Gericht die Klage wegen der Aufrechnung abgewiesen, das endgültig entscheidende Gericht der höheren Instanz jedoch zu Unrecht das Bestehen der Klageforderung verneint und die Aufrechnung daher nicht berücksichtigt, so ist diese Entscheidung für den Umfang der Rechtskraft maßgebend. Entgegen *Schwab* (Prozeßaufrechnung, S. 948) kann dann aber nicht mehr gesagt werden, daß die Aufrechnung einmal wirksam geworden sei und somit auch wirksam bleibe. Wollte der Kläger sich darauf bei der Inanspruchnahme aus der Gegenforderung berufen, so würde er gegen die materielle Rechtskraft des klagabweisenden Urteils verstoßen, da er behaupten müßte, seine Forderung habe doch bestanden und sei erst infolge der Aufrechnung erloschen.

[24] *Nikisch*, Festschrift H. *Lehmann*, S. 776; *Blomeyer*, JZ 57, 127.

[25] So z. B. ausdrücklich *Lang*, S. 12; *Larenz*, § 27 III c (S. 330 Fußn. 1); *Nikisch*, Festschrift H. *Lehmann*, S. 775.

[26] Das Beispiel ist dem Lehrbuch von *Lehmann-Hübner* (S. 278) entnommen.

Es ist also zunächst festzuhalten, daß das Gericht von Gesetzes wegen sich für eine Klagabweisung nur dann auf die Aufrechnung stützen kann, wenn es sich zuvor von dem Bestand der Klageforderung überzeugt hat. Bei einer Eventualaufrechnung für den Fall, daß die Klageforderung besteht oder als bestehend angesehen wird, kommt somit der Eventualstellung für die Reihenfolge der Prüfung keine Bedeutung zu, so daß insoweit auch kein echtes Eventualverhältnis vorliegt.

Ob dies allerdings für alle Fälle der Eventualaufrechnung gleichermaßen zutrifft, ist zweifelhaft. Anlaß zu Zweifeln gibt einmal der Fall, daß eventualiter mit einer unstreitigen Forderung aufgerechnet wird oder aber mit einer Forderung, von deren Bestehen das Gericht überzeugt ist, bevor es die Klageforderung festgestellt hat. Das Gericht muß sich zwar auch in diesen Fällen aus den bereits genannten Gründen zunächst vom Bestehen der Klageforderung überzeugen, wenn es die Klagabweisung allein mit der Aufrechnung begründen will. Die Eventualstellung könnte aber von Bedeutung sein, falls auch eine alternative Begründung der Klagabweisung möglich ist, weil hier bereits feststeht, daß der Kläger den Prozeß nicht gewinnen kann. Denn selbst wenn die Klageforderung überhaupt einmal bestanden haben sollte, so wäre sie jedenfalls durch die Aufrechnung erloschen.

Die vor allem von *Stölzel* verfochtene Klagabweisungstheorie kam daher auch zu dem Ergebnis, daß die Klage sofort abzuweisen ist[27]. Diese Auffassung wird heute allgemein abgelehnt. Nach der herrschenden Beweiserhebungstheorie darf das Gericht grundsätzlich erst dann entscheiden, wenn über die Klageforderung Beweis erhoben worden ist und somit feststeht, ob die Klageforderung wegen der Aufrechnung oder aus anderen Gründen nicht beziehungsweise nicht mehr besteht[28]. Damit allein ist jedoch noch nicht gesagt, daß der Eventualstellung in diesen Fällen keine Bedeutung zukommt, denn es wäre denkbar, daß der eigentliche Grund für die Beweiserhebungstheorie letztlich in der Eventualstellung zu erblicken ist. Eine Überprüfung der für die Beweiserhebungstheorie sprechenden Gesichtspunkte wird daher erforderlich.

In § 322 Abs. 2 ZPO ist bestimmt, daß die Entscheidung über das Nichtbestehen der Gegenforderung bis zur Höhe des Betrages, für den die Aufrechnung geltend gemacht worden ist, der Rechtskraft fähig ist. Nach dem engeren Wortsinn dieser Bestimmung — der sich mit den

---

[27] Vgl. *Stölzel*, Eventualaufrechnung, §§ 11 und 18.

[28] Vgl. statt aller RGZ 167, 257 (258); *Lent-Jauernig*, ZivilprozeßR, § 45 II 1.

Vorstellungen des historischen Gesetzgebers deckt[29] — wird der Fall der Klagabweisung wegen erfolgreicher Aufrechnung nicht erfaßt[30]. Nach dem reinen Wortlaut macht es demnach keinen Unterschied hinsichtlich des Umfangs der Rechtskraft, ob die Klageforderung wegen der Aufrechnung abgewiesen wird oder weil die Klageforderung ohnehin nicht besteht. Der Beklagte könnte in beiden Fällen seine Gegenforderung nochmals geltend machen und es müßte dann die Wirksamkeit der Aufrechnung und somit die Frage des Bestehens der Klageforderung bis zum Zeitpunkt der Aufrechnung ebenfalls geprüft werden. Auf dem Boden dieser Auffassung ist die Klagabweisungstheorie zumindest verständlich. Die Unbilligkeit des Ergebnisses, daß bei Abweisung der Klage wegen Aufrechnung eine nochmalige Erhebung des Gegenanspruchs möglich, die Aberkennung der Klageforderung aber endgültig ist, führte jedoch zu einer heute nicht mehr bestrittenen Ausdehnung des § 322 Abs. 2 ZPO auf den Fall des Nichtmehrbestehens der Gegenforderung infolge der Aufrechnung[31]. Damit kommt jetzt aber der Begründung der Klagabweisunug entscheidende Bedeutung für den Umfang der Rechtskraft zu. Bei einer Abweisung wegen der Aufrechnung wird sowohl die Klageforderung als auch die durch die Aufrechnung verbrauchte Gegenforderung, bei einer Abweisung mit alternativer Begründung dagegen lediglich die Klageforderung rechtskräftig verneint[32]. Dabei wird bei einer auf die Aufrechnung gestützten Klagabweisung in der Regel ein zweiter Prozeß über die Gegenforderung verhindert. Einer sofortigen Klagabweisung würde dagegen nicht nur eine weniger weitgehende Rechtskraftwirkung zukommen, sondern es würde zudem auch die zunächst eingesparte Prüfung des Bestehens der Klageforderung in einen zweiten Prozeß verlagert werden. Für die grundsätzliche Anwendbarkeit der Beweiserhebungstheorie sind somit die in § 322 Abs. 2 ZPO angeordnete Rechtskraftwirkung hinsichtlich der zur Aufrechnung gestellten Gegenforderung sowie mit dieser Rechtskraftwirkung im Zusammenhang stehende prozeßökonomische Erwägungen maßgebend[33], nicht

---

[29] Vgl. die Begründung zur Novelle von 1898 — durch die § 322 Abs. 2 ZPO seine heutige Fassung erhielt — bei *Hahn-Mugdan*, Materialien Bd. 8, S. 103 zu § 293.

[30] Vgl. *Zeuner*, Grenzen der Rechtskraft, S. 85.

[31] Vgl. RGZ 161, 167 (171 f.); BGH, NJW 62, 907; *Rosenberg*, ZivilprozeßR, § 150 II 2.

[32] Bei einer alternativ begründeten Klagabweisung würde es an einer klaren, der Rechtskraft fähigen Entscheidung über die Gegenforderung fehlen, vgl. BGH, LM Nr. 21 zu § 322 ZPO; BAGE 11, 346 (349 f.). Unrichtig dagegen *Zöller-Degenhart* (§ 322 Anm. 2 d), wonach bei Alternativbegründung über die *Klageforderung* nicht rechtskräftig entschieden werde.

[33] Vgl. z. B. auch *Lent-Jauernig*, ZivilprozeßR, § 45 II 1; *Rosenberg*, ZivilprozeßR, § 104 II 7.

aber der in der Eventualstellung zum Ausdruck kommende Parteiwille[34]. Dies wird dann besonders deutlich, wenn der Parteiwille einmal nicht auf den gleichen Verfahrensablauf wie die Beweiserhebungstheorie abzielt. Wäre der Parteiwille entscheidend, so müßte in einem solchen Fall nach der Klagabweisungstheorie verfahren werden. Das Reichsgericht und *Stein-Jonas-Schumann/Leipold* haben dies jedoch zu Recht abgelehnt[35]. In dem vom Reichsgericht zu entscheidenden Fall hatte der Beklagte „in erster Linie" — aber unter weiterem Bestreiten der Klageforderung nach Grund und Höhe — die Aufrechnung mit einer liquiden Gegenforderung erklärt. Das Urteil des Berufungsgerichts, das die Klageforderung unerörtert ließ, da diese — wenn sie entstanden wäre — jedenfalls durch die vom Beklagten erklärte Aufrechnung erloschen sei, wurde vom Reichsgericht aufgehoben. Es führte zur Begründung aus, daß entgegen dem Willen des Beklagten zunächst über das Entstehen der Klageforderung habe entschieden werden müssen, da nur so „die unentbehrliche Klarheit über die Tragweite der Rechtskraft des Urteils für Forderung und Gegenforderung verbürgt" werde. Eine sofortige Klagabweisung ohne vorherige Prüfung der Klageforderung hätte nur dann erfolgen können, wenn der Beklagte die klagebegründenden Behauptungen zugestanden und sich auf die Aufrechnung beschränkt hätte[36].

Die Beweiserhebungstheorie ist allerdings auch nicht unbeschränkt anwendbar. Ausnahmen gelten vielmehr dann, wenn die für die Beweiserhebungstheorie maßgeblichen Gründe im Einzelfall nicht durchgreifen, insbesondere wenn ein zweiter Prozeß überhaupt nicht stattfinden oder trotz rechtskräftiger Verneinung der Gegenforderung nicht verhindert werden kann[37]. Praktisch bedeutsam sind dabei vor allem

---

[34] Ähnlich auch *Schwab* (Prozeßaufrechnung, S. 946), wenn er die Aufrechnung — soweit sie Prozeßhandlung ist — als „inhaltslos" bedingt ansieht.

[35] Vgl. RGZ 167, 257 (258) und *Stein-Jonas-Schumann/Leipold*, § 300 II 3 c, wonach selbst bei Einverständnis der Parteien das Verfahren nach der Klagabweisungstheorie unzulässig sein soll.

[36] So auch *Rosenberg*, ZivilprozeßR, § 104 II 7; *Palandt-Heinrichs*, § 388 Anm. 3; a. A. *Blomeyer*, ZivilprozeßR, § 60 I 2. Danach soll bei Bestreiten der Klageforderung und unbedingter Aufrechnung entsprechend der Klagabweisungstheorie verfahren werden können. *Blomeyer* beruft sich dafür zu Unrecht auf *RGRK*, Anm. 10 vor § 387 und RGZ 42, 320 (322). Dort wird die sofortige Klagabweisung lediglich dann als zulässig angesehen, wenn die klagebegründenden Behauptungen wenigstens bedingt, d. h. für den Fall, daß dann die Klagabweisung wegen der Aufrechnung sofort erfolgen kann, zugestanden werden.

[37] Vgl. *Körner*, S. 10. In der gegenwärtigen Literatur wird zur Möglichkeit einer ausnahmsweisen Geltung der Klagabweisungstheorie grundsätzlich keine Stellung bezogen, vgl. *Blomeyer*, ZivilprozeßR, § 60 I 2; *Baumbach-Lauterbach*, § 300 Anm. 3 E. Anders *Stein-Jonas-Schumann/Leipold* (§ 300 II 3 c Fußn. 16 a. E.) für den Sonderfall des § 390 Satz 2 BGB.

zwei Fallgestaltungen[38]. Einmal die, daß eine zedierte Forderung eingeklagt wird und der Beklagte gemäß § 406 BGB mit einer ihm gegen den Zedenten zustehenden liquiden Gegenforderung aufrechnet. Wird hier das Nichtmehrbestehen der Gegenforderung rechtskräftig festgestellt, so hindert dies den Beklagten nicht, die Gegenforderung nunmehr gegenüber dem Zedenten geltend zu machen, da die Rechtskraft gemäß § 325 Abs. 1 ZPO nur zwischen den Prozeßparteien wirkt. Zum anderen gehört der Fall dazu, daß der Beklagte gemäß § 390 Satz 2 BGB mit einer zwar liquiden, aber bereits verjährten Forderung aufrechnet. Der rechtskräftigen Verneinung der Gegenforderung kommt hier insofern keine entscheidende Bedeutung zu, als diese bereits infolge der Verjährung nicht mehr selbständig durchsetzbar ist[39].

Sind diese Ausnahmefälle gegeben, so steht es nicht im Belieben des Gerichts, ob es nach der Beweiserhebungs- oder Klagabweisungstheorie verfahren will. Dies folgt allerdings nicht schon aus dem Ausnahmecharakter dieser Fallgestaltungen. Der Grund hierfür ist vielmehr, daß eine Beweisaufnahme über die Klageforderung sowie die Abweisung der Klage wegen der Aufrechnung dem Beklagten keinerlei besondere Vorteile, dem Kläger dagegen nicht unerhebliche Nachteile bringen würde. Er hätte als unterliegende Partei in jedem Fall die durch die Beweisaufnahme entstehenden Kosten zu tragen, ohne daß dem Ergebnis der Beweisaufnahme für den Ausgang dieses oder eines späteren Prozesses Bedeutung zukäme[40]. Der Rechtsstreit ist demnach — auch wenn das Bestehen der Klageforderung noch nicht geklärt ist — zur Entscheidung reif und entsprechend der Klagabweisungstheorie sofort abzuweisen (§ 300 Abs. 1 ZPO), ohne daß die Eventualstellung des Beklagten hieran etwas zu ändern vermag. Auch in diesen Fällen der Eventualaufrechnung handelt es sich somit lediglich um unechte Eventualverhältnisse.

Schließlich sind noch zwei Arten der Eventualaufrechnung zu behandeln, die insofern eine Besonderheit aufweisen, als sie nicht notwendig

---

[38] Zu diesen sowie weiteren Ausnahmefällen vgl. im einzelnen *Körner*, a.a.O., insbesondere S. 18 ff. und 56 ff.

[39] *Körner* (S. 62 ff.) und *Lang* (S. 47) weisen mit Recht darauf hin, daß die rechtskräftige Feststellung des Nichtmehrbestehens der verjährten Gegenforderung immerhin insoweit Bedeutung erlangen kann, als der Kläger möglicherweise noch weitere Forderungen hat, gegen die der Beklagte mit der verjährten Forderung aufrechnen könnte. Da dann aber gerade kein Ausnahmefall vorliegt, der ein Verfahren nach der Klagabweisungstheorie rechtfertigt, hat der Richter den Kläger zunächst zu befragen, ob ihm noch weitere Forderungen gegen den Beklagten zustehen, deren Entstehungszeitpunkt vor dem Zeitpunkt des Eintritts der Verjährung liegt (§ 390 Satz 2 BGB). Behauptet dies der Beklagte, so ist über die bestrittene Klageforderung Beweis zu erheben.

[40] So auch *Körner*, S. 17.

den Bestand der Klageforderung in Zweifel ziehen müssen. Das ist einmal der Fall, wenn sich der Beklagte in erster Linie auf eine Einrede des bürgerlichen Rechts — zum Beispiel die Einrede der Verjährung oder Stundung — und erst in zweiter Linie auf die Aufrechnung berufen will. Materiellrechtlich hindert eine Einrede gegen die Forderung, gegen die aufgerechnet werden soll, die Wirksamkeit der Aufrechnung nicht[41]. Vom Gesetz wird also nicht gefordert, daß das Gericht diese Einrede bei der Tatbestandsprüfung der Aufrechnung berücksichtigen muß. Da zudem das Bestehen der Klageforderung damit nicht bestritten wird, ist selbst bei liquider Gegenforderung das Gericht auch nicht aufgrund der für die Beweiserhebungstheorie maßgeblichen Gesichtspunkte gezwungen, zunächst über die Begründetheit der materiellrechtlichen Einrede zu entscheiden. Wenn somit das Gericht überhaupt gehalten ist, im Falle des Vorbringens von materiellen Einreden neben der Aufrechnung eine bestimmte Reihenfolge bei der Prüfung zu befolgen, so kann der Grund hierfür nur der in der Eventualstellung zum Ausdruck kommende Parteiwille sein. Damit würde es sich bei diesem Fall der Eventualaufrechnung um ein echtes Eventualverhältnis handeln[42]. Das gleiche gilt dann, wenn dem Beklagten mehrere zur Aufrechnung geeignete Forderungen gegen den Kläger zustehen und er die Aufrechnung mit einer der Forderungen nur für den Fall erklärt, daß die in erster Linie mit einer anderen Forderung erklärte Aufrechnung nicht zum Erfolg führen sollte. Auch hier gibt der Parteiwille den Ausschlag dafür, in welcher Reihenfolge das Gericht die mehreren zur Aufrechnung gestellten Gegenforderungen zu prüfen hat.

Zusammenfassend ist somit festzustellen, daß es sich bei der Eventualaufrechnung — von den zuletzt genannten Ausnahmefällen abgesehen — um kein echtes Eventualverhältnis handelt. Die Eventualauf-

---

[41] *Larenz*, § 27 III a 4.

[42] Dies rechtfertigt allerdings nicht die von *Larenz* (SchuldR I, S. 330 Fußn. 1) gezogene Schlußfolgerung, daß insoweit die Eventualaufrechnung auch materiellrechtlich unter einer echten, mit § 388 Satz 2 BGB unvereinbaren Bedingung stehe. M. E. handelt es sich materiellrechtlich um eine unbedingte Aufrechnung (ähnlich *Schwab*, Prozeßaufrechnung, S. 946, der hier eine Aufrechnung unter einer — mit dem Bedingungsverbot zu vereinbarenden — Gegenwartsbedingung annimmt). Unbillige Folgen werden dadurch vermieden, daß für den Fall, daß die Aufrechnung prozessual nicht berücksichtigt wird, der Rechtsgedanke des § 139 BGB Anwendung findet. Wird also die Aufrechnung prozessual nicht berücksichtigt, weil bereits die Einrede der Verjährung oder Stundung durchgreift, so wird die Aufrechnung auch materiellrechtlich unwirksam. Die Anwendbarkeit des Rechtsgedankens des § 139 BGB auf die Prozeßaufrechnung wird bereits von *Schwab* (Prozeßaufrechnung, S. 952 f.) und *Lüke* (JuS 65, 482 [483]) bejaht und näher begründet, allerdings nur für den Fall, daß die Aufrechnungseinrede vom Gericht nicht zugelassen wird. Ablehnend *Stein-Jonas-Pohle*, § 145 VI 2 b.

rechnung steht weder materiellrechtlich[43] noch prozessual[44] unter einer echten, auf dem Parteiwillen beruhenden Bedingung, so daß die Eventualstellung für eine Bindung des Gerichts an die Reihenfolge der Prüfung nicht maßgebend und erforderlich ist[45].

Die Tatsache, daß dennoch an der bedingten Berufung auf die Aufrechnung im Prozeß festgehalten und im Zweifel sogar jede im Rechtsstreit erklärte Aufrechnung als Eventualaufrechnung aufgefaßt wird[46], will *Schwab* als Nachwirkung der Klagabweisungstheorie erklären[47]. Das Gericht habe man auf diese Weise zur Überprüfung der Klageforderung vor der Entscheidung über die Aufrechnung zwingen wollen. Diese Erklärung vermag jedoch nicht zu überzeugen, weil gerade bei einem Verfahren nach der Klagabweisungstheorie die Eventualstellung gar nicht im Interesse des Beklagten liegen würde. Denn allein bei einer sofortigen Abweisung der Klage ohne eine bestimmte Entscheidung zur Aufrechnung wäre der Beklagte in der Lage, die zur Aufrechnung gestellte Gegenforderung nochmals geltend zu machen. Der wahre Grund für die Eventualstellung liegt vielmehr darin, daß der Beklagte vermeiden will, daß sein Vorbringen (Bestreiten der Klageforderung und Berufung auf die Aufrechnung) als widersprüchlich oder die Geltendmachung der Aufrechnung als Zugestehen der klagebegründenden Behauptungen des Klägers aufgefaßt wird. Es soll also lediglich verhindert werden, daß das Gericht den Bestand der Klageforderung als unstreitig ansieht und deshalb die Klage sofort wegen der Aufrechnung abweist. Insoweit behält daher die Eventualstellung bei der Prozeßaufrechnung auch heute noch ihren Sinn und ihre Berechtigung.

b) Wir haben bisher zwischen echten und unechten Eventualverhältnissen unterschieden. Maßgebliches Kriterium hierfür ist, ob der in der Eventualstellung zum Ausdruck kommende Parteiwille für die Bindung des Gerichts an eine Reihenfolge bei der Entscheidung über das Parteivorbringen den Ausschlag gibt[48]. Ist dies der Fall und liegt somit ein echtes Eventualverhältnis vor, so kommt es zu einer Entschei-

---

[43] Der Vorwurf der prozessualen gegenüber der zivilistischen Theorie, daß die Eventualrechnung mit dem Bedingungsverbot des § 388 Satz 2 BGB nicht zu vereinbaren sei (vgl. *Nikisch*, Festschrift H. *Lehmann*, S. 775), erweist sich somit als unbegründet.

[44] So entgegen der h. M. bereits *Schwab*, Prozeßaufrechnung, S. 947; *Lent-Jauernig, ZivilprozeßR*, § 45 II und wohl auch *Baumbach-Lauterbach*, § 145 Anm. 4 D.

[45] Die unzutreffende gegenteilige Auffassung wird bei *Palandt-Heinrichs* (§ 388 Anm. 3) besonders deutlich zum Ausdruck gebracht.

[46] Vgl. *Palandt-Heinrichs*, § 388 Anm. 3; *Stein-Jonas-Pohle*, § 145 VI 2 c.

[47] *Schwab*, Prozeßaufrechnung, S. 947.

[48] Vgl. oben § 3 I (bei Fußn. 6).

dung über das Hilfsvorbringen immer nur dann, wenn die von der Partei gesetzte Bedingung eingetreten ist. Es macht insoweit keinen Unterschied, ob die Partei die Entscheidung des Gerichts über das Hilfsvorbringen von dem Erfolg oder Mißerfolg des Hauptvorbringens abhängig macht[49]. Wird also ein Hilfsantrag für den Fall gestellt, daß das Gericht dem Hauptantrag stattgibt, so weist diese Fallgestaltung zwar insofern eine Besonderheit auf, als hier — im Gegensatz zu einer auf den Mißerfolg des Prinzipalvorbringens abstellenden Eventualstellung — in dem für den Kläger günstigsten Falle beiden Anträgen stattgegeben werden kann. Für das Vorliegen eines echten Eventualverhältnisses ist jedoch allein bedeutsam, daß hier über den Hilfsantrag nur bei Eintritt der mit der Eventualstellung gesetzten Bedingung — also bei Stattgabe des Hauptantrags — entschieden werden darf.

Gleichwohl wird in Rechtsprechung und Lehre häufig danach unterschieden, ob die Partei den Hilfsantrag vom Erfolg oder Mißerfolg des Hauptantrags abhängig macht. Der Fall, daß der Kläger eine Entscheidung über einen zweiten Antrag unter der Voraussetzung begehrt, daß er mit dem ersten Antrag durchdringt, wird gemeinhin als „uneigentliche" (unechte) Eventualstellung bezeichnet[50]. Dies ist aber zumindest in dieser Allgemeinheit unrichtig. Denn auch in diesem Fall kann ein echtes Eventualverhältnis im obigen Sinne gegeben sein, wie umgekehrt bei einem Eventualvorbringen für den Fall der Erfolglosigkeit des Prinzipalvorbringens[51] nicht immer ein echtes Eventualverhältnis gegeben sein muß[52]. Allerdings empfiehlt es sich, gerade den Eventualstellungen, die auf den Erfolg des Prinzipalvorbringens abstellen, besondere Beachtung im Hinblick auf ihre Zugehörigkeit zu den echten Eventualverhältnissen zu schenken. Denn bei derartig eventualiter gestellten Sachanträgen will die Partei häufig gar kein echtes prozessuales Eventualverhältnis schaffen[53]. Vielmehr wird durch die Eventualstellung nur darauf hingewiesen, daß die mit den verschiedenen Anträgen prozessual geltend gemachten materiellen Ansprüche derart voneinander abhängen, daß sie materiellrechtlich nicht nebeneinander, sondern nur nacheinander bestehen können; es soll

---

[49] Vgl. *Blomeyer*, ZivilprozeßR, § 42 III 2 b; *Rosenberg*, ZivilprozeßR, § 93 III 3 b; *Thomas-Putzo*, § 260 Anm. 2 c.

[50] So BAG, NJW 65, 1042; *Auffarth-Müller*, KSchG, § 7 Anm. 6; *Hueck*, KSchG, § 9 Rdnr. 7; *Lent*, JR 51, 375 (376); *Mühl*, JuS 64, 110 f.; *Stein-Jonas-Schumann/Leipold*, § 260 II B 2, 3 (im Gegensatz zur Vorauflage wird nunmehr aber das Vorliegen einer echten, den Richter an die Reihenfolge der Antragsprüfung bindenden Eventualstellung auch bei der „uneigentlichen Eventualhäufung" anerkannt).

[51] *Stein-Jonas-Schumann/Leipold* (§ 260 II B 2) bezeichnen diesen Fall als „eigentliche" Eventualstellung.

[52] Dies verdeutlicht der Fall der Eventualaufrechnung.

[53] Vgl. *Bunte*, JuS 67, 206; *Tschischgale*, NJW 62, 2137.

also lediglich der Abhängigkeit des „Hilfsanspruchs" von weiteren Entstehungsvoraussetzungen Rechnung getragen werden. Dies gilt vor allem für die Fälle, bei denen der Eventualanspruch nur dann begründet ist, wenn der in erster Linie geltend gemachte Anspruch zunächst vom Gericht als bestehend angesehen wird, später aber nicht erfüllt oder nicht vollstreckt werden kann[54]. So ist ein Anspruch auf Wert- oder Schadensersatz erst dann gegeben, wenn bei einem ursprünglich begründeten Herausgabe- oder Erfüllungsanspruch die Herausgabe oder Erfüllung nachträglich unmöglich wird oder der betreffende Anspruch innerhalb einer gesetzten Frist nicht erfüllt werden kann[55]. Verlangt der Kläger zum Beispiel die Herausgabe bestimmter Gegenstände und stellt er hilfsweise für den Fall der Nichtherausgabe einen Antrag auf Wertersatz[56], so ist der materielle Anspruch auf Wertersatz zweifach bedingt: Einmal muß dem Herausgabeanspruch stattgegeben und zum anderen muß die Herausgabe von dem Beklagten später verweigert werden. Hier wird deutlich, daß der Antrag, über den „Hilfsanspruch" zu entscheiden, durch die Eventualstellung nicht bedingt ist. Es soll lediglich eine Verurteilung wegen eines zur Zeit des Urteils noch bedingten Anspruchs erfolgen[57]. Das Gericht hat also in jedem Fall über beide Anträge zu entscheiden. Prozessual handelt es sich um eine kumulative objektive Klagenhäufung gemäß § 260 ZPO[58] mit der Besonderheit, daß die Klage auf eine fällige und eine künftige Leistung im Sinne des § 259 ZPO gerichtet ist[59]. Soweit die Zulässigkeit dieser Art der Klagenhäufung nicht wie in § 510 b ZPO[60] und § 61 Abs. 4 ArbGG eine ausdrückliche Regelung gefunden hat,

---

[54] Diese Anspruchsverbindung wird zumeist durch die Worte „im Unvermögensfall" gekennzeichnet. Allein dadurch kann jedoch noch nicht mit Sicherheit auf das Vorliegen eines unechten Eventualverhältnisses geschlossen werden. Maßgebend ist vielmehr, was im Einzelfall gewollt ist. Dies hat das Gericht notfalls nach § 139 ZPO zu ermitteln. Vgl. *Furtner*, Urteil, S. 115 f.

[55] Vgl. z. B. §§ 250, 283, 325, 326 BGB, 375 HGB.

[56] Vgl. OLG Schleswig, NJW 66, 1929 (mit der Rezension von *Bunte*, JuS 67, 206 ff.). Wegen weiterer Beispielsfälle siehe *Weiß*, S. 2 ff.

[57] *Stein-Jonas-Schumann/Leipold*, § 260 II B 3; *Sellner*, BlfRA 69, 493; *Lang*, S. 62; vgl. auch *Schönke-Schröder-Niese*, § 50 II 2 b (es handelt sich nicht um Eventualanträge, sondern um den „Antrag auf Eventualverurteilung"); *Baumbach-Lauterbach*, § 260 Anm. 2 D c; *Thomas-Putzo*, § 260 Anm. 2 c; *Rosenberg-Schwab*, § 100 III 4 („Das Eventualverhältnis besteht nicht für Verhandlung und Urteil, sondern für die Zwangsvollstreckung").

[58] *Blomeyer*, ZivilprozeßR, § 42 III 2 b; *Hellwig*, Klagrecht, S. 112.

[59] Die Vorschrift des § 259 ZPO gilt auch für bedingte Ansprüche, vgl. RGZ 94, 227 (228); BGHZ 5, 342 (344); *Baumbach-Lauterbach*, § 259 Anm. 1 A; *Furtner*, Urteil, S. 116; *Rosenberg*, ZivilprozeßR, § 85 II 1 c.

[60] Zu Unrecht verneinen *Baumbach-Lauterbach* (§ 510 b Anm. 2), *Furtner* (Urteil, S. 119) und *Stein-Jonas-Pohle* (18. Aufl., § 510 b II 3) im Falle des § 510 b ZPO das Vorliegen einer objektiven Klagenhäufung mit der Begründung, es handele sich lediglich um einen „Zwischenantrag". Demgegenüber hindert sie der „Zwischenantrag" im Falle des § 280 ZPO nicht an der

hängt sie davon ab, ob im Einzelfall der Antrag auf künftige Leistung den Erfordernissen des § 259 ZPO gerecht wird[61].

Ob ein echtes Eventualverhältnis vorliegt ist auch dann zweifelhaft, wenn es sich bei dem Hauptanspruch lediglich um eine zum selbständigen Streitgegenstand erhobene Vorfrage für den Hilfsanspruch handelt, wenn also zum Beispiel auf Feststellung der Vertragswirksamkeit, zutreffendenfalls[62] auch auf eine nach dem Vertrag zu erbringende Leistung geklagt wird[63].

Materiellrechtlich kann ein vertraglicher Anspruch auf Leistung nur dann bestehen, wenn der Vertrag selbst wirksam ist. Das Gericht kann somit der Leistungsklage kraft Gesetzes nur dann stattgeben, wenn es sich zuvor von der Wirksamkeit des Vertrages überzeugt hat. Die Entscheidung über die Vertragswirksamkeit ist also stets präjudiziell für die Entscheidung über den Leistungsanspruch, so daß das Gericht nicht erst durch die Eventualstellung zu dieser Reihenfolge der Prüfung angehalten wird. Zudem ist das Hauptinteresse des Klägers in Wirklichkeit wohl auch immer auf die Verurteilung zur Leistung gerichtet, die wegen der ihr zukommenden Vollstreckbarkeit für den Kläger einen weitergehenden Erfolg darstellt. Wenn dennoch an der Eventualstellung festgehalten wird und somit der Feststellungsantrag entgegen dem eigentlichen Parteiinteresse als „Hauptantrag" erscheint, so hat dies einen anderen Grund: Der Kläger möchte sein Kostenrisiko dadurch verringern, daß im Falle der Klagabweisung allein über den vom Streitwert her billigeren Feststellungsantrag entschieden wird[64].

Annahme einer objektiven Klagenhäufung. Richtig dagegen *Zöller-Stephan* (§ 510 b Anm. 1), *Thomas-Putzo* (§ 510 b Anm. 2) und *Wieczorek* (§ 510 b A II b 1), die auch zu einem befriedigenden Ergebnis hinsichtlich der Streitwertberechnung gelangen, so daß daraus kein Argument gegen die Annahme einer objektiven Klagenhäufung hergeleitet werden kann.

[61] So *Baumbach-Lauterbach*, § 260 Anm. 2 D; *Blomeyer*, ZivilprozeßR, § 42 III 2 b; *Bunte*, JuS 67, 209; *Furtner*, Urteil, S. 116, 118; *Hellwig*, Klagrecht, S. 112; *König*, LZ 17, 850; *Mühl*, JuS 64, 111; *Pünder*, ZZP 41, 53 ff.; *Schönke-Schröder-Niese*, § 50 II 2 b; *Sellner*, BlfRA 67, 494; *Weiß*, S. 17 ff.; *Palandt-Heinrichs*, § 283 Anm. 3 a; *Staudinger-Werner*, § 283 Rdnr. 23 (der „Eventualantrag" sei unter der Voraussetzung des § 259 ZPO zulässig); OLG Schleswig, NJW 66, 1929; a. A. OLG München, OLGZ 65, 10 (11), wonach selbst unter den Voraussetzungen des § 259 ZPO eine derartige Klagenverbindung nicht zulässig sein soll.

[62] Die Zulässigkeit einer Feststellungsklage nach den §§ 280, 256 ZPO mag bei einer solchen Klagenverbindung zwar im Einzelfall zweifelhaft sein, kann jedoch nicht generell verneint werden.

[63] In diesen Fällen nehmen *Blomeyer* (ZivilprozeßR, § 42 III 2 b) und wohl auch *Lent* (JR 51, 376) ein echtes Eventualverhältnis an.

[64] Daß die Verringerung des Kostenrisikos der alleinige Grund für eine derartige Eventualstellung ist, wird besonders deutlich, wenn zwischen den beiden Anträgen lediglich ein quantitativer Unterschied besteht, also in erster Linie ein geringer Teilbetrag und für den Fall, daß dieser zugesprochen wird, auch der größere Restbetrag einer Forderung eingeklagt werden soll.

Dieses Ziel läßt sich durch die Eventualstellung jedoch gar nicht erreichen. Zwar wird bei einer positiven Feststellungsklage in der Regel ein geringerer Streitwert angenommen als bei einer entsprechenden Leistungsklage, da mit dieser auch ein weitergehender Erfolg erstrebt wird[65]. Gibt der Kläger jedoch bereits bei Erhebung der Feststellungsklage zu erkennen, daß er in demselben Verfahren neben der Feststellung auch noch eine Verurteilung zur Leistung erlangen will, so geht — auch wenn man eine zulässige echte Eventualstellung annimmt und damit möglicherweise allein über den Feststellungsantrag entschieden wird — sein „Gegenwartsinteresse“[66] über die bloße Feststellung hinaus und rechtfertigt keinen Abzug bei der Streitwertfestsetzung gegenüber einer Leistungsklage. Im Falle der Abweisung der Feststellungsklage wird in tatsächlicher Hinsicht sogar auch über die Leistungsklage entschieden. Denn wenn schon der geringere Erfolg nicht erreicht werden kann, so kann auch der qualitativ oder quantitativ weiterreichende Erfolg nicht erzielt werden. Eine erneute Leistungsklage wäre zwar zulässig, infolge der präjudiziellen Rechtskraftwirkung des Feststellungsurteils jedoch unbegründet. Da der Eventualstellung somit keine eigene Bedeutung zukommen kann, handelt es sich bei einem Hilfsantrag, der von der Begründetheit einer als „Hauptantrag“ verselbständigten Vorfrage abhängig gemacht wird, um ein unechtes Eventualverhältnis[67].

Bei einer derartigen Eventualstellung ist somit in jedem Falle über beide Anträge, also über den Feststellungs- und den Leistungsantrag zu entscheiden. Dies bringt in der Regel ein erhöhtes Kostenrisiko für den Kläger mit sich, da es sich nunmehr um eine objektive Klagenhäufung handelt, bei welcher die Streitwerte der einzelnen Streitgegenstände grundsätzlich zusammengerechnet werden (§ 5 ZPO). Eine Zusammenrechnung kann nur ausnahmsweise unterbleiben, sofern die Feststellungsklage lediglich ein Minus gegenüber der Leistungsklage darstellt[68] und folglich der Streitgegenstand der Feststellungsklage von

---

[65] Vgl. BGH, NJW 65, 2298 (wonach in der Regel ein Abschlag von 20 % zu machen ist); *Baumbach-Lauterbach*, Anh. nach § 3 „Feststellungsklage“; *Stein-Jonas-Pohle*, § 3 I 1 b; *Thomas-Putzo*, § 3 Anm. 2; a. A. *Wieczorek*, § 3 B IV b 2.

[66] *Stein-Jonas-Pohle*, § 3 I 1 b.

[67] Ähnlich bereits *Hellwig*, ZivilprozeßR, § 144 IV 1 (S. 38); *Stein*, DJZ 13, 35 (36).

Bejaht man dagegen das Vorliegen eines echten Eventualverhältnisses, so würden die genannten Gründe jedenfalls dazu führen, daß das Rechtsschutzinteresse für diese Eventualstellung und damit die Zulässigkeit des Eventualverhältnisses verneint werden müßten. Im Ergebnis ergeben sich damit keine Unterschiede.

[68] Dies ist der Fall, wenn neben der Leistung die Feststellung der Leistungspflicht begehrt wird, vgl. *Habscheid*, Streitgegenstand, S. 261, 270; *Rosenberg*, ZivilprozeßR, § 88 II 2 und § 98 II 3; *Schwab*, Streitgegenstand, S. 170; *Thomas-Putzo*, Einl. II 5 c.

dem der Leistungsklage auch wertmäßig mitumfaßt wird[69]. Handelt es sich bei dem Gegenstand der Feststellungsklage dagegen allein um ein vorgreifliches Rechtsverhältnis für die Leistungsklage, so ergibt sich ein Gesamtstreitwert, der infolge der Kumulation jedenfalls den Streitwert der Leistungsklage übersteigt[70]. Das Gericht ist deshalb im konkreten Einzelfall gehalten, den Kläger auf die Bedeutungslosigkeit der gewählten Eventualstellung und die sich daraus ergebenden kostenrechtlichen Folgen hinzuweisen, um ihm Gelegenheit zu geben, sein Begehren in diesem Verfahren auf den Feststellungs- oder den Leistungsantrag zu beschränken.

Daß es sich bei der soeben behandelten Fallgestaltung um ein unechtes Eventualverhältnis handelt, wird auch an einem Beispiel aus dem Arbeitsrecht deutlich. Ist einem Arbeitnehmer gekündigt worden und hält er diese Kündigung für sozial ungerechtfertigt, so hat er die Möglichkeit, im Wege einer Kündigungsschutzklage die Feststellung zu begehren, daß das Arbeitsverhältnis durch die Kündigung nicht aufgelöst worden ist (§ 4 KSchG). Wird dieser Klage stattgegeben, so kann es dennoch zur Auflösung des Arbeitsverhältnisses durch ein Gestaltungsurteil kommen, wenn dem Arbeitnehmer die Fortsetzung des Arbeitsverhältnisses nicht zumutbar ist und er einen entsprechenden Antrag nach § 9 Abs. 1 KSchG stellt.

Nun kann der Auflösungsantrag niemals alleine, sondern immer nur neben dem Feststellungsantrag gestellt werden[71]. Wird er daher ausdrücklich „hilfsweise“ für den Fall der Begründetheit der Feststellungsklage gestellt, so begründet nicht erst die Eventualstellung das Abhängigkeitsverhältnis. Vielmehr besteht dieses bereits kraft Gesetzes, weil ohnehin nur im Falle eines bestehenden Arbeitsverhältnisses Raum für einen Auflösungsantrag ist. Mit dem Auflösungsantrag bringt der Arbeitnehmer zum Ausdruck, daß auch er das Arbeitsverhältnis auf keinen Fall fortsetzen möchte. Nur soll der Grund für dessen Beendigung nicht schon die Kündigung, sondern erst die Auflösung durch das Gerichtsurteil sein. Sein eigentliches Interesse gilt also der Auflösung, nicht aber der hierfür notwendigen und rein äußerlich als Hauptanliegen erscheinenden Feststellung des Fortbestehens des Ar-

---

[69] *Baumbach-Lauterbach*, § 5 Anm. 2 B b; *Thomas-Putzo*, § 5 Anm. 3 c. Eine Zusammenrechnung erfolgt nur dann, wenn für die Vergangenheit auf Leistung und für die Zukunft auf Feststellung geklagt wird (BGHZ 2, 74 ff.).

[70] So *Baumbach-Lauterbach*, Anh. § 3 „Feststellungsklagen“: c); *Meyer*, JR 55, 253; a. A. *Thomas-Putzo*, § 5 Anm. 3 c, wonach bei Leistungs- und Zwischenfeststellungsklage keine Zusammenrechnung der Streitwerte erfolgen soll.

[71] Vgl. *Auffarth-Müller*, KSchG, § 7 Anm. 6; *Hueck*, Festschrift H. C. *Nipperdey*, S. 115 und KSchG, § 9 Rdnr. 7.

beitsverhältnisses trotz der Kündigung[72]. Wenn man hier das Vorliegen eines echten Eventualverhältnisses annehmen wollte[73], so würde dies auch zu dem seltsamen Ergebnis führen, daß über den Auflösungsantrag nur dann nicht entschieden werden dürfte, wenn eine gesetzliche Voraussetzung für die Auflösung des Arbeitsverhältnisses fehlt, wenn also das Gericht bereits zu dem Ergebnis gekommen ist, daß auch der Auflösungsantrag gegenstandslos und somit entweder unzulässig oder unbegründet sein müßte. Es ist aber generell nicht möglich, die Stellung eines Antrages letztlich von seiner eigenen Zulässigkeit oder Begründetheit abhängig zu machen. Auf diese Weise kann unter keinen Umständen eine negative Entscheidung über den Antrag vermieden werden. Mithin liegt bei einem hilfsweise gestellten Auflösungsantrag kein echtes Eventualverhältnis vor, so daß in jedem Fall über beide Anträge zu entscheiden ist[74].

Gleiches gilt, wenn der beklagte Arbeitgeber den Auflösungsantrag gemäß § 9 Abs. 1 KSchG für den Fall stellt, daß sein Klagabweisungsantrag keinen Erfolg beziehungsweise die Kündigungsschutzklage des Arbeitnehmers Erfolg hat[75].

Fragt man sich, wann bei einer sogenannten „uneigentlichen Eventualstellung" nun tatsächlich ein echtes Eventualverhältnis gegeben ist, so bleiben allein solche Fälle übrig, bei denen der Hauptanspruch nicht zugleich eine Vorfrage im Hinblick auf den Hilfsanspruch darstellt, also beispielsweise, wenn der Kläger einen Antrag auf Zahlung von DM 500,— aus einem Kaufvertrag vom 1. Juni nur für den Fall stellt, daß der in erster Linie geltend gemachte Anspruch auf Zahlung von DM 1000,— aufgrund eines am 1. Dezember desselben Jahres geschlossenen Kaufvertrages zugesprochen wird. Auch hier erstrebt der

---

72 So auch LAG Hamm (AP 53 Nr. 139), das allerdings zu weit geht, wenn es deshalb den Auflösungsantrag als den Haupt- und den Feststellungsantrag als den Hilfsantrag bezeichnet. Zu Recht vergleicht dagegen *Herschel* in seiner Urteilsanmerkung diesen Fall mit der Prozeßlage bei einer Zwischenfeststellungsklage.

73 So z. B. *Auffarth-Müller* (KSchG, § 7 Anm. 6) und *Hueck* (KSchG, § 9 Rdnr. 13 und Festschrift H. C. *Nipperdey*, S. 115), da sich im Falle der Klagabweisung eine Entscheidung über den Auflösungsantrag erübrigen und somit nicht gegeben sein soll.

74 Sieht das Gericht die Kündigung als sozial gerechtfertigt an, so bedarf es also sehr wohl einer ausdrücklichen Ablehnung des Auflösungsantrages. Diese erübrigt sich nicht infolge Nichteintritts der „Bedingung" (so aber z. B. *Hueck*, KSchG, § 9 Rdnr. 13), ist jedoch bereits in dem Urteilstenor „Die Klage wird abgewiesen" enthalten. Fraglich bleibt nur, ob dem Kläger bei einer derartigen Ablehnung des Auflösungsantrages besondere Kostennachteile entstehen. Dies wird man wohl verneinen müssen, weil der Kläger den Antrag bereits vor der Entscheidung über die Feststellungsklage stellen muß (*Hueck*, KSchG, § 9 Rdnr. 6) und ihm daher insoweit das mit einer Abweisung verbundene Kostenrisiko nicht aufgebürdet werden darf.

75 Der Sache nach handelt es sich um den Sonderfall einer Widerklage.

Kläger zwar eine ihm günstige Entscheidung über beide Ansprüche, jedoch schafft die Entscheidung über den ersten Antrag kein Präjudiz für die Entscheidung über den Hilfsantrag. Der Grund für die Eventualstellung kann hier sein, daß der Kläger in beiden Fällen dieselben Beweisschwierigkeiten fürchtet und demzufolge die Erfolgsaussichten seiner Klage ingesamt als gering ansieht, falls er schon den in erster Linie geltend gemachten Anspruch nicht beweisen kann. Er glaubt beispielsweise, in beiden Fällen die mündlich abgeschlossenen Kaufverträge nur mittels der Aussage ein und desselben Zeugen beweisen zu können und ist sich nicht sicher, ob der Zeuge sich gerade an die betreffenden Kaufverhandlungen noch erinnern und somit seine — des Klägers — Behauptungen vor Gericht bestätigen wird. Auch könnten erhebliche Bedenken hinsichtlich der Glaubwürdigkeit dieses Zeugen den Kläger zu dieser Art der Eventualstellung veranlaßt haben. Allerdings werden diese Fälle in der Praxis verhältnismäßig selten vorkommen, so daß die Bedeutung derartiger Eventualstellungen — wie *Blomeyer*[76] mit Recht hervorhebt — nur gering ist.

[76] ZivilprozeßR, § 42 III 2 b.

Zweiter Teil

Die Zulässigkeit von Eventualverhältnissen

§ 4 Die Zulässigkeit bedingter Parteihandlungen im allgemeinen

Im Bereich des Privatrechts ist es den Parteien infolge der Vertragsfreiheit grundsätzlich gestattet, Rechtsgeschäfte unter einer Bedingung vorzunehmen. Die bedingten Rechtsgeschäfte haben in den §§ 158 bis 162 BGB eine ausdrückliche Regelung gefunden. Demgegenüber enthält das Prozeßrecht keine Bestimmungen darüber, ob und inwieweit Parteihandlungen unter Bedingungen vorgenommen werden dürfen. Auch besteht Einigkeit, daß die privatrechtlichen Vorschriften nicht ohne weiteres für das Prozeßrecht gelten[1]. Es ist daher richtig, wenn die Parteihandlungen nicht schlechthin als bedingungsfeindlich oder bedingungsfreundlich angesehen werden, sondern für die Frage der Zulässigkeit im Einzelfall auf die Vereinbarkeit der bedingten Parteihandlung mit den Wesenseigentümlichkeiten des Zivlprozesses abgestellt wird[2].

Der Zivilprozeß dient einmal der Durchsetzung des materiellen Rechts und liegt insoweit im Interesse der den Prozeß betreibenden Parteien. Aber auch für die Allgemeinheit ist die Durchführung des Zivilprozesses von Bedeutung, weil dieser darüber hinaus die Bewährung der objektiven Privatrechtsordnung sowie die Herstellung und Erhaltung des Rechtsfriedens zur Aufgabe hat. Die Erfüllung dieser Aufgaben ist nur dann möglich, wenn ein zweckmäßiger und beschleunigter Ablauf des Verfahrens gewährleistet ist. Dies erfordert wiederum, daß die Parteien sich an eine gegebene Ordnung des Verfahrens halten und ihrem Willen bezüglich des Verfahrensablaufs nur in-

---

1 Vgl. *Baumgärtel*, Prozeßhandlung, S. 119; *Lang*, S. 22; *Schönke-Schröder-Niese*, § 31 II 3; *Stein-Jonas-Pohle*, XI 3 g vor § 128.

2 So bereits *Hellwig*, Prozeßhandlung, S. 96; siehe auch *Baumgärtel*, Prozeßhandlung, S. 120; *Blomeyer*, ZivilprozeßR, § 30 VI; *Brox*, Carl Heymanns Festschrift, S. 122; *Stein-Jonas-Pohle*, XI 3 g vor § 128.

soweit Rechnung getragen wird, als dadurch die Interessen der Allgemeinheit nur unerheblich berührt werden. Zudem ist der Zivilprozeß seiner Struktur nach dynamisch[3]. Durch die Handlungen der Prozeßparteien und des Gerichts werden ständig neue prozessuale Rechtslagen geschaffen, wobei jede neue Rechtslage auf der vorhergehenden beruht und aufbaut. Die Gesamtheit dieser Rechtslagen stellt die stetige Entwicklung des Prozesses von der Klageerhebung bis zur richterlichen Entscheidung dar. Diese Entwicklung gilt es in Gang zu halten. Es muß daher an dem bisher Geschehenen grundsätzlich festgehalten werden, damit die einzelnen aufeinanderfolgenden Prozeßstadien auf einer sicheren Grundlage aufbauen können[4]. Im Prozeßrecht besteht somit ein besonders großes Bedürfnis für die Eindeutigkeit der Vornahme von Prozeßhandlungen. Sowohl das Interesse der Parteien und der Allgemeinheit als auch die Struktur des Zivilprozesses verbieten es, daß in das Verfahren eine mit einem ordnungsgemäßen Verfahrensablauf nicht zu vereinbarende Unsicherheit getragen wird.

Eine solche Unsicherheit entsteht, wenn das Gericht, das für einen zweckmäßigen und beschleunigten Ablauf des Verfahrens verantwortlich ist, nicht jederzeit feststellen kann, ob und wann eine Veränderung der prozessualen Rechtslage eingetreten ist. Entsprechend muß im Falle einer bedingt vorgenommenen Parteihandlung der Eintritt oder Nichteintritt der Bedingung für das Gericht ohne weiteres erkennbar sein. Dies ist nicht der Fall, wenn Gegenstand der Bedingung ein Ereignis ist, das mit dem konkreten Prozeß in keinem Zusammenhang steht. Der Eintritt oder Nichteintritt eines derartigen außerprozessualen Ereignisses ist für das Gericht in der Regel immer erst nach einer mehr oder minder langwierigen Klärung feststellbar, die mit der erforderlichen schnellen und sicheren Durchführung des Verfahrens nicht in Einklang zu bringen ist[5].

Anders ist es dagegen, wenn ein innerprozessuales Ereignis, das heißt ein mit dem konkreten Prozeß in unmittelbarem Zusammenhang stehender Vorgang, wie beispielsweise der Erfolg einer bereits vorgenommenen anderen Prozeßhandlung, zum Gegenstand der Bedingung gemacht wird. Ein solches Ereignis ist für das Gericht im allgemeinen erkennbar[6], denn es kann sich in dem Zeitpunkt, in dem es

---

[3] So grundlegend *Goldschmidt*, Prozeß als Rechtslage, S. 227 ff.; vgl. auch *Baumgärtel*, Prozeßhandlung, S. 85 f., 123; *Rosenberg*, ZivilprozeßR, § 2 III 3; *Stein-Jonas-Pohle*, Einl. F I 1.

[4] So *Baumgärtel*, Prozeßhandlung, S. 123; *Stein*, DJZ 13, 36.

[5] Dies gilt auch für eine auf ein außerprozessuales Ereignis abgestellte Gegenwarts- oder Vergangenheitsbedingung, vgl. *Baumgärtel*, Prozeßhandlung, S. 120 f.

[6] So *Baumgärtel*, Prozeßhandlung, S. 123.

für den weiteren Ablauf des Verfahrens auf die Wirksamkeit der bedingten Parteihandlung ankommt, völlig selbständig oder mit Hilfe der Parteien ohne großen Arbeits- und Zeitaufwand von dem Eintritt oder Nichteintritt der Bedingung überzeugen.

Damit ergibt sich für die Zulässigkeit bedingter Parteihandlungen schon von der Art der Bedingung her eine allgemeine Begrenzung dahin, daß kein außerprozessuales, sondern allenfalls ein innerprozessuales Ereignis Gegenstand einer Bedingung sein darf[7]. Ob sich darüber hinaus allgemein gültige Zulässigkeitskriterien finden lassen, ist zweifelhaft und läßt sich nur nach einer eingehenden Einzeluntersuchung möglichst vieler Arten bedingter Parteihandlungen beantworten. Eine solche Untersuchung hat *Baumgärtel*[8] hinsichtlich verfahrensgestaltender und die Urteilsgrundlage schaffender Prozeßhandlungen vorgenommen. Dabei ist er zu der weiteren Einschränkung gelangt, daß bedingte Prozeßhandlungen nur insoweit zulässig sind, als sie der Bestimmung des Entscheidungsgegenstandes oder der Beschaffung der Urteilsgrundlage dienen und mindestens gleichzeitig eine unbedingte Prozeßhandlung vorgenommen wird[9]. Selbst wenn diese Erkenntnisse zutreffend sein sollten, so besagen sie jedoch noch nicht ohne weiteres etwas Abschließendes über den Umfang der Zulässigkeit von Eventualverhältnissen. Die eventuelle Parteihandlung stellt einen besonderen, und zwar den wohl bedeutendsten Fall einer bedingten Parteihandlung dar. Eventualverhältnisse, bei denen — wie die Begriffsbestimmung bereits gezeigt hat — stets ein innerprozessuales Ereignis Gegenstand der Bedingung ist, können daher zwar keinesfalls in einem weiteren Umfang zulässig sein als bedingte Parteihandlungen schlechthin, ihre Zulässigkeit kann jedoch durchaus weitergehenden Einschränkungen unterliegen. Diese könnten sich insbesondere aus der dem Eventualverhältnis wesenseigenen Bindungswirkung hinsichtlich der Reihenfolge der Prüfung des eventuellen Vorbringens ergeben. Ob und inwieweit die Zulässigkeitsvoraussetzungen für Eventualverhältnisse allgemein bestimmt werden können, kann ebenfalls nur eine Einzeluntersuchung der verschiedenen Arten der Eventualverhältnisse ergeben. Bei diesen Untersuchungen wird zugleich überprüft werden, inwieweit die von *Baumgärtel* sowohl in Einzelfällen als auch hinsichtlich der allgemeinen Abgrenzung der Zulässigkeit bedingter Parteihandlungen gefundenen Ergebnisse zutreffend sind oder einer Modifizierung bedürfen.

---

[7] Jetzt ganz herrschende Meinung, siehe *Baumgärtel*, Prozeßhandlung, S. 121; *Blomeyer*, ZivilprozeßR, § 30 VI 2; *Lang*, S. 24; *Lent-Jauernig*, ZivilprozeßR, § 29 VI 6; *Rosenberg-Schwab*, § 65 IV 2; *Stein*, DJZ 13, 36; *Thomas-Putzo*, Einl. III 2 i.

[8] Prozeßhandlung, S. 123 ff.

[9] *Baumgärtel*, Prozeßhandlung, S. 138; ähnlich auch *Lang*, S. 33, 37.

§ 5 Eventuelle Sachanträge

I. Die Zielsetzung eventueller Sachanträge

Innerhalb der Eventualverhältnisse zählen die Eventualanträge, insbesondere die eventuellen Sachanträge zu der praktisch bedeutsamsten Gruppe. Es vergeht kaum ein Prozeß, in dem der Kläger nicht für den Fall, daß sein Hauptantrag keinen Erfolg hat, einen Hilfsantrag stellt. Anlaß und Zielsetzung einer derartigen Eventualstellung sind verschieden. Sie bedürfen einer kurzen Darlegung, weil sie bei der Frage der Zulässigkeit nicht außer acht gelassen werden können.

Mit der Eventualstellung will der Kläger einmal das Risiko eines Prozeßverlustes in den Fällen verringern, in denen sich aus einem Lebenssachverhalt oder verschiedenen tatsächlichen Vorgängen mehrere sich ausschließende Rechtsfolgen ergeben können, je nachdem wie das Ergebnis einer Beweisaufnahme ausfällt oder welcher von mehreren vertretbaren Rechtsauffassungen sich das Gericht anschließt.

Wird beispielsweise eine mangelhafte Kaufsache geliefert, so kann der Käufer — falls bereits die Erfüllung der Leistungspflicht des Verkäufers verneint wird und eine ordnungsgemäße Erfüllung nicht mehr möglich ist — Schadensersatz wegen Nichterfüllung verlangen. Wird jedoch die Erfüllung bejaht, so bleiben ihm nur die Gewährleistungsansprüche der §§ 459 ff. BGB, wobei auch hier wiederum zweifelhaft sein kann, ob der Käufer in erster Linie Schadensersatz (§ 463 BGB) oder Minderung (§ 462 BGB) verlangen soll. Dies hängt davon ab, ob der Beweis gelingt, daß es sich bei dem Mangel um das Fehlen einer zugesicherten Eigenschaft handelt. Hierdurch wird die Eventualstellung veranlaßt, wobei die Reihenfolge des Begehrens von der Einschätzung der Beweislage bestimmt wird[1].

Verlangt ein Kläger in erster Linie Grundbuchberichtigung, weil er den Kaufvertrag und die Auflassung für nichtig hält, jedoch für den Fall, daß das Gericht seiner Auffassung nicht folgt, die Rückübereignung des Grundstücks aufgrund eines vereinbarten und ausgeübten Rückkaufrechtes[2], so ist der Grund für die Eventualstellung die Unsicherheit, wie das Gericht bezüglich der Wirksamkeit der Auflassung entscheiden wird. Neben der Verringerung des Risikos eines Prozeßverlustes soll mittels der Eventualstellung zugleich auch der gesamte Rechtsstreit in einem Verfahren erledigt und die Gefahr zweier einander widersprechender nachteiliger Entscheidungen — die im Falle mehrerer einzelner Prozesse gegeben wäre — ausgeschaltet werden. Andererseits bezweckt der Kläger mit Hilfe von Eventualanträgen oft

---

[1] Vgl. RGZ 27, 237; 131, 346.

[2] Vgl. RGZ 77, 120.

auch nur, seine Erfolgsaussichten zu vergrößern. Je mehr Anträge er stellt, desto größer ist seine Chance, in diesem Prozeß überhaupt zu einem (Teil-)Erfolg zu kommen. Hat der Kläger zum Beispiel mehrere bestrittene Forderungen gegen den Beklagten und kommt es ihm darauf an, zunächst einmal einen vollstreckbaren Titel über einen bestimmten Teilbetrag zu erlangen, so wirde er mehrere voneinander unabhängige Anträge, die auch nebeneinander gestellt werden könnten, in Eventualstellung bringen[3]. In allen Fällen aber erhofft sich der Kläger aufgrund der Eventualstellung Kostenvorteile gegenüber einer unbedingten Stellung von mehreren Anträgen in einem oder mehreren Verfahren.

II. Die Entwicklung der Zulässigkeit von Eventualanträgen in Lehre und Rechtsprechung

Ganz gleich, welcher Auffassung vom Streitgegenstand man im Zivilprozeß folgt, so ist jedenfalls davon auszugehen, daß der Streitgegenstand durch den Sachantrag zumindest mitgekennzeichnet wird[4]. Vom Vorliegen eines Haupt- und eines Hilfsantrages kann somit nur dann die Rede sein, wenn es sich um verschiedene Anträge und folglich auch um verschiedene Streitgegenstände handelt. Denn nur dann ist es möglich, daß auch mehrere Entscheidungen in einer von der Partei durch die Eventualstellung bestimmten Reihenfolge ergehen können. Bei der Frage der Zulässigkeit eventueller Sachanträge handelt es sich also um das Problem der Zulässigkeit einer eventuellen objektiven Klagenhäufung.

1. Die ältere Lehrmeinung

Das Gesetz besagt nichts darüber, ob und in welchem Umfang eine eventuelle Verbindung mehrerer prozessualer Ansprüche zulässig ist.

In der älteren Literatur wird bei der Prüfung der Zulässigkeit eventueller Sachanträge (eventueller objektiver Klagenhäufungen) als leitender Grundsatz vorangestellt, daß bedingte Klagen rechtlich unmöglich seien, da die Klageerhebung die Rechtshängigkeit kraft gesetzlicher Notwendigkeit begründe und diese somit von der Partei nicht willkürlich aufgeschoben oder aufgehoben werden könne[5]. Demzufolge wird eine eventuelle objektive Klagenhäufung als unzulässig angesehen, da man in ihr eine Kumulierung einer unbedingten und einer bedingten Klage erblickt. Um aber auch den Fällen gerecht zu werden, bei denen

---

[3] Vgl. RGZ 144, 71; RG, Gruch 59, 932.

[4] *Thomas-Putzo*, Einl. II 6.

[5] *Bucerius*, ZZP 37, 194; *Eccius*, Gruch 33, 139; *Fischer*, S. 34 f.; *Förster-Kann*, § 260 Anm. 2 d, bb; *Hellwig*, ZivilprozeßR, § 144 IV 1; *Kleinfeller*, ZivilprozeßR, § 76 V 2; *Lämmert*, ZZP 16, 431; *Petersen*, ZZP 16, 504; *Pfizer*, ZZP 21, 384.

für die Stellung eines Eventualantrages ein besonderes praktisches Bedürfnis besteht, versucht man zum Teil, die Annahme einer Klagenhäufung zu vermeiden. Ebenso wie der Gesetzgeber überall dort, wo in der Zivilprozeßordnung vom Anspruch die Rede ist, an den Anspruch im Sinne des materiellen Rechts dachte[6], wurde auch in der älteren Literatur der Streitgegenstand des Zivilprozesses mit dem materiellen Anspruch des bürgerlichen Rechts weitgehend identifiziert[7]. Es lag somit auch nahe, für die Beurteilung des Vorliegens einer Klagenhäufung im Falle von Eventualanträgen materiellrechtliche Erwägungen ausschlaggebend sein zu lassen. So verneinen *Eccius* und *Petersen* das Vorliegen einer eventuellen objektiven Klagenhäufung und lassen damit Eventualanträge zu, wenn mit dem Hilfsantrag nur ein Minus[8] oder eine Modifikation des Hauptantrages gefordert wird[9], weil es sich ihrer Ansicht nach trotz der mehreren Anträge um die Geltendmachung nur *eines* Anspruchs in seinen eventuellen Fassungen handelt[10]. *Kleinfeller*[11] sieht in der eventuellen Verbindung mehrerer Anträge dann keine Klagenhäufung, wenn beide Anträge auf „das gleiche Rechtsverhältnis gestützt werden und das nämliche wirtschaftliche Ziel verfolgen", so wenn der Kläger die Verurteilung des Beklagten zur Herausgabe einer bestimmten Sache, eventuell Verurteilung zur Leistung von Schadensersatz verlangt. Auch *Bucerius* verneint im Falle zulässiger Eventualanträge das Vorliegen einer Klagenhäufung, da von einer Mehrheit von Ansprüchen nur gesprochen werden könne, wenn mehrere Ansprüche nebeneinander, nicht aber wenn nur der eine oder der andere zuerkannt werden solle[12]. Für die Grenzziehung der Zulässigkeit von Eventualanträgen, die er grundsätzlich bejaht[13], stellt er jedoch nicht auf den inneren Zusammenhang der verbundenen Anträge, sondern allein auf den Willen des Klägers ab. Ein Eventualantrag ist danach nur zulässig, wenn nach dem Willen des Klä-

---

[6] Vgl. *Habscheid*, Streitgegenstand, S. 22; *Nikisch*, Streitgegenstand, S. 41; *Schwab*, JuS 65, 81.

[7] *Hellwig*, ZivilprozeßR, § 149 I; *Schmidt*, ZivilprozeßR, § 131; *Weismann*, ZivilprozeßR, § 103.

[8] Auch wenn mit dem Eventualantrag ein Majus verlangt wird, verneint *Eccius* (Gruch 33, 142) das Vorliegen einer Klagenhäufung.

[9] *Eccius*, Gruch 33, 142; *Petersen*, ZZP 16, 505/507.

[10] *Eccius*, Gruch 36, 143; *Petersen*, ZZP 16, 512. — *Lämmert* (ZZP 16, 443) hält Eventualanträge insoweit für zulässig, als dadurch in einer (unbedingten) Klage Ansprüche verbunden werden, von denen der prinzipale die negative Voraussetzung des eventuellen Anspruchs bildet. Zwar hält er eine eventuelle Klagenverbindung von Ansprüchen, die in keinem inneren Zusammenhang miteinander stehen, nicht ohne weiteres für prozessual unzulässig, läßt sie jedoch bei der Begriffsbestimmung außer Betracht, weil die ZPO der Partei für die Durchführung des mit einer derartigen Eventualstellung verbundenen Zwecks keine Gewähr biete (a.a.O., S. 437).

[11] ZivilprozeßR, § 76 V 2.

[12] *Bucerius*, ZZP 37, 195 f.

[13] *Bucerius*, ZZP 37, 198.

gers beide eventuell verbundenen Anträge rechtshängig und durch jede im Prozeß ergehende Sachentscheidung rechtskräftig erledigt werden, nicht jedoch, wenn der Eventualantrag — falls nach dem Prinzipalantrag erkannt wird — unerledigt bleiben soll[14]. Im letzten Fall nimmt er eine Klagenhäufung an, die wegen bedingter Rechtshängigkeit der zweiten Klage unzulässig sei.

Soweit dagegen bei Vorliegen mehrerer auf einem einheitlichen Tatbestand beruhender Anträge eine Klagenhäufung angenommen wird[15], versucht man auf einem anderen Wege zur Zulässigkeit von Eventualanträgen zu gelangen, ohne mit dem Grundsatz der Unzulässigkeit bedingter Klagen in Widerspruch zu geraten. Man verneint im Falle eines zulässigen Eventualantrages das Vorliegen einer bedingten Rechtshängigkeit, weil „die Entscheidung des Gerichts definitiv für den einen oder den anderen aus demselben Tatbestand fließenden Anspruch" angerufen werde[16]. Dabei wird die Zulässigkeit der eventuellen Klagenhäufung wiederum auf die Fälle begrenzt, in denen „der eventuelle Anspruch mit dem prinzipalen dergestalt im Zusammenhang steht, daß er für den Fall des Durchdringens mit dem prinzipalen für den Kläger gegenstandslos wird"[17]. Ebenso hält *Hellwig*[18] eine eventuelle Klagenhäufung dann für zulässig, wenn der Kläger sein Begehren auf zwei nebeneinander bestehende Ansprüche stützt und diese sich gegenseitig ausschließen, oder aber wenn die verschiedenen Ansprüche auf dasselbe Ziel gerichtet sind und somit nur ein Anspruch verwirklicht werden kann. In diesen Fällen nimmt *Hellwig* eine unbedingte Rechtshängigkeit[19] beider Ansprüche an und faßt die Eventualstellung als eine im voraus erklärte Klagerücknahme oder einen antizipierten Klageverzicht auf[20].

---

14 *Bucerius*, ZZP 37, 199. Er räumt jedoch ein, daß jene Folgen bezüglich der Rechtshängigkeit und Rechtskraft vom Kläger vernünftigerweise nur dann als gewollt angesehen werden dürfen, wenn sich aus dem „wirtschaftlichen Vorgange" bestenfalls nur der eine oder andere Anspruch ergeben kann, also den eventuell verbundenen Anträgen ein im wesentlichen einheitlicher Lebenssachverhalt zugrunde liegt (a.a.O., S. 200). — Damit wird aber letztlich auch wieder auf einen materiellrechtlichen Zusammenhang der verschiedenen Anträge abgestellt.

15 Vgl. *Struckmann-Koch*, § 260 Anm. 7; *v. Wilmowski-Levy*, § 232 Anm. 4.

16 So *v. Wilmowski-Levy*, § 230 Anm. 6; ähnlich auch *Struckmann-Koch*, § 260 Anm. 7; dagegen hält *Weismann*, ZivilprozeßR, § 104 III, die zweite Klage für bedingt rechtshängig. Dennoch bejaht er die Zulässigkeit der eventuellen Verbindung unter der Voraussetzung, daß „der Eventualantrag sich von selbst erledige, wenn sich der Hauptantrag als unbegründet erweist".

17 *Struckmann-Koch*, § 260 Anm. 7.

18 ZivilprozeßR, § 149 II 2 b und System, § 119 I.

19 Eine durch Parteiwillen bedingte Rechtshängigkeit gibt es für *Hellwig* (ZivilprozeßR, § 144 IV 1) nicht.

20 *Hellwig*, ZivilprozeßR, § 149 II 2 b, d und § 150 III 3 a; ähnlich auch *Cahn*, JW 20, 1014.

Schließlich kommt auch *Fischer*[21] nach einer eingehenden Untersuchung zu dem Ergebnis, daß für die Unzulässigkeit von Eventualverbindungen insoweit kein Anlaß besteht, als die aus einem „einheitlichen Klagegrund abgeleiteten Ansprüche — gleichgültig ob sie in einen einheitlichen Antrag ausmünden oder in mehrere — sich gegenseitig in ihrer Existenz oder doch in ihrer Befriedigungsmöglichkeit ausschließen". Während er bei einander ausschließenden Ansprüchen eine einzige „Streitsache" annimmt und insoweit die Ausgangsstellung von *Petersen* bezieht[22], bejaht er das Vorliegen mehrerer „Streitsachen" und somit einer Klagenhäufung, wenn nur die Befriedigung des einen Anspruchs den anderen ausschließt[23]. In dem letzten Fall vermeidet *Fischer* die Annahme einer bedingten Rechtshängigkeit, indem er die vom Kläger gewählte eventuelle Verbindung dahin auslegt, daß der Kläger von vornherein für den Fall des Obsiegens in einer der Streitsachen mit der notwendig eintretenden Abweisung der übrigen rechnet und sich dieser Möglichkeit durch die Art der Antragstellung nicht entziehen will[24], so daß in jedem Fall auch über den Hilfsanspruch ausdrücklich oder implizite entschieden werden muß.

Zusammenfassend ist festzuhalten, daß für den Umfang der Zulässigkeit von Eventualanträgen nach der älteren Lehrmeinung maßgebend war, inwieweit die Annahme einer bedingten Klage und somit auch einer bedingten Rechtshängigkeit durch eine Einengung des Begriffs der Klagenhäufung oder dadurch, daß auch der hilfsweise geltend gemachte Anspruch als unbedingt rechtshängig angesehen wurde, vermieden werden konnte. Wie immer dabei auch die Grenzen der Zulässigkeit im einzelnen gezogen wurden, so war doch das entscheidende Kriterium ein gewisser materiellrechtlicher Zusammenhang zwischen den verschiedenen Begehren in dem Sinne, daß ein prozessual zulässiges Eventualverhältnis ein materiellrechtliches „Ausschlußverhältnis"[25] voraussetzte.

2. *Die Rechtsprechung*

Die Rechtsprechung sah sich trotz der Vielzahl der in der Praxis vorkommenden Eventualanträge verhältnismäßig selten veranlaßt, Fragen der Zulässigkeit zu erörtern. Wenn über Fälle eventueller Klagenhäufungen zu entscheiden war, so standen zumeist Probleme der prozessualen Behandlung im Vordergrund. Die Zulässigkeit der

---

[21] S. 70 f.
[22] *Fischer*, S. 61 f., 77.
[23] *Fischer*, S. 77.
[24] *Fischer*, S. 40 f., 71 f.
[25] *Goldschmidt*, ZivilprozeßR, S. 155 und Prozeß als Rechtslage, S. 481; vgl. auch *Seuffert-Walsmann*, § 260 Anm. 2 c.

Eventualanträge wurde stillschweigend vorausgesetzt oder allenfalls am Rande erörtert, ohne daß man dabei auf die im Schrifttum geäußerten Bedenken gegen die Zulässigkeit näher einging[26].

Das Reichsgericht hat anfänglich Eventualanträge, welche für den Fall gestellt werden, daß dem prinzipalen Antrag nicht stattgegeben wird, für „unzweifelhaft zulässig“[27] oder „nicht unstatthaft“[28] erklärt. Zwar äußerte es Zweifel, ob eine eventuelle Klagenhäufung prozessual zulässig sei, wenn die mehreren Ansprüche nicht durch ein „bestehendes rechtliches Verhältnis“ verbunden sind, sondern nur willkürlich in ein Abhängigkeitsverhältnis gebracht werden[29]. Es ließ diese Frage jedoch zunächst unentschieden. Erst im 77. Band[30] legte das Reichsgericht Wert auf die Feststellung, daß mit einem Aushilfsanspruch dann keine bedingte Klage erhoben werde, wenn zwischen dem Haupt- und dem Hilfsanspruch eine derartige „notwendige und logische Abhängigkeit“ bestehe, daß das Nichtbestehen des einen die Bedingung für das Bestehen des anderen sei. Ein den Hauptanspruch zuerkennendes Urteil sollte dabei zugleich ein „aberkennendes“ Urteil (im Sinne von § 537 ZPO) hinsichtlich des Hilfsanspruches darstellen[31]. Offensichtlich sucht auch das Reichsgericht im Falle einer zulässigen eventuellen Klagenhäufung die Annahme einer bedingten Rechtshängigkeit zu vermeiden. War bis dahin jedoch noch keine Gelegenheit gewesen, über die Zulässigkeit einer eventuellen Klagenhäufung zu entscheiden, bei der es sich um mehrere materiellrechtlich selbständige und voneinander unabhängige Ansprüche handelte, so bot sich diese bei der Entscheidung des 3. Zivilsenats vom 2. März 1934[32]. Der Kläger machte zwei nebeneinander bestehende Forderungen in Höhe von je DM 7000,— im Eventualverhältnis geltend, wobei ihm die Forderungen von verschiedenen Gläubigern des Beklagten abgetreten worden waren. Nunmehr entschied das Reichsgericht, daß mehrere Ansprüche auch dann eventualiter in einer Klage geltend gemacht werden können, wenn sie sich nicht ausschließend bedingen[33]. Das Vorliegen einer bedingten Klage, die das Reichsgericht als mit den Aufgaben und Zwecken des staatlich geordneten Prozeßverfahrens unvereinbar ansah[34], verneinte es mit der — allerdings unzutreffenden — Begrün-

---

[26] So hat das RG (RGZ 77, 123) selbst einmal betont, daß die Praxis in ständiger Rechtsprechung über die Bedenken gegen die Zulässigkeit hinweggegangen sei.

[27] RGZ 13, 358 (359).

[28] RG, SeuffArch 42 Nr. 160.

[29] RGZ 18, 385 (388); RG, Gruch 59, 932.

[30] RGZ 77, 120 (123). Fall: Mit dem Hauptantrag wird Grundbuchberichtigung, mit dem Hilfsantrag Rückübereignung des Grundstücks verlangt.

[31] RGZ 77, 120 (125).

[32] RGZ 144, 71.

[33] RGZ 144, 71 (74); RGZ 157, 321 (326).

[34] RGZ 144, 71 (72).

dung, es handele sich bei der Abhängigmachung eines Hilfsanspruchs von der negativen Entscheidung des Gerichts über den Hauptanspruch lediglich um eine Rechtsbedingung[35].

Der Bundesgerichtshof hat sich bisher mit der Frage der Zulässigkeit von eventuellen Sachanträgen nicht näher befaßt. Dies beruht allerdings nicht auf mangelnder Gelegenheit für eine derartige Erörterung. Vielmehr ist aus obiter dicta zu entnehmen, daß der Bundesgerichtshof — ebenso wie die unteren Gerichte — in Fortsetzung der Rechtsprechung des Reichsgerichts grundsätzlich keine Bedenken gegen die Zulässigkeit einer eventuellen objektiven Klagenhäufung hat, auch wenn die mehreren Ansprüche in keinem materiellrechtlichen Abhängigkeits- oder Ausschlußverhältnis zueinander stehen[36].

3. Darstellung der gegenwärtigen und Kritik der älteren Lehrmeinung

Nach der heute ganz überwiegenden Meinung im Schrifttum bestehen gegen die Zulässigkeit einer eventuellen objektiven Klagenhäufung keine grundsätzlichen Bedenken[37]. Dennoch werden eventuelle Sachanträge nicht uneingeschränkt zugelassen. Im Gegensatz zu früheren Auffassungen wird zwar nicht mehr verlangt, daß sich die mehreren Begehren gegenseitig ausschließen müssen[38]. Es wird jedoch gefordert, daß Haupt- und Hilfsantrag in einem gewissen Zusammenhang stehen, wobei über die Frage, wie dieser Zusammenhang beschaffen sein muß, keine einhellige Auffassung besteht. Während zum Teil der für die Zulässigkeit vorausgesetzte Zusammenhang überhaupt nicht näher bestimmt wird[39], verlangt man überwiegend, daß Haupt- und Hilfsantrag juristisch oder wirtschaftlich auf dasselbe oder ein gleichartiges Ziel gerichtet sind[40] oder daß beide auf einem im wesent-

---

[35] RGZ 144, 71 (73); so neuerdings auch OLG Karlsruhe, NJW 67, 935 (936).

[36] Vgl. BGH, MDR 53, 164; BGH, JZ 66, 187 (189) = NJW 66, 446 = LM Nr. 54 zu § 322 ZPO; OLG Karlsruhe, NJW 67, 935 (936).

[37] *Baumbach-Lauterbach*, § 260 Anm. 2 c; *Bernhardt*, ZivilprozeßR, § 30 II 1 b (S. 193); *Blomeyer, ZivilprozeßR*, § 42 III 2; *Brox*, C. Heymanns Festschrift, S. 122; *Furtner*, Urteil, S. 111; *Lent-Jauernig*, ZivilprozeßR, § 88 III; *Nikisch*, ZivilprozeßR, § 45 III; *Rosenberg*, ZivilprozeßR, § 93 III 3; *Schönke-Schröder-Niese*, § 50 II 2; *Stein-Jonas-Schumann/Leipold*, § 260 II B 2 a; *Thomas-Putzo*, § 260 Anm. 2 c; *Wieczorek*, § 260 B I b 1; *Zöller-Stephan*, § 253 I 1.

[38] Vgl. *Rosenberg-Schwab*, § 100 III 3; *Stein-Jonas-Schumann/Leipold*, § 260 II B 2 a.

[39] Siehe z. B. *Furtner*, Urteil, S. 111. Auch *Schönke-Kuchinke* (§ 46 II) verlangt lediglich einen „sachlichen" Zusammenhang.

[40] So *Bernhardt*, ZivilprozeßR, § 55 I 1 c; *Lang*, S. 55; *Lent-Jauernig*, ZivilprozeßR, § 88 III; *Schwab*, Streitgegenstand, S. 81; *Rosenberg*, ZivilprozeßR, § 93 III 3 b; ähnlich auch *Nikisch* (ZivilprozeßR, § 45 III 1), wonach beide Anträge auf ein „verwandtes wirtschaftliches Ziel" gerichtet sein müssen.

lichen gleichen Sachverhalt beruhen und im wesentlichen das gleiche Ziel verfolgen[41]. Teilweise begnügt man sich aber auch damit, eine gewisse „materielle Rechtfertigung“ zur Voraussetzung für die Zulässigkeit der Eventualstellung prozessualer Begehren zu erheben[42]. Lediglich *Brox* und wohl auch *Baumbach-Lauterbach, Thomas-Putzo* und *Wieczorek* sehen davon ab, die Zulässigkeit der Verbindung von Haupt- und Hilfsanspruch zu beschränken[43].

Nach einer Begründung für die von der herrschenden Meinung für notwendig erachteten Einschränkungen sucht man zumeist vergeblich. Allenfalls wird darauf hingewiesen, daß es für eine über die gesteckten Grenzen hinausgehende Zulassung an dem hierfür erforderlichen praktischen Bedürfnis fehle[44], oder daß in Fällen willkürlicher Eventualstellung materiell selbständiger Ansprüche das Erschleichen eines Kostenvorteils als das „einzig denkbare Motiv“ für die Eventualstellung mit den Regelungen unseres Verfahrens- und Kostenrechts in Widerspruch stehe und somit zur Unzulässigkeit führe[45]. Schließlich wird zur Ablehnung einer uneingeschränkten Zulässigkeit das Recht des Beklagten auf Sachentscheidung herangezogen[46].

In Anbetracht der Tatsache, daß die heute üblichen Zulässigkeitskriterien sich weitgehend noch mit denjenigen der älteren Lehrmeinung decken, liegt die Vermutung nahe, daß auch hinsichtlich der für die Beschränkungen maßgeblichen Gründe Übereinstimmung besteht. Bei näherer Betrachtung scheint diese Vermutung jedoch keine Bestätigung zu finden. Wenn auch eine bedingte Klage nach wie vor für unzulässig gehalten wird[47], so werden in den Fällen zulässiger Eventualanträge jedoch weder Bedenken gegen das Vorliegen einer Klagenhäufung erhoben[48], noch versucht man, der Annahme einer bedingten Rechtshängigkeit im Hinblick auf den Hilfsanspruch aus dem Wege zu gehen[49].

---

[41] So *Baumgärtel*, Prozeßhandlung, S. 129; *Schönke-Schröder-Niese*, § 50 II 2 a; *Stein-Jonas-Schumann/Leipold*, § 260 II B 2 a (die jedoch dafür eintreten, daß bei Zustimmung des Beklagten zur Eventualstellung völlig verschiedener Anträge großzügig verfahren wird).

[42] So *Dunz*, NJW 62, 1229.

[43] *Brox*, C. Heymanns Festschrift, S. 126; *Baumbach-Lauterbach*, § 260 Anm. 2 C; *Thomas-Putzo*, § 260 Anm. 2 c; *Wieczorek*, § 260 B II a 2. Zweifelnd *Blomeyer* (ZivilprozeßR, § 42 III 2 a), der jedoch schließlich einräumt, daß in „extremen Fällen“ das Rechtsschutzbedürfnis für den Hilfsantrag fehlen kann und somit doch zu einer gewissen Einschränkung gelangt.

[44] *Lang*, S. 55; *Stein-Jonas-Schumann/Leipold*, § 260 II B 2 a.

[45] *Dunz*, NJW 62, 1229.

[46] *Stein-Jonas-Schumann/Leipold*, § 260 II B 2 a.

[47] Vgl. statt aller *Rosenberg*, ZivilprozeßR, § 61 IV 1; *Stein-Jonas-Pohle*, XI 3 g vor § 128.

[48] Siehe oben Fußn. 37.

[49] Vgl. statt vieler *Blomeyer*, ZivilprozeßR, § 30 VI 2 und § 42 III 2 a; *Stein-Jonas-Schumann/Leipold*, § 263 I 1.

Die herrschende Meinung ist somit auch nicht dem Vorwurf ausgesetzt, der gegenüber der älteren Lehrmeinung zu erheben ist. Diese verkennt die Bedeutung des Eventualverhältnisses und läßt den von der Partei mit der Stellung eines eventuellen Sachantrages verfolgten Zweck unberücksichtigt. Damit gelangt sie zur Zulässigkeit von Eventualanträgen unter Voraussetzungen, bei deren Vorliegen von einem echten Eventualverhältnis nicht mehr gesprochen werden kann. Mit der bedingten Antragstellung bringt die Partei zum Ausdruck, daß sie eben nicht in jedem Falle eine Entscheidung über den Hilfsantrag begehrt. Tritt die Bedingung nicht ein, so soll der Hilfsantrag rechtlich unerledigt bleiben. Eine spätere selbständige Geltendmachung des Hilfsantrages darf also aufgrund der Rechtskraft der Entscheidung über den Hauptantrag nicht unzulässig sein. Es ist zwar möglich, daß infolge des materiellrechtlichen Verhältnisses von Haupt- und Hilfsantrag eine spätere Klage keinen Erfolg hat, etwa wenn sich Haupt- und Hilfsantrag gegenseitig ausschließen, also nur immer einer von beiden begründet sein kann, oder falls die präjudizielle Wirkung der Entscheidung über den Hauptantrag einem Erfolg des früheren Hilfsantrages entgegensteht. Dies wäre aber auch dann der Fall, wenn die Partei denselben Antrag nicht bereits in einem vorangehenden Verfahren als Hilfsantrag gestellt hätte, so daß diese Auswirkungen mit der prozessualen Eventualstellung in keinem Zusammenhang stehen. Wird dagegen bei einer zulässigen Eventualstellung stets auch der Hilfsantrag rechtskräftig erledigt, was die notwendige Folge der Verneinung einer Klagenhäufung und einer bedingten Rechtshängigkeit ist, so kommt der Eventualstellung keine Bedeutung zu. Die Einhaltung einer bestimmten Reihenfolge hinsichtlich der Prüfung des Parteivorbringens bleibt ohne Konsequenzen und die prozessuale Lage ist nicht anders, als wenn die Partei beide Anträge unbedingt nebeneinander oder — bei Verneinung einer Klagenhäufung trotz mehrerer Anträge — von vornherein nur einen Antrag gestellt hätte. Dies verdeutlicht der Fall, in dem eine Klagenhäufung nicht vorliegt, weil mit dem „Hilfsantrag" lediglich ein quantitatives Minus des Hauptantrages begehrt wird. Verlangt der Kläger zum Beispiel aufgrund einer ihm zugefügten Körperverletzung Schmerzensgeld in Höhe von DM 10 000,—, hilfsweise von DM 8000,— und hält das Gericht den letzteren Betrag für angemessen, so hat die Klage in dieser Höhe Erfolg und wird im übrigen abgewiesen. Die Entscheidung hätte aber auch dann nicht anders ausfallen können, wenn die Stellung des (überflüssigen) „Hilfsantrages" unterblieben wäre, weil der einheitliche prozessuale Anspruch durch die Entscheidung ohnehin in vollem Umfang erledigt werden mußte. Auch die Konstruktion eines bedingten Klageverzichts oder einer bedingten Klagerücknahme von *Hellwig* wird dem Sinn und Zweck der Eventualstellung nicht gerecht[50]. Selbst wenn man unterstellt, daß derartige Prozeßhandlungen bedingt vorgenommen werden dürfen[51], so wird bei Annahme eines Klageverzichts im Endergebnis ebenfalls stets auch über den Hilfsanspruch durch Urteil entschieden, ganz gleich ob der Beklagte gemäß § 306 ZPO einen Antrag auf Erlaß eines Verzichtsurteils stellt oder nicht[52]. Im Falle einer bedingten Klagerücknahme ist dagegen nicht mehr allein die von der Partei gewählte Eventualstellung maßgebend dafür, ob auch über den Hilfsantrag entschieden wird, vielmehr hängt dies zusätzlich davon ab, ob der Beklagte der Klagerücknahme gemäß § 271 ZPO zustimmt. Tut er dies nicht, so muß auch über den Hilfsantrag entschieden werden. Damit wird aber letztlich der vom Kläger gewählten Eventualstellung eine eigene prozessuale Wirkung abgesprochen.

In Übereinstimmung mit der herrschenden Auffassung kann vom Vorliegen eines echten Eventualantrages beziehungsweise einer eventuellen objektiven Klagenhäufung nur dann die Rede sein, wenn allein die von der Partei gesetzte Bedingung maßgebend ist, ob und wann über den Hilfsantrag entschieden wird. Die Entscheidung über den Hauptanspruch stellt auch nicht zugleich eine Entscheidung über den Hilfsanspruch dar[53], vielmehr muß die Rechtshängigkeit hinsichtlich des Hilfsanspruchs bedingt und folglich ihr Erlöschen auch ohne eine Entscheidung über den Hilfsanspruch möglich sein.

III. Die Bestimmung des Umfangs der Zulässigkeit

1. Dispositionsmaxime und § 260 ZPO

Zu den tragenden Verfahrensgrundsätzen im Zivilprozeß gehört die Dispositionsmaxime. Sie besagt, daß die Parteien über Gang und Inhalt des Verfahrens frei verfügen können[54]. So bestimmt der Kläger mit der Erhebung der Klage, ob überhaupt ein Prozeß stattfinden soll.

---

[50] Gegen die Konstruktionen von *Hellwig* wendete sich bereits *Goldschmidt,* Prozeß als Rechtslage, S. 481 Anm. 2543.

[51] Die h. M. verneint dies, vgl. statt aller *Stein-Jonas-Pohle,* XI 3 g vor § 128.

[52] Während nach *Hellwig* (System, § 149 IV 2 c) der Prozeß „anhängig" bleiben soll, ohne daß es zu einer Entscheidung kommt, wenn ein Antrag nach § 306 ZPO nicht gestellt wird, ist heute nur noch umstritten, in welcher Form in diesem Fall zu entscheiden ist. Zum Stand der Meinungen — hinsichtlich der gleichgelagerten Problematik beim Anerkenntnis — vgl. BGHZ 10, 333 = JZ 54, 242 m. Anm. von *Bötticher; Baumbach-Lauterbach,* § 307 Anm. 3 B; *Rosenberg,* ZivilprozeßR, § 131 I 5 b.

[53] So bereits *Goldschmidt* (Prozeß als Rechtslage, S. 482 Fußn. 2547 und ZivilprozeßR, S. 155) entgegen *Bucerius* (ZZP 37, 199) und RGZ 77, 120 (125).

[54] Vgl. dazu im einzelnen *Blomeyer,* ZivilprozeßR, § 13; *Lüke,* JuS 61, 42; *Rosenberg,* ZivilprozeßR, § 63 II.

Zugleich legt er mit seinen Sachanträgen den Streitgegenstand des Verfahrens und somit auch den Umfang der richterlichen Prüfungstätigkeit fest. Das Gericht darf dem Kläger nicht mehr und nichts anderes zuerkennen, als er beantragt hat (§ 308 Abs. 1 ZPO). Dem Kläger steht es also frei, prozessual weniger zu begehren, als er materiellrechtlich glaubt beanspruchen zu können. Er kann sich beispielsweise damit begnügen, nur einen Teilbetrag einer ihm zustehenden Forderung einzuklagen, ohne sich damit der Möglichkeit einer späteren Klage hinsichtlich des Restbetrages zu begeben. Das Gericht darf nur über den eingeklagten Teil der Forderung entscheiden. Eine Beschränkung des zur Entscheidung gestellten Begehrens liegt aber auch dann vor, wenn der Kläger in demselben Verfahren mehrere prozessual selbständige Begehren derart geltend macht, daß über eines dieser Begehren nur im Falle des Eintritts eines vom Kläger von vornherein bestimmten Ereignisses entschieden werden soll. Damit rechtfertigt die Dispositionsmaxime zunächst einmal die Stellung eventueller Sachanträge.

Gegen deren Zulässigkeit lassen sich auch keine Bedenken aus der gesetzlichen Regelung der objektiven Klagenhäufung herleiten. Das Gesetz bestimmt in § 260 ZPO, daß ein Kläger gegen denselben Beklagten mehrere (prozessuale) Ansprüche geltend machen kann, soweit für diese dasselbe Prozeßgericht zuständig und dieselbe Verfahrensart zulässig ist. Damit werden lediglich die Voraussetzungen genannt, unter denen eine Verbindung mehrerer Begehren in einer Klage zulässig ist, ohne daß dabei die Zulässigkeit auf eine bestimmte Art der objektiven Klagenhäufung beschränkt und somit die Möglichkeit einer eventuellen objektiven Klagenhäufung ausgeschlossen wird. Es werden auch keine besonderen Voraussetzungen für die Zulässigkeit der Verbindung in bezug auf den Inhalt, Gegenstand sowie den tatsächlichen oder rechtlichen Zusammenhang der prozessualen Ansprüche aufgestellt[55]. Mithin enthält die Regelung des § 260 ZPO keine Rechtfertigung für eine Beschränkung der Zulässigkeit der eventuellen objektiven Klagenhäufung, wie sie von der herrschenden Meinung gefordert wird.

2. Die Vereinbarkeit einer bedingten Rechtshängigkeit mit der geltenden Verfahrensordnung

Die eventuellen Sachanträge könnten allein dann unzulässig oder nur beschränkt zulässig sein, wenn sich aus der bedingten Vornahme Unzuträglichkeiten ergeben, die mit der geltenden Verfahrensordnung

---

[55] *Stein-Jonas-Schumann/Leipold,* § 260 III.

nicht in Einklang zu bringen sind[56]. Da die Antragstellung als rein tatsächlicher Vorgang nicht von einem zukünftigen ungewissen Ereignis abhängig gemacht werden kann, bezieht sich die Bedingung — je nachdem, ob es sich um eine aufschiebende oder auflösende handelt — immer nur auf den Eintritt oder den Fortbestand der durch die tatsächliche Vornahme der Parteihandlung ausgelösten Rechtswirkung[57]. Soweit ein Sachantrag für die Festlegung des Streitgegenstandes maßgeblich ist, soweit bewirkt seine Stellung auch die Rechtshängigkeit der Streitsache (§§ 263 Abs. 1, 281 ZPO). Die Zulässigkeit eventueller Sachanträge hängt somit in erster Linie davon ab, ob eine bedingte Rechtshängigkeit mit der geltenden Verfahrensordnung vereinbar ist. Sollte dies verneint werden, so müßten eventuelle objektive Klagenhäufungen grundsätzlich als unzulässig angesehen werden. Ausnahmen könnten dann höchstens in Fällen gemacht werden, in denen für die Zulässigkeit ein besonders großes praktisches Bedürfnis besteht. Im Ergebnis würde dies der Auffassung der herrschenden Meinung entsprechen. Diese bejaht zwar bei eventuellen objektiven Klagenhäufungen die bedingte Rechtshängigkeit des Hilfsanspruches[58], ohne sich mit der Frage der Zulässigkeit der bedingten Rechtshängigkeit sowie der entgegengesetzten Auffassung der älteren Lehre näher auseinanderzusetzen. Da sie eventuelle Sachanträge jedoch nur in bestimmten (Ausnahme-)Fällen zulassen will, liegt die Vermutung nahe, daß an der Zulässigkeit einer bedingten Rechtshängigkeit letztlich doch gezweifelt wird. Eine gewisse Bestätigung hierfür findet sich in Ausführungen von *Rosenberg* und *Baumgärtel*. *Rosenberg* hält zwar die Rechtshängigkeit hinsichtlich eines Eventualanspruches für „auflösend bedingt durch die rechtskräftige Zuerkennung oder Verwerfung des Hauptanspruches“, obwohl er zuvor in demselben Satz erklärt, daß der Eventualanspruch „sofort und bedingungslos“ rechtshängig

---

[56] Die Zulässigkeit eventueller Verbindungen mehrerer Anträge wird durch das Erfordernis eines bestimmten Antrags (§ 253 Abs. 2 Ziff. 2 ZPO) nicht berührt, solange diesem Erfordernis hinsichtlich jedes einzelnen Antrags genügt wird (vgl. *Fischer*, S. 73; *Stein-Jonas-Schumann/Leipold*, § 253 III 2 a). Darüber hinaus bleibt es unerfindlich, warum — wie *Mühl* (JuS 64, 111) meint — etwaige Bedenken hinsichtlich des Erfordernisses eines bestimmten Antrags jedenfalls dann entfallen sollen, wenn Haupt- und Hilfsantrag auf dem gleichen Sachverhalt beruhen oder sich gegenseitig ausschließen.

[57] So *Baumgärtel*, Prozeßhandlung, S. 120; *Staudinger-Coing*, Vorbem. § 158 Rdnr. 5 (für das materielle Recht).

[58] *Blomeyer*, ZivilprozeßR, § 30 VI 2; *Hillach*, § 8 c I; *Lang*, S. 51; *Lent-Jauernig*, ZivilprozeßR, § 88 III; *Nikisch*, ZivilprozeßR, § 45 III 3; *Rosenberg*, ZivilprozeßR, § 61 IV 3 a, § 93 III 3 b, § 97 II 3; *Schneider*, Kostenentscheidung, S. 29; *Stein-Jonas-Schumann/Leipold*, § 263 I 1; *Thomas-Putzo*, § 260 Anm. 4 c; *Zöller-Stephan*, § 260 II 2; ebenso die Rspr., vgl. BGHZ 21, 13 (16); OLG Celle, MDR 61, 516; OLG Karlsruhe, NJW 67, 935 (936).

werde[59]. An einer anderen Stelle hebt er jedoch hervor, daß eine bedingte Erhebung einer Klage unzulässig sei, weil unter anderem die Rechtshängigkeit nicht ins Ungewisse gestellt werden dürfe[60]; er erachtet also insoweit eine bedingte Rechtshängigkeit wiederum für unzulässig. *Baumgärtel*[61] vermeidet es, die Zulässigkeit einer bedingten Rechtshängigkeit ausdrücklich zu bejahen. So führt er aus, von einer „auflösend bedingten Rechtshängigkeit" des Hilfsanspruchs könne nur cum grano salis gesprochen werden. Die Zulässigkeit von Eventualanträgen besage nämlich nicht, daß die Rechtshängigkeit des Hilfsanspruchs unter eine Bedingung im Sinne des bürgerlichen Rechts gestellt sei. Vielmehr erlösche die Rechtshängigkeit „von Rechts wegen rückwirkend"[62], falls es zu keiner Entscheidung über den Hilfsanspruch komme. Dabei verkennt *Baumgärtel*, daß auch bei Annahme einer bedingten Rechtshängigkeit diese mit dem Bedingungseintritt von Rechts wegen zum Erlöschen gebracht wird. Er benutzt also lediglich eine andere Bezeichnung, ohne daß dadurch in der Sache selbst eine Änderung eintritt. Denn wenn — was *Baumgärtel* nicht in Abrede stellt — die Rechtshängigkeit des Hilfsanspruchs erlischt, obwohl über ihn nicht entschieden wird, so kann der Grund hierfür nur die von der Partei gesetzte Bedingung sein. Hierfür ist es auch ohne Bedeutung, ob die Rechtshängigkeit rückwirkend oder erst vom Zeitpunkt des Bedingungseintritts an erlischt, denn dies läßt die hier allein zu entscheidende Frage des Vorliegens einer echten Bedingung unberührt. In den Bemühungen *Baumgärtels*, schon das Vorliegen einer bedingten Rechtshängigkeit zu verneinen, liegt somit ein vergeblicher Versuch, dem Problem der Zulässigkeit einer bedingten Rechtshängigkeit aus dem Wege zu gehen.

Bei der Prüfung der Zulässigkeit einer bedingten Rechtshängigkeit ist zunächst zu beachten, daß sich eine Bedingung immer nur auf die gewollte Wirkung einer Handlung beziehen kann. Tritt die Rechtswirkung einer Handlung also unabhängig von dem Parteiwillen ein, so ist die Hinzufügung einer Bedingung ausgeschlossen[63]. Damit scheidet bereits die Möglichkeit aus, den *Eintritt* der Rechtshängigkeit von einer Bedingung abhängig zu machen[64]. Denn der Eintritt der Rechtshängigkeit ist allein an den tatsächlichen Akt der wirksamen Klageerhebung geknüpft (§§ 263 Abs. 1, 281 ZPO), ohne daß es hierfür auf einen entsprechenden Willen des Klägers ankommt. Die Annahme

---

[59] *Rosenberg*, ZivilprozeßR, § 93 III 3 b; *Rosenberg-Schwab*, § 100 III 3; ähnlich auch *Lang*, S. 50, 51.
[60] *Rosenberg*, ZivilprozeßR, § 61 IV 1; ebenso *Stein*, DJZ 13, 40.
[61] Prozeßhandlung, S. 129.
[62] Ebenso *Goldschmidt*, Prozeß als Rechtslage, S. 481 Anm. 2543.
[63] *Bruck*, S. 169.
[64] So mit Recht *Baumgärtel*, Prozeßhandlung, S. 126.

einer aufschiebend bedingten Rechtshängigkeit wäre auch aus prozeßökonomischen Gründen unerwünscht, weil dann eine Verhandlung über den Hilfsanspruch immer erst nach Eintritt des zur Bedingung erhobenen Ereignisses zulässig wäre. Dies würde bedeuten, daß über Haupt- und Hilfsanspruch stets getrennt verhandelt werden müßte, auch wenn zwischen beiden ein tatsächlicher oder rechtlicher Zusammenhang besteht, der eine scharfe Trennung faktisch unmöglich macht. Es bleibt somit allein zu prüfen, ob — wie die herrschende Meinung annimmt — eine auflösend bedingte Rechtshängigkeit möglich ist, das heißt, ob die Rechtshängigkeit in ihrem Fortbestand von einer Bedingung abhängig gemacht werden kann.

3. Die Zulässigkeit einer auflösend bedingten Rechtshängigkeit

In der Regel wird die Rechtshängigkeit genau wie der Prozeß durch einen Akt des Gerichts, nämlich durch ein Endurteil beendet, das zur formellen Rechtskraft (§ 705 ZPO) führt. Daneben besteht aber auch die Möglichkeit, die Rechtshängigkeit durch Parteiakte zum Erlöschen zu bringen. So endet die Rechtshängigkeit mit Abschluß eines Prozeßvergleichs[65], mit der wirksamen Rücknahme der Klage (§ 271 Abs. 3 Satz 1 ZPO) sowie dadurch, daß die Parteien den Rechtsstreit in der Hauptsache übereinstimmend für erledigt erklären[66]. Die Besonderheit dieser Fälle besteht nun darin, daß sie ein gewisses Zusammenwirken beider Parteien erfordern. Die Rechtshängigkeit wird nur dann ganz oder teilweise beendet, wenn der Beklagte beim Abschluß des Vergleichs mitwirkt, wenn er der Klagerücknahme zustimmt und wenn auch er die Hauptsache im gleichen Umfang wie der Kläger für erledigt erklärt. Sollte in diesen Rechtsinstituten zum Ausdruck kommen, daß die Rechtshängigkeit[67] außer im Falle eines Urteils nur mit Zustimmung des Beklagten zum Erlöschen gebracht werden kann, dann würde dies gegen die Zulässigkeit einer auflösend bedingten Rechtshängigkeit sprechen, denn durch das Setzen der Bedingung bestimmt der Kläger einseitig, unter welcher Voraussetzung die Rechtshängigkeit vorzeitig erlöschen soll. Die Mitwirkung oder Zustimmung des Beklagten kann jedoch nicht als unentbehrliche Voraussetzung für das Erlöschen der Rechtshängigkeit ohne Urteil angesehen werden. Wäh-

---

[65] BGH, JZ 59, 252 f.; *Stein-Jonas-Pohle*, 18. Aufl., § 794 II 3 a.

[66] Der Prozeß bleibt nur noch hinsichtlich der Kosten rechtshängig, vgl. statt aller *Thomas-Putzo*, § 91 a Anm. 5 a.

[67] Welche Funktion den vorgenannten Rechtsinstituten in bezug auf die *Prozeßbeendigung* zukommt, die nicht immer mit dem Ende der Rechtshängigkeit zusammenfallen muß (so kann z. B. die Rechtshängigkeit eines Teilanspruchs erlöschen, ohne daß dadurch auch der Prozeß sein Ende findet), soll an dieser Stelle nicht untersucht werden.

rend der Kläger allein bestimmt, ob und in welchem Umfang es zu einem Prozeß kommt, ist der Beklagte berechtigt, den Kläger an seiner Klage, so wie er sie erhoben hat, bis zu einer gerichtlichen Entscheidung festzuhalten. Das Gesetz bestätigt dies, indem es die Wirksamkeit einer Klageänderung oder Klagerücknahme grundsätzlich von der Zustimmung des Beklagten abhängig macht. Das Erfordernis der Mitwirkung des Beklagten im Falle einer zumindest teilweisen Beendigung der Rechtshängigkeit ohne gerichtliche Entscheidung soll also im Interesse des Beklagten vornehmlich verhindern, daß der Kläger *nachträglich*, das heißt nachdem der Streitgegenstand festgelegt worden ist und der Beklagte sich darauf entsprechend eingestellt hat, über den Streitgegenstand einseitig disponiert. Die Rechtshängigkeit kann also grundsätzlich[68] nicht durch eine *nachträgliche* einseitige Parteihandlung beendet werden. Es steht aber nichts entgegen, den Fortbestand der Rechtshängigkeit von einer allein durch den Kläger bestimmten Bedingung abhängig zu machen, sofern diese Bestimmung bereits bei der Klageerhebung und somit nicht erst nachträglich getroffen wird[69]. Denn in diesem Fall kann sich der Beklagte von Anfang an auf die Möglichkeit des Erlöschens der Rechtshängigkeit ohne Urteil einstellen. Bestehen somit keine durchgreifenden Bedenken gegen eine bedingte Rechtshängigkeit infolge der einseitigen Bestimmung der Voraussetzung für deren Beendigung seitens des Klägers, so läßt darüber hinaus ein im Verfahren in Ehesachen geregelter Fall einer Klagenverbindung auf die Zulässigkeit einer kraft Parteiwillens bedingten Rechtshängigkeit schließen.

Nach § 615 Abs. 1 ZPO ist es zulässig, die Klage auf Herstellung des ehelichen Lebens mit einer Scheidungs- oder Eheaufhebungsklage zu verbinden. Da mit einer Herstellungsklage einerseits und einer Scheidungs- oder Aufhebungsklage andererseits sich gegenseitig ausschließende Ziele verfolgt werden, kann ihre Verbindung immer nur eine eventuelle sein[70]. Bei dieser Klagenverbindung handelt es sich um ein echtes Eventualverhältnis, da der Kläger mit bindender Wirkung für das Gericht bestimmen kann, ob in erster Linie über sein Herstellungs- oder sein Scheidungsbegehren entschieden werden soll[71]. Wird also

---

[68] Ausnahme: Die Klagerücknahme vor der mündlichen Verhandlung des Beklagten zur Hauptsache (§ 271 Abs. 1 ZPO).

[69] Daß infolge der Bedingung die Rechtshängigkeit in der Schwebe bleibt, bezeichnete bereits *Goldschmidt* (Prozeß als Rechtslage, S. 481) als nicht unannehmbar, da jeder Rechtshängigkeit aufgrund der Rücknehmbarkeit der Klage ein gewisser Schwebezustand anhafte.

[70] RGZ 31, 9 (13); *Stein-Jonas-Schlosser*, § 615 I 1; *Baumbach-Lauterbach*, § 615 Anm. 1 A; *Thomas-Putzo*, § 615 Anm. 2.

[71] Auch die Verbindung von Scheidungs- und Aufhebungsklage, die im Hinblick auf § 616 ZPO geboten erscheint, kann (muß aber nicht) im Eventualverhältnis erfolgen, sofern man bei gemeinsamer Geltendmachung bei-

zum Beispiel seinem Hauptantrag auf Herstellung stattgegeben, so wird infolge der Eventualstellung über das hilfsweise erhobene Scheidungsbegehren nicht mehr entschieden. Vielmehr erlischt die Rechtshängigkeit der Scheidungsklage, weil die Bedingung, unter der eine diesbezügliche Entscheidung begehrt wurde, nicht eingetreten ist. Einer erneuten Erhebung der Scheidungsklage steht — soweit sie auf dieselben Tatsachen gestützt wird — weder die Rechtskraft der ersten Entscheidung noch die Präklusionswirkung des § 616 ZPO entgegen. Mit der Zulassung einer Klagenverbindung, die stets eine eventuelle sein muß, wird somit zugleich die Zulässigkeit einer bedingten Rechtshängigkeit als wesensnotwendige Wirkung einer eventuellen objektiven Klagenhäufung vom Gesetz anerkannt.

Insgesamt kann also eine (auflösend) bedingte Rechtshängigkeit als mit dem geltenden Verfahrensrecht vereinbar angesehen werden. Damit steht zugleich fest, daß eventuelle Sachanträge und eventuelle objektive Klagenhäufungen in der Regel — also nicht nur in Ausnahmefällen — als zulässig angesehen werden können.

Es bleibt allein die Frage offen, ob die Einschränkungen, die allgemein hinsichtlich der Zulässigkeit von eventuellen Sachanträgen gemacht werden, berechtigt sind.

4. Überprüfung der Berechtigung der allgemein geforderten Zulässigkeitsbeschränkungen

a) Für die Berechtigung der beschränkten Zulässigkeit führt *Dunz*[72] die Vorschriften über die Zulässigkeit von Klageänderungen ins Feld.

Eine Klageänderung ist — von den in § 268 ZPO geregelten Fällen abgesehen — ohne Zustimmung des Beklagten nur dann zulässig, wenn das Gericht sie für sachdienlich erachtet (§ 264 ZPO). Dies ist der Fall, wenn infolge der Klageänderung die endgültige Beilegung des Streites gefördert und ein neuer Prozeß vermieden wird[73], unter Umständen aber auch dann, wenn aufgrund eines zwischen dem früheren und dem jetzigen Anspruch bestehenden rechtlichen oder wirtschaftlichen Zusammenhangs das Ergebnis der bisherigen Prozeßführung

---

der Begehren zwei selbständige prozessuale Ansprüche für gegeben hält (so z. B. *Thomas-Putzo*, Einl. II 6 c; a. A. *Arens*, ZZP 76, 436 ff.). Die Bestimmung der Reihenfolge seitens des Klägers wird durch § 18 der 1. DVO zum EheG vom 27. 7. 1938 (RGBl. I S. 923) nicht ausgeschlossen, da es sich hierbei lediglich um eine Ordnungsvorschrift für die Fassung des Urteilstenors handelt, durch die bei Begründetheit beider Klagen ein unlogisch erscheinender Doppelausspruch auf Aufhebung und Scheidung vermieden werden soll (*Stein-Jonas-Schlosser*, § 615 III 2).

[72] NJW 62, 1226.

[73] BGHZ 1, 65 (71 f.); BGH, NJW 58, 184; *Stein-Jonas-Schumann/Leipold*, § 264 II 2.

verwertbar bleibt[74]. Die Sachdienlichkeit ist dagegen zu verneinen, falls im Wege der Klageänderung eine abweichende, auf einen völlig neuen Klagegrund gestützte Rechtsfolge begehrt wird[75].

In der uneingeschränkten Zulassung eventueller Sachanträge könnte eine Umgehung der im Falle einer Klageänderung bestehenden Zulässigkeitsschranken gesehen werden, die eine Einschränkung der Zulässigkeit entsprechend den für die Bestimmung der Sachdienlichkeit maßgebenden Gesichtspunkten angebracht erscheinen ließe. Denn der Kläger könnte sich durch das Stellen von Hilfsanträgen in solchen Fällen Ausweichmöglichkeiten schaffen, in denen eine entsprechende Klageänderung nicht sachdienlich und somit unzulässig wäre[76]. Zuzugeben ist, daß der mit der Stellung von Hilfsanträgen verfolgte Zweck sich nicht in jedem Fall und im gleichen Umfang auch auf dem Wege einer Klageänderung erreichen läßt. Dies allein rechtfertigt es jedoch noch nicht, die Zulässigkeit von Hilfsanträgen einzuschränken. Vielmehr kommt es entscheidend darauf an, ob die Gründe, die zu den Klageänderungsbeschränkungen geführt haben, auch hinsichtlich der Stellung von Hilfsanträgen gegeben sind.

Eine Klageänderung stellt stets eine nachträgliche Veränderung des vom Kläger mit der Klageerhebung festgelegten Streitgegenstandes dar. Ließe man sie uneingeschränkt zu, so hätte es der Kläger in der Hand, den Beklagten im Laufe eines Prozesses vor die Notwendigkeit zu stellen, seine Verteidigung ändern und sie gegen Angriffe richten zu müssen, mit denen er zu Beginn des Prozesses nicht gerechnet hat und auch nicht rechnen konnte. Seine Verteidigungsmöglichkeiten würden dadurch erheblich beeinträchtigt. Um den Beklagten hiervor zu schützen, sah sich der Gesetzgeber veranlaßt, Klageänderungen nicht ohne Einschränkungen zuzulassen[77]. Demgegenüber liegt in der Stellung eines Hilfsantrages eine anfängliche, das heißt bereits mit der Klageerhebung getroffene Disposition über den Streitgegenstand. Wenn in diesem Zeitpunkt auch noch nicht feststeht, ob es zu einer Entscheidung über den Hilfsantrag kommt, so ist dem Beklagten jedoch sowohl die Möglichkeit einer solchen Entscheidung als auch die Voraussetzung, unter der sie ergehen wird, bekannt. Er ist von Anfang an in der Lage, sich in seiner Verteidigung hierauf einzustellen. Der durch eine Klageänderung verursachte Überraschungseffekt,

---

[74] So *Rosenberg* (ZivilprozeßR, § 100 II 2), der sich allerdings zu Unrecht auf RG, Warn 42 Nr. 52 S. 156 beruft.

[75] Vgl. BGH, LM Nr. 1 zu § 523 ZPO; BGH, MDR 64, 28; *Dunz*, NJW 52, 1226; *Rosenberg*, ZivilprozeßR, § 100 II 2.

[76] So *Dunz*, NJW 62, 1228.

[77] Vgl. hierzu die eingehenden Ausführungen von *Gross*, ZZP 75, 93 (100 f.).

der zu unzumutbaren Nachteilen für den Beklagten führen kann, ist im Falle eines Hilfsantrages nicht gegeben. Die für die Klageänderungsbeschränkungen maßgeblichen Gründe liegen somit bei Stellung eines Hilfsantrages nicht vor. Zugleich zeigt es sich, daß dem Zeitpunkt der Vornahme einer Disposition über den Streitgegenstand erhebliche Bedeutung zukommt, die eine unterschiedliche rechtliche Behandlung rechtfertigt. Es verbietet sich demnach, die (anfängliche) Stellung eines Hilfsantrages nur deshalb unter einschränkenden Voraussetzungen zuzulassen, weil eine entsprechende (nachträgliche) Klageänderung diesen Anforderungen entsprechen müßte. Bestätigt wird dies am Beispiel einer kumulativen objektiven Klagenhäufung. Werden nämlich mehrere prozessuale Ansprüche, zwischen denen keinerlei rechtlicher oder tatsächlicher Zusammenhang besteht, von Anfang an in einer Klage geltend gemacht, so ergeben sich — sofern die Voraussetzungen des § 260 ZPO erfüllt sind — hinsichtlich der Zulässigkeit dieser Verbindung keine Zweifel, unbeschadet der Tatsache, daß eine nachträgliche Verbindung derselben Ansprüche unzulässig wäre, weil es sich hierbei um eine Klageänderung handelt[78], die nicht sachdienlich ist.

Zudem unterscheiden sich die Fälle einer eventuellen objektiven Klagenhäufung und einer Klageänderung auch dadurch, daß der Kläger bei der eventuellen Klagenhäufung dem Abweisungsrisiko hinsichtlich des Hauptantrages, der dem aufgegebenen Begehren bei der Klageänderung gleichgesetzt werden kann, nicht entgeht[79], weil eine Entscheidung über den Hilfsantrag die Entscheidung über den Hauptantrag zur Voraussetzung hat.

Es kann also nicht die Rede davon sein, daß mittels des Stellens von Hilfsanträgen die Vorschriften über die Klageänderung umgangen werden können. Aus ihnen läßt sich somit eine Einschränkung der Zulässigkeit eventueller Sachanträge nicht rechtfertigen.

b) Zur Begründung der von der überwiegenden Lehrmeinung geforderten Einschränkungen führen *Schumann/Leipold*[80] neuerdings das Recht des Beklagten auf Sachentscheidung an. Der Beklagte dürfe nicht unbegrenzt in Rechtsstreitigkeiten verwickelt werden, die rückwirkend

---

[78] So *Bernhardt*, ZivilprozeßR, § 55 I 3; *Bruns*, ZivilprozeßR, § 25 I; *Gross*, Klageänderung, S. 11; *Nikisch*, ZivilprozeßR, § 45 I 3; *Rosenberg*, ZivilprozeßR, § 93 I 2 b; *Thomas-Putzo*, § 264 Anm. 1; a. A. *Stein-Jonas-Schumann/Leipold*, § 268 I 2 e; *Zöller-Stephan*, § 260 II; ebenso RG (ZZP 59, 411), *Baumbach-Lauterbach* (§ 264 Anm. 2 A) und *Blomeyer* (ZivilprozeßR, § 42), die allerdings die nachträgliche Klagenhäufung dennoch nach den Vorschriften über die Klageänderung behandeln.

[79] So auch *Dunz*, NJW 62, 1226.

[80] *Stein-Jonas-Schumann/Leipold*, § 260 II B 2 a.

wegzufallen drohen und damit gegen den Willen des Beklagten ohne weiteres wieder erneuert werden können.

Die Schwäche dieser Argumentation liegt zunächst darin begründet, daß es bereits zweifelhaft ist, ob ein derartiges Recht des Beklagten überhaupt besteht. Dies ist nämlich nur dann der Fall, wenn man sich zu der nach wie vor umstrittenen und nur von einer Minderheit vertretenen Lehre vom Rechtsschutzanspruch[81] bekennt. Aber selbst wenn diese Bedenken einmal außer acht gelassen werden und man das Bestehen eines solchen Anspruchs des Beklagten unterstellt, so ergibt sich hieraus keine Rechtfertigung für eine beschränkte Zulassung von Hilfsanträgen. Ein Recht auf Sachentscheidung kann immer nur in dem Umfang bestehen, in dem der Streitgegenstand vom Kläger festgelegt und zur Entscheidung gestellt worden ist. Macht der Kläger einen prozessualen Anspruch nur bedingt geltend, so ist eben ein Recht auf Sachentscheidung nur für den Fall gegeben, daß die gesetzte Bedingung eintritt und das Gericht überhaupt befugt ist, über das Hilfsbegehren des Klägers zu entscheiden. Es ist also in erster Linie die Frage zu beantworten, ob der Streitgegenstand auch durch bedingte Anträge festgelegt werden darf. Erst danach läßt sich sagen, inwieweit ein Recht auf Sachentscheidung besteht. Die Zulassung eventueller Sachanträge führt somit zur Einschränkung des Rechts auf Sachentscheidung, nicht aber darf umgekehrt von dem Recht des Beklagten auf Sachentscheidung auf die Notwendigkeit einer beschränkten Zulässigkeit von Hilfsanträgen geschlossen werden. Die Auffassung von *Schumann/Leipold* beruht demnach auf einer Verkennung des Verhältnisses von Ursache und Wirkung.

Gleiches gilt hinsichtlich des allerdings allgemein anerkannten und aus dem Justizgewährungsanspruch abgeleiteten Rechts auf Urteil. Auch dieses kann keinen Einfluß auf den Umfang der Klage haben. sondern ist von der erhobenen Klage abhängig. Hinzu kommt, daß gerade dem Beklagten das Recht auf Urteil nicht ausnahmslos zuerkannt wird. Vielmehr ist es bis zu seiner Einlassung zur Hauptsache durch die Klagerücknahme auflösend bedingt (argumentum e § 271 Abs. 1 ZPO)[82]. Der Gesetzgeber hat den Rechtsschutz des Beklagten damit in Fällen beschränkt, in denen die Möglichkeit einer Erneuerung des Rechtsstreits gegen den Willen des Beklagten in größerem Umfang besteht als bei einem Hilfsantrag. Denn während eine zurückgenommene Klage stets von neuem erhoben werden kann, ist ein neuer

---

[81] Verfechter dieser Lehre sind in neuester Zeit vor allem *Blomeyer* (ZivilprozeßR, § 1 III) und *Pohle* (*Stein-Jonas-Pohle*, Einl. E I 3); ablehnend z. B. *Rosenberg* (ZivilprozeßR, § 2 II 3 a und § 90) und *Schwab* (ZZP 81, 412 ff.) mit umfassenden Nachweisen zum gegenwärtigen Meinungsstand.

[82] *Rosenberg*, ZivilprozeßR, § 83 III 2.

Rechtsstreit über einen früheren Hilfsantrag nur dann möglich, wenn es zu keiner Entscheidung über den Hilfsantrag gekommen ist. Dies wiederum hängt allein von der bei der Klageerhebung gesetzten Bedingung ab, deren Eintritt oder Ausfall nicht mehr vom Kläger bewirkt werden kann. Zudem bereitet die mit der Zulassung von Hilfsanträgen verbundene Möglichkeit einer Erneuerung des Rechtsstreits dem Beklagten keine unzumutbaren Schwierigkeiten. Sofern er seine Verteidigung bereits auf den Hilfsantrag ausgerichtet hatte, kann das für ihn in dem späteren Rechtsstreit nur von Vorteil sein. Insoweit ergeben sich daher ebenfalls keine überzeugenden Gründe für eine nur beschränkte Zulassung von Hilfsanträgen.

c) Ebensowenig läßt sich eine derartige Beschränkung damit begründen, daß im Falle einer unbeschränkten Zulassung von Eventualanträgen Unbilligkeiten hinsichtlich der Kostenregelung entstehen würden[83].

Eine solche Argumentation wäre allenfalls dann zwingend, wenn eine Änderung der bisherigen Kostenregelung bei Vorliegen von Haupt- und Hilfsansprüchen nicht erreicht werden könnte. Es ist aber — wie noch zu zeigen sein wird — durchaus möglich, die kostenrechtlichen Fragen entgegen der bisher geübten Praxis so zu lösen, daß weder für den Staat, die Anwälte und den Beklagten durch die uneingeschränkte Zulassung eventueller objektiver Klagenhäufungen unzumutbare Nachteile entstehen, noch dem Kläger hieraus ungerechtfertigte kostenrechtliche Vorteile erwachsen. Besteht aber die Möglichkeit, hinsichtlich der prozessualen Behandlung von Eventualanträgen Veränderungen vorzunehmen, so daß auch im Falle ihrer uneingeschränkten Zulässigkeit keine der Parteien ungebührlich bevorzugt oder benachteiligt wird und obendrein die Zusammenhänge gewahrt werden können, die im Zivilprozeß insbesondere zwischen der Beschwer, der Hauptsache- und der Kostenentscheidung bestehen müssen[84], so erscheint dieser Weg als der bessere[85]. Ein Interesse und ein praktisches Bedürfnis an der Eventualstellung besteht nämlich nicht nur dann, wenn Haupt- und Hilfsanspruch sich gegenseitig ausschließen, wenn also beispielsweise in erster Linie Erfüllung, hilfsweise Schadensersatz wegen Nichterfüllung begehrt wird. Vielmehr kann auch in Fällen, in denen völlig selbständige Ansprüche willkürlich in eine eventuelle Verbindung gebracht werden, ein praktisches Bedürfnis für die

[83] Vgl. *Dunz*, NJW 62, 1228 f.

[84] Vgl. *Lent-Jauernig*, ZivilprozeßR (13. Aufl.), § 39 II 2.

[85] Ebenso *Brox*, C. Heymanns Festschrift, S. 125; vgl. auch *v. Wilmowski-Levy*, § 230 Anm. 6: „Sind solche (Eventual-)Anträge an sich begrifflich und prozessualisch zulässig, so ist darüber im Prozesse sachlich zu entscheiden, und es ist kein Grund gegen ihre Zulässigkeit, daß die Konsequenzen derselben für die Parteien, auch für den Kläger selbst, oder für die Gerichte unbequem werden können."

Zulassung gegeben sein[86]. Dies wird an einem von *Brox*[87] gebildeten Beispielsfall deutlich, der täglich vorkommen kann: Der Beklagte zahlt dem Kläger seit Monaten keine Miete mehr, weil er wegen angeblicher Mängel der Mietsache einen Anspruch auf Minderung oder Schadensersatz zu haben glaubt. Mit der Klage verlangt der Kläger Zahlung des Mietzinses von DM 1000,— für den Monat Januar des laufenden Jahres und jeweils hilfsweise DM 1000,— für die Monate Februar und März. Je nachdem, ob und in welchem Umfang ein Ersatzanspruch des Beklagten begründet ist, muß über die Hilfsansprüche entschieden werden. Es besteht also die Möglichkeit, daß alle zwischen den Parteien bestehenden Streitpunkte in einem Rechtsstreit geklärt werden. Damit ist den Parteien und dem Gericht mehr gedient, als wenn unter Umständen mehrere nacheinander geschaltete Prozesse geführt werden müßten. Die Eventualhäufung ist prozeßwirtschaftlicher, sie erspart allen Beteiligten Zeit und Kosten; auch bedeutet sie für das Gericht keine Mehrbelastung im Vergleich zu mehreren nacheinander geführten Prozessen, zumal bei eventuellen Klagenhäufungen oft nur über den Hauptanspruch entschieden zu werden braucht[88].

Könnte man allerdings gegenüber diesem Beispielsfall noch einwenden, daß zwischen den verschiedenen prozessualen Ansprüchen jedenfalls noch insoweit ein Zusammenhang besteht, als die materiellen Ansprüche auf einem einheitlichen Dauerschuldverhältnis beruhen, so versagt dieser Einwand, wenn der Kläger in erster Linie DM 1000,— aus Kaufvertrag, hilfsweise DM 800,— aus Darlehen verlangt. Gewiß erscheint eine derartige Kumulation auf den ersten Blick als „ungewöhnlich und befremdlich“[89], weil der Kläger insgesamt DM 1800,— beanspruchen könnte. Begehrt der Kläger jedoch nur deshalb einen Titel über nicht mehr als DM 1000,—, weil er in Anbetracht der Vermögenslage des Beklagten nicht damit rechnen kann, mehr als diesen Betrag im Wege der Zwangsvollstreckung beitreiben zu können, so wird die Eventualstellung verständlich und ist nicht zu mißbilligen. Es ist nicht einzusehen, warum der Kläger das mit einer kumulativen Klagenhäufung verbundene größere (Kosten-)Risiko eingehen sollte, obwohl ein weitergehender echter Erfolg nicht zu erwarten ist. Auch ein Prozeß, der sich zunächst nur auf die Geltendmachung einer Forderung beschränkt, wird unter den gegebenen Voraussetzungen dem Interesse des Klägers nicht gerecht. Denn wird anfänglich allein die Kaufpreisforderung eingeklagt, so läuft der Kläger Gefahr,

---

[86] So auch *Brox*, C. Heymanns Festschrift, S. 125; a. A. *Stein-Jonas-Schumann/Leipold*, § 260 II B 2 a; *Lang*, S. 55 und wohl auch *Dunz*, NJW 62, 1229.

[87] C. Heymanns Festschrift, S. 124.

[88] Vgl. *Brox*, C. Heymanns Festschrift, S. 125, 126.

[89] So RGZ 144, 71 (74) in einem gleichgelagerten Fall.

im Falle einer Klageabweisung einen weiteren Prozeß führen zu müssen, wobei er befürchten muß, daß sich die Chancen für eine Realisierung seiner Ansprüche infolge des Zeitablaufs unter Umständen noch verringert haben. Die Eventualstellung ist also auch in einem solchen Fall zweckmäßig. Die Auffassung von *Dunz*[90], daß für eine derartige Eventualstellung die „Erschleichung eines Kostenvorteils" das „einzig denkbare Motiv" sei, erweist sich somit als unzutreffend, zumal es sehr zweifelhaft ist und erst noch der Klärung bedarf, ob der Kläger bei einer Eventualhäufung im Falle einer teilweisen Klagabweisung die Belastung mit Kosten umgehen und damit einen zu mißbilligenden Kostenvorteil erlangen kann.

Entgegen der Auffassung von *Dunz*[91] ist es auch nicht unlogisch, eine großzügige Zulassung von Eventualhäufungen unter der Voraussetzung zu befürworten, daß hinsichtlich der Kostenregelung ein Ausgleich geschaffen und somit versucht wird, eine möglichst gerechte Verteilung des Kostenrisikos zu erreichen. Das mit der Klageerhebung entstehende Kostenrisiko der Prozeßparteien gehört zu den wesentlichen Voraussetzungen für das Funktionieren einer von der Dispositionsmaxime beherrschten Zivilgerichtsbarkeit. Es zwingt die Parteien, sorgsam abzuwägen, ob sich ein Prozeß überhaupt lohnt und verhindert somit in der Regel, daß die Gerichte mit völlig aussichtslosen und unbedeutenden Fällen überlastet werden. Je mehr mit einer Klage begehrt wird, desto größer ist auch das Kostenrisiko. Wer den Gesamtbetrag einer Forderung einklagt, geht ein größeres Risiko ein, als wenn er mit seiner Klage nur einen Teilbetrag geltend macht. Ebenso ist das Kostenrisiko bei einer Klagenhäufung größer als bei einer einfachen Klage. Die unbeschränkte Zulassung von eventuellen objektiven Klagenhäufungen gibt dem Kläger die Möglichkeit, seine Erfolgsaussichten in ein und demselben Verfahren zu erweitern. Wenn sich damit also auch sein Kostenrisiko vergrößern sollte, so ist dies nicht mehr als recht und billig und bedeutet keineswegs, daß dem Kläger im Wege der Kostenregelung das wieder genommen wird, was ihm zuvor mit der Zulassung der Eventualstellung gegeben worden ist. Denn daß eine Eventualstellung — ganz gleich, welche kostenrechtliche Lösung bevorzugt wird — von Vorteil sein kann, haben die zuvor geschilderten Beispielsfälle bewiesen und es bleibt allein dem Kläger überlassen, ob er auch unter Berücksichtigung des Kostenrisikos die eventuelle Klagenhäufung noch als die im konkreten Fall für ihn günstigste Klageform ansieht. Wenn hier also überhaupt von Logik die Rede sein kann, so ist allein eine solche Lösung unlogisch, die dem Kläger außer den Vorteilen, die bereits die Zulassung der Eventual-

[90] NJW 62, 1229.
[91] NJW 62, 1229.

stellung als solche mit sich bringt, auch noch eine kostenrechtliche Besserstellung zum Nachteil der übrigen Prozeßbeteiligten gewähren würde.

d) Lassen sich schon keine durchgreifenden Argumente für eine Zulässigkeitsbeschränkung eventueller Sachanträge finden, so spricht schließlich sogar gegen sie, daß sich für die in der Literatur geforderten Einschränkungen[92] keine klaren und eindeutigen Abgrenzungskriterien finden lassen[93]. Es wird weder in der Rechtsprechung noch in der Literatur näher dargelegt, unter welchen Voraussetzungen ein „juristisch oder wirtschaftlich gleiches oder gleichartiges Ziel" angenommen werden darf. Ein entsprechender Versuch würde wohl auch kaum über die Aufstellung eines auf der bisherigen Rechtsprechung beruhenden kasuistischen Katalogs hinausführen. Es hängt somit letztlich vom Belieben des Richters und seiner Einstellunug zum konkreten Einzelfall ab, ob er die Zulässigkeit einer eventuellen Klagenverbindung bejaht oder verneint. Dies ist aber sowohl für die Parteien als auch für das Gericht ein unerfreuliches Ergebnis. Während die Partei bei einer eventuellen Antragstellung das von vornherein kaum abschätzbare Risiko eingehen muß, daß die eventuelle Verbindung vielleicht für unzulässig erachtet wird, werden die Gerichte bereits bei der Zulässigkeitsprüfung vor Entscheidungen gestellt, die sich mangels feststehender Kriterien in den seltensten Fällen überzeugend begründen lassen. Allein der Hinweis darauf, daß ein „wirtschaftlich gleichartiges Ziel" gegeben sei oder fehle, vermag unterschiedliche Entscheidungen hinsichtlich der Zulässigkeit nicht einleuchtend zu rechtfertigen. Verlangt der Kläger in erster Linie Zahlung eines Kaufpreises, hilfsweise Rückgabe einer Mietsache, so wird ein wirtschaftlich gleiches oder gleichartiges Ziel verneint[94] und die eventuelle Verbindung folglich für unzulässig gehalten. Dagegen wird ein wirtschaftlich gleichartiges Ziel beider Anträge und somit die Zulässigkeit der Eventualstellung bejaht, wenn mit dem Hauptantrag DM 1000,— aufgrund einer von A abgetretenen Forderung und mit dem Hilfsantrag der gleiche Betrag aufgrund einer von B abgetretenen Forderung verlangt wird[95]. Beide Fälle sollen also hinsichtlich der Zulässigkeit der Eventualstellung unterschiedlich behandelt werden, obwohl es sich jeweils um voneinander völlig unabhängige und materiellrechtlich

[92] Siehe oben § 5 II 3.

[93] So mit Recht *Brox*, C. Heymanns Festschrift, S. 124.

[94] So *Lent-Jauernig*, ZivilprozeßR, § 88 III; vgl. auch *Rosenberg*, ZivilprozeßR, § 93 III 3 b a. E.

[95] So z. B. *Rosenberg* (ZivilprozeßR, § 93 III 3 b), indem er auf RGZ 144, 71 Bezug nimmt, wo für einen solchen Fall die Zulässigkeit der eventuellen Verbindung bejaht wurde.

nebeneinander bestehende Ansprüche handelt. Ein überzeugender Grund für diese Ungleichbehandlung ist nicht ersichtlich.

e) Entgegen der herrschenden Meinung im Schrifttum ist somit nicht Voraussetzung für die Zulässigkeit eventueller Sachanträge, daß zwischen den verschiedenen Anträgen irgendein Zusammenhang besteht. Die Frage der Zulässigkeit ist nach rein prozessualen Gesichtspunkten und Erfordernissen zu beurteilen, wobei materiellrechtliche Beziehungen außer Betracht bleiben. Sie lassen im konkreten Fall lediglich das besondere Interesse der Partei an der Eventualstellung erkennen.

5. *Die Vereinbarkeit der Zulässigkeit eventueller Sachanträge mit dem Verbot bedingter Klagen*

Abschließend bleibt zu klären, ob und gegebenenfalls aus welchen Gründen eine bedingte Klage unzulässig ist und wie sich die Beantwortung dieser Fragen auf den Umfang der Zulässigkeit eventueller Sachanträge auswirkt. Wurde früher eine bedingte Klage deshalb als unzulässig angesehen, weil die durch die Klageerhebung bewirkte Rechtshängigkeit nicht mittels einer willkürlichen Bedingung der Partei aufgeschoben oder aufgehoben werden könne[96], so läßt sich das Ergebnis mit dieser Begründung heute nicht mehr aufrechterhalten. Die vorausgegangenen Erörterungen haben gezeigt, daß eine bedingte Rechtshängigkeit sehr wohl mit dem geltenden Verfahrensrecht vereinbar ist. Dennoch wird eine bedingte Klage nach wie vor zu Recht für unzulässig gehalten, und es bleibt nur zu klären, welches der eigentliche Grund hierfür ist.

a) Die Klageerhebung bewirkt nicht nur die Rechtshängigkeit des Klageanspruchs. Mit der Klageerhebung entsteht auch das *Prozeßrechtsverhältnis* als die Gesamtheit der prozessualen Befugnisse und Pflichten, die das Zivilprozeßrecht den Parteien und dem Gericht in ihrem Verhältnis zueinander einräumt beziehungsweise auferlegt[97]. Das Prozeßrechtsverhältnis wird als solches heute allgemein anerkannt[98] und als ein dreiseitiges Verhältnis verstanden, das sowohl

---

[96] Siehe oben § 5 II 1 (Fußn. 5), insbesondere *Fischer*, S. 33 f.; vgl. aber auch *Rosenberg*, ZivilprozeßR, § 61 IV 1.

[97] Vgl. *Bülow*, Prozeßvoraussetzungen, S. 1; *Blomeyer*, ZivilprozeßR, § 11; *Nakano*, ZZP 79, 106; *Rosenberg*, ZivilprozeßR, § 2 I 1. Zum Inhalt des Prozeßrechtsverhältnisses vgl. *Stein-Jonas-Pohle*, Einl. E II 1.

[98] So *Baumbach-Lauterbach*, Grundz. § 128 Anm. 2; *Blomeyer*, ZivilprozeßR. § 11; *Lent-Jauernig*, ZivilprozeßR, § 32 I; *Nikisch*, ZivilprozeßR, § 4 II; *Rosenberg*, ZivilprozeßR, § 2 I 2; *Schönke-Schröder-Niese*, § 2 I; *Stein-Jonas-Pohle*, Einl. E II; *Thomas-Putzo*, Vorbem. § 50 I. — Ablehnend vor allem *Goldschmidt* (Prozeß als Rechtslage), der das Prozeßrechtsverhältnis durch den Begriff der Prozeßrechtslage zu ersetzen versucht. Beide Begriffe haben jedoch ihre eigene Bedeutung, ohne sich gegenseitig auszuschließen.

zwischen den Prozeßparteien als auch zwischen diesen und dem Gericht besteht[99]. Es ist somit zu prüfen, ob der Bestand des Prozeßrechtsverhältnisses von einer Bedingung abhängig gemacht werden kann.

Zunächst muß der Zeitpunkt der Entstehung des Prozeßrechtsverhältnisses näher bestimmt werden. Wenn diesem Zeitpunkt für die Frage der Bedingungsfeindlichkeit des Prozeßrechtsverhältnisses vielleicht auch keine unmittelbare Bedeutung zukommt, so ergeben sich hieraus jedenfalls Aufschlüsse über das Verhältnis der Rechtshängigkeit zum Prozeßrechtsverhältnis, die zum besseren Verständnis der Vereinbarkeit von zulässigen Eventualanträgen mit dem Verbot bedingter Klagen beitragen. Der zutreffende Hinweis, daß die Klageerhebung für die Begründung des Prozeßrechtsverhältnisses maßgebend ist, besagt noch nichts über den genauen Entstehungszeitpunkt, da es sich bei der Klageerhebung um einen mehrgliedrigen Akt handelt. Sie beginnt in der Regel mit der Einreichung einer Klageschrift; sodann folgt als erste richterlicher Handlung die Bestimmung eines Termins zur mündlichen Verhandlung, und daraufhin wird die Klageerhebung mit der Zustellung der Klageschrift an den Beklagten abgeschlossen[100]. Allgemein wird dieser letzte Akt und damit die vollendete Klageerhebung als maßgeblicher Tatbestand für die Entstehung des Prozeßrechtsverhältnisses angesehen, die Begründung des Prozeßrechtsverhältnisses also mit der Entstehung der Rechtshängigkeit (§§ 263 Abs. 1, 253 Abs. 1 ZPO) gleichgesetzt[101].

---

[99] So die h. L. im Anschluß an *Bülow* (Prozeßvoraussetzungen, S. 1 ff.) und *Wach* (Handbuch I, § 4 V); *Hellwig* (System, § 138 II) erkennt es nur zwischen beiden Parteien und dem Gericht, *Kohler* (Prozeß als Rechtsverhältnis, S. 6 ff.) nur im Verhältnis der Parteien zueinander an. Ebenso auch heute noch *Baumbach-Lauterbach*, Grundz. § 128 Anm. 2 B, C.

[100] Entgegen *Baumbuch-Lauterbach* (§ 253 Anm. 2 A), *Lent-Jauernig* (ZivilprozeßR, § 38 II) *Rosenberg* (ZivilprozeßR, § 91 I) und *Thomas-Putzo* (§ 253 Anm. 1) ist die Terminsbestimmung als Teil der Klageerhebung zu werten. Wenn es sich hierbei auch um kein wesentliches Erfordernis der Klageerhebung handelt und somit eine wirksame Klageerhebung auch vorliegt, wenn die Terminsbestimmung versehentlich unterblieben ist (BGHZ 11, 176 f.; 31, 348; OLG Koblenz, NJW 60, 537), so wird die Klageerhebung in der Regel jedenfalls nicht vollendet, wenn die Terminsbestimmung ausdrücklich abgelehnt wird. Wie hier: *Blomeyer*, ZivilprozeßR, § 43 I; *Hein*, S. 175; *Rosenberg-Schwab*, § 98 I.

[101] Vgl. z. B. *Förster-Kann*, § 263 Anm. 1; *Hellwig*, System, § 97 II; *Rosenberg*, ZivilprozeßR, § 2 III 1; *Rosenberg-Schwab*, § 2 V 1. Die Auffassung von *Stein-Jonas-Pohle* (Einl. E II), wonach das Prozeßrechtsverhältnis „zunächst zwischen dem Kläger und dem Gericht einerseits sowie dem Beklagten andererseits“ entsteht, ist abzulehnen. Der Zivilprozeß verlangt stets *zwei* Parteien, so daß es ein *Prozeßrechtsverhältnis* zwischen *einer* Partei und dem Gericht auch nicht als Übergangsstadium geben kann.

Diese Auffassung ist jedoch nicht unbedenklich. Zweifel entstehen einmal dann, wenn die Klageerhebung Mängel aufweist. Enthält die Klageschrift beispielsweise keinen bestimmten Antrag im Sinne des § 253 Abs. 2 Ziffer 2 ZPO, so hindert dies weder die Terminsbestimmung[102] noch die Zustellung der Klageschrift an den Beklagten. Dennoch ist die Klageerhebung erst mit Beseitigung des Mangels vollendet, erst von diesem Zeitpunkt an treten die Wirkungen der Rechtshängigkeit ein[103]. Wird der Mangel nicht behoben, so ist die Klage durch Prozeßurteil abzuweisen[104]. Macht man also mit der Gleichsetzung von Prozeßbegründung und Entstehung der Rechtshängigkeit ernst, dann führt dies zu dem widerspruchsvollen Ergebnis, daß im Falle eines nicht behobenen wesentlichen Mangels der Klageerhebung ein Urteil ergeht, obgleich gar kein Prozeßrechtsverhältnis entstanden ist[105]. Sieht man dagegen von dem Erfordernis einer *wirksamen* Klageerhebung als Prozeßgründungsakt ab, so vermeidet man den soeben aufgezeigten Widerspruch. Es fehlt dann jedoch wiederum an einer eindeutigen Bestimmung des Entstehungszeitpunktes für das Prozeßrechtsverhältnis. Zudem bleibt nach der sogenannten Klageerhebungstheorie unverständlich, warum die prozessualen Pflichten des Gerichts, wie zum Beispiel die Verhandlungs- und Entscheidungspflicht, die mit der in der Terminsbestimmung liegenden Annahme der Klage entstehen[106] und die die Einbeziehung des Gerichts in das Prozeßrechtsverhältnis rechtfertigen, in ihrem Entstehungszeitpunkt nicht mit dem des Prozeßrechtsverhältnisses übereinstimmen. Vorzuziehen ist deshalb die bisher vor allem von *Hein*[107] vertretene Klageannahmetheorie. Danach ist die Entstehung des Prozeßrechtsverhältnisses sowie die Begründung der Parteistellung der Beteiligten an die erste Richterhandlung, im gewöhnlichen Klageverfahren also an die Terminsbestimmung geknüpft und vom Eintritt der Rechtshängigkeit unabhängig[108]. Nach dieser Auffassung werden alle prozessualen Pflichten und alle gericht-

---

[102] Vgl. *Baumbach-Lauterbach*, § 253 Anm. 2 B; *Güntzel*, S. 141; *Rosenberg*, ZivilprozeßR, § 91 I 2.

[103] BGH, LM Nr. 16 zu § 253 ZPO (für die bestimmte Angabe des Gegenstandes und des Grundes des erhobenen Anspruchs, § 253 Abs. 2 Ziff. 2 ZPO); *Blomeyer*, ZivilprozeßR, § 44 III; *Güntzel*, S. 139 f.; *Rosenberg*, ZivilprozeßR, § 91 III 2; *Thomas-Putzo*, § 263 Anm. 1 a.

[104] H. M., z. B. *Baumbach-Lauterbach*, § 253 Anm. 2 D; *Blomeyer*, ZivilprozeßR, § 44 I; *Güntzel*, S. 141; *Rosenberg*, ZivilprozeßR, § 91 III 3; a. A. *Nußbaum*, Die Prozeßhandlungen, ihre Voraussetzungen und Erfordernisse, 1908, S. 81 ff. (Zurückweisung durch Beschluß).

[105] So mit Recht *Hein*, S. 183, 184 (Fußn. 32).

[106] Vgl. *Hein*, S. 190; *Rosenberg*, ZivilprozeßR, § 91 I 2.

[107] A.a.O., S. 167 ff.; ebenso *Wierscher*, S. 16 ff.

[108] Nur in den Ausnahmefällen, in denen eine wirksame Klageerhebung bereits vor der Terminsbestimmung gegeben ist, fällt die Begründung des Prozeßrechtsverhältnisses zeitlich mit dem Eintritt der Rechtshängigkeit zusammen.

lichen Handlungen und Entscheidungen, die nach der Klageannahme erfolgen, vom Prozeßrechtsverhältnis mitumfaßt. Außerdem läßt sich die Frage, ob ein Prozeßrechtsverhältnis überhaupt zustande gekommen ist, stets ohne Schwierigkeiten zweifelsfrei beantworten. Denn schon das bloße Vorhandensein des Klageannahmeaktes begründet das Prozeßrechtsverhältnis und läßt sich als Tatsache nicht mehr ungeschehen machen, so daß es auch nicht darauf ankommt, ob die Klage angenommen werden durfte. Selbst eine zu Unrecht erfolgte Klageannahme hindert also das Entstehen eines Prozeßrechtsverhältnisses nicht, sondern bewirkt lediglich, daß die übergangene Prozeßwirksamkeitsvoraussetzung im folgenden wie eine Sachurteilsvoraussetzung zu behandeln ist[109].

b) Sobald das Prozeßrechtsverhältnis entstanden ist, wird das Gericht den Parteien gegenüber zur Entscheidung des Rechtsstreits verpflichtet. Dieser Pflicht entspricht ein Recht auf Entscheidung (Justizgewährungsanspruch), das nicht nur dem Kläger, sondern auch dem Beklagten zusteht[110]. Der Beklagte muß grundsätzlich die Gewähr dafür haben, daß die Mühen und Anstrengungen, die mit der ihm aufgezwungenen Parteirolle verbunden sind, sich später zumindest nicht deshalb als vergeblich erweisen, weil es der Kläger möglicherweise zu überhaupt keiner Entscheidung kommen läßt. Dies ist um so dringlicher, als der Beklagte den Umfang der richterlichen Verhandlung und Entscheidung nicht beeinflussen kann, da der Streitgegenstand allein vom Kläger festgelegt wird. Es muß also im Interesse des Beklagten verhindert werden, daß das Prozeßrechtsverhältnis durch einseitige Handlungen des Klägers wieder zum Erlöschen gebracht werden kann. Die Zivilprozeßordnung trägt dem Rechnung, indem sie eine Prozeßbeendigung ohne Urteil nur in ganz bestimmten, im Gesetz erwähnten Ausnahmefällen — nämlich durch Vergleich, übereinstimmend erklärte Erledigung oder Klagerücknahme — vorsieht und hierfür in der Regel[111] die Zustimmung des Beklagten verlangt. Damit verbietet sich aber auch, daß der Kläger den Rechtsstreit von vornherein mit einer durch die Hinzufügung einer Bedingung entstehenden Unsicherheit belasten und somit zugleich einseitig bestimmen kann, ob das Prozeßrechtsverhältnis durch Urteil beendet wird oder nicht. Das Reichsgericht hat zu Recht hervorgehoben, daß es mit den Aufgaben und den Zwecken eines staatlich geordneten Prozeßverfahrens unvereinbar ist,

---

109 Vgl. *Lent-Jauernig*, ZivilprozeßR, § 38 II 2 d.

110 Vgl. z. B. *Rosenberg-Schwab*, § 3 I; *Stein-Jonas-Pohle*, Einl. E I 2. Der Anspruch des Beklagten ist allerdings bis zu seiner Einlassung zur Hauptsache auflösend bedingt durch die Klagerücknahme (arg. e § 271 Abs. 1 ZPO), vgl. *Rosenberg*, ZivilprozeßR, § 83 III 2.

111 Einzige Ausnahme: Die Klagerücknahme bis zum Beginn der mündlichen Verhandlung des Beklagten zur Hauptsache (§ 271 Abs. 1 ZPO).

die *gesamten* Rechtswirkungen der Klage je nach dem Eintritt oder Ausfall einer Bedingung bei Bestand bleiben oder hinfällig werden zu lassen[112]. Das Prozeßrechtsverhältnis als solches verträgt keine wie auch immer geartete Bedingung. Hierin liegt der alleinige Grund für die Unzulässigkeit einer bedingten Klage[113].

Freilich ist im Falle eines bedingten Prozeßrechtsverhältnisses zugleich auch die Rechtshängigkeit des Klageanspruchs bedingt, sofern eine bedingte Klage überhaupt den Eintritt der Rechtshängigkeit bewirken kann. Dies rechtfertigt jedoch keinesfalls die Schlußfolgerung, daß dann — entgegen der hier vertretenen Auffassung — auch eine bedingte Rechtshängigkeit unzulässig sein müßte. Die Rechtshängigkeit und das Prozeßrechtsverhältnis sind voneinander weitgehend unabhängig[114]. Dies zeigt sich allein schon daran, daß in der Regel weder die Entstehungsvoraussetzungen noch der Entstehungszeitpunkt für beide Prozeßinstitute identisch sind. Eine Verbindung besteht nur insoweit, als die Rechtshängigkeit immer nur im Rahmen eines bestehenden Prozeßrechtsverhältnisses begründet werden kann. Dagegen kann das Prozeßrechtsverhältnis im Falle einer mangelhaften Klageerhebung auch ohne den Eintritt der Rechtshängigkeit bestehen. Ebensowenig fallen ein bedingtes Prozeßrechtsverhältnis und eine bedingte Rechtshängigkeit stets zusammen. In einem Prozeßrechtsverhältnis, in dem mehrere Klageansprüche geltend gemacht werden (objektive Klagenhäufung), kann die Rechtshängigkeit eines Klageanspruchs bedingt sein, ohne daß damit das Prozeßrechtsverhältnis zu einem bedingten wird. Eine Gleichbehandlung hinsichtlich der Frage der Zulässigkeit von Bedingungen ist daher nicht geboten. Die Unzulässigkeit bedingter Prozeßrechtsverhältnisse steht der Zulässigkeit einer bedingten Rechtshängigkeit nicht entgegen.

c) Die gewonnene Erkenntnis, daß die Bedingungsfeindlichkeit des Prozeßrechtsverhältnisses der eigentliche Grund für die Unzulässigkeit einer bedingten Klage ist, führt zu einer allgemeinen Beschränkung der Zulässigkeit von Eventualverhältnissen, die insbesondere für die eventuellen Sachanträge Bedeutung erlangt. Eventualverhältnisse sind nur insoweit zulässig, als durch sie kein bedingtes Prozeßrechtsverhältnis geschaffen wird.

Wenn *Baumgärtel* und *Rosenberg* eine bedingte Prozeßhandlung nur bei gleichzeitiger Vornahme mindestens einer unbedingten Prozeßhandlung zulassen[115], so stimmt dies mit der soeben aufgestellten Zu-

---

[112] RGZ 144, 71 (72).

[113] Vgl. RGZ 144, 71 (72 f.); *Brox*, C. Heymanns Festschrift, S. 122; *Schönke-Schröder-Niese*, § 31 II 3.

[114] Vgl. hierzu auch *Wierscher*, S. 20 ff. (23).

[115] *Baumgärtel*, Prozeßhandlung, S. 138; *Rosenberg*, ZivilprozeßR, § 61 IV 2.

lässigkeitsbeschränkung insofern überein, als ein unbedingtes Prozeßrechtsverhältnis nur dann bestehen kann, wenn mindestens ein Klageantrag unbedingt gestellt wird. Daß es sich dennoch nicht lediglich um einen Unterschied in der Formulierung, sondern um abweichende Auffassungen handelt, die in Einzelfällen auch zu unterschiedlichen Ergebnissen führen, wird sich bei der noch zu behandelnden Frage der Zulässigkeit eventueller subjektiver Klagenhäufungen zeigen.

§ 6 Überprüfung einzelner Fallgestaltungen auf ihre Zugehörigkeit zu den zulässigen eventuellen Sachanträgen

I. Die eventuelle Verbindung verschiedener Klagearten

Nach den bisherigen Ausführungen besteht keine Veranlassung, an der Zulässigkeit einer eventuellen Verbindung verschiedener Klagearten zu zweifeln, sofern die Erfordernisse des § 260 ZPO gewahrt bleiben und kein Verbindungsverbot — wie etwa § 578 Abs. 2 ZPO — entgegensteht. Haupt- und Hilfsantrag müssen nicht notwendig derselben Klageart angehören. Es wird daher grundsätzlich auch nicht bestritten, daß die eventuelle Verbindung von Leistungs-, Feststellungs- und Gestaltungsklagen in allen denkbaren Variationen möglich ist.

Eine Ausnahme soll jedoch dann gelten, wenn mit dem Hauptantrag die Aufhebung eines gesellschaftsrechtlichen Beschlusses und hilfsweise die Feststellung seiner Nichtigkeit begehrt wird. Einen solchen Fall hatte der Oberste Gerichtshof für die Britische Zone[1] in seinem Urteil vom 7. Juli 1949 zu entscheiden. Der Kläger hatte den Generalversammlungsbeschluß einer Genossenschaft in erster Linie angefochten und nur hilfsweise die Feststellung seiner Nichtigkeit beantragt. Der OGH ließ den Hauptantrag unerledigt und gab dem Hilfsantrag statt. In der Begründung führte er aus, entgegen dem sonst üblichen Verfahren bei zulässigem Eventualvorbringen sei hier zunächst über die Frage der Nichtigkeit zu entscheiden gewesen, da die Anfechtungsklage ihrer Natur nach eine Rechtsgestaltung sei, die Nichtigkeit dagegen von selbst eintrete. Beim Vorliegen von Anfechtungs- und Nichtigkeitsgründen sei es „sinnwidrig", den Generalversammlungsbeschluß für nichtig zu erklären, statt die kraft Gesetzes bereits eingetretene Nichtigkeit lediglich festzustellen[2]. Diese Entscheidung hat in der Literatur[3] Zustimmung gefunden. *Lang*[4] vertritt darüber hinaus die

---

[1] OGHZ 2, 197 ff. = NJW 49, 715 (Leitsatz).
[2] OGHZ 2, 197 (200).
[3] *Lang*, S. 50 f.; *Stein-Jonas-Schumann/Leipold*, § 260 Fußn. 18.
[4] A.a.O., S. 51.

Auffassung, daß immer dann, wenn neben einer Gestaltungsklage eventuell Klage auf Feststellung des durch die Gestaltung zu erreichenden Zustandes erhoben wird, die allgemeine Regel, daß über die Prinzipalklage zuerst zu entscheiden ist, zu durchbrechen sei.

Geht man davon aus, daß es sich bei dem vom OGH entschiedenen Fall wirklich um eine eventuelle Klagenhäufung handelte, so ist die Entscheidung prozessual unrichtig. Sie enthält einen Verstoß gegen § 308 Abs. 1 ZPO, da selbst im Falle der Unzulässigkeit der eventuellen Verbindung jedenfalls über den Hauptantrag hätte entschieden werden müssen. Das Gericht darf dem Kläger durch die alleinige Entscheidung über den Hilfsantrag auch dann nicht etwas anderes als beantragt zusprechen, wenn es den Hauptantrag für „sinnwidrig" erachtet.

Es ist allerdings fraglich, ob hier tatsächlich ein echtes Eventualverhältnis vorliegt und vom Kläger gewollt war. Im Gesellschaftsrecht[5] haben die Klagen, die auf Feststellung der Nichtigkeit oder die Aufhebung von Hauptversammlungsbeschlüssen gerichtet sind, dasselbe Ziel und denselben Grund[6]. In beiden Fällen soll rechtskräftig und damit bindend ausgesprochen werden, daß der Beschluß wegen Verletzung des Gesetzes oder der Satzung unwirksam ist. Da zudem die Vorschriften über die Anfechtungsklage zum größten Teil auf die Nichtigkeitsklage anzuwenden sind (§ 249 Abs. 1 AktG), bietet die Anfechtungsklage dem Aktionär auch keinerlei Vorteile. Ihm kann es also gleichgültig sein, ob der Beschluß ex tunc aufgehoben oder ob „nur" festgestellt wird, daß der Beschluß von Anfang an unwirksam war. Dementsprechend wird es auch als unschädlich angesehen, wenn zum Beispiel eine Anfechtungsklage auch oder gar allein auf Nichtigkeitsgründe gestützt wird. Erweisen sich diese als zutreffend, so wird die Anfechtungsklage insoweit in eine Nichtigkeitsklage umgedeutet oder als eine „unkorrekt bezeichnete Nichtigkeitsklage" angesehen[7]. Ganz gleich, welche Gründe für die Unwirksamkeit des Beschlusses angeführt werden, so genügt stets die Stellung eines einzigen Antrags[8]. Es

---

[5] Die Vorschriften hinsichtlich der Nichtigkeit von Hauptversammlungsbeschlüssen im Aktienrecht (§§ 241 ff. AktG) sind bei anderen Gesellschaftsformen analog anwendbar, soweit eine entsprechende Regelung fehlt (so bei der GmbH) oder nur unvollständig vorhanden ist (so bei der Genossenschaft, da nur die Anfechtung eines Generalversammlungsbeschlusses gesetzlich geregelt ist, § 51 GenG). Vgl. *Hueck*, Gesellschaftsrecht, S. 232 f. und 245.

[6] *Baumbach-Hueck*, § 243 Rdnr. 4.

[7] *Baumbach-Hueck*, § 242 Rdnr. 5; *Hueck*, Anfechtbarkeit, S. 247.

[8] Vgl. BGH, LM Nr. 1 zu § 197 AktG. In dieser Entscheidung findet sich der bemerkenswerte Satz: „Der Klageantrag erstrebt nach seinem Wortlaut ein Gestaltungsurteil und deckt sowohl die Nichtigkeits- wie die Anfechtungsklage."

ist also überflüssig, mehrere auf dasselbe Klageziel gerichtete Anträge kumulativ oder eventualiter zu stellen. Werden dennoch beide Anträge im Rahmen desselben Verfahrens geltend gemacht, so führt dies entgegen der allgemeinen Regel zu keiner Klagenhäufung. Der innere Zusammenhang beider Klagearten, der die Umdeutung eines Antrages in den anderen ohne weiteres zuläßt und im Einzelfall sogar gebietet[9], erfordert eine einheitliche Entscheidung. Hat die Klage Erfolg, so kann der Beschluß nur aufgehoben *oder* seine Nichtigkeit festgestellt werden. Es ist auch nicht möglich, in demselben Verfahren die Nichtigkeitsklage des Klägers abzuweisen und seiner Anfechtungsklage stattzugeben. Denn wenn keine Nichtigkeits-, sondern nur Anfechtungsgründe vorliegen, so müßte eine Klagabweisung schon im Wege der Umdeutung des Klageantrags vermieden werden.

Berücksichtigt man dies, dann erweist sich das Urteil des OGH im Ergebnis als zutreffend. Da gar keine eventuelle Klagenhäufung vorlag, konnte das Gericht auch nur eine einzige Entscheidung treffen. Es hat dabei den „Hauptantrag" nicht übergangen, sondern ihn im Sinne des „Hilfsantrags" umgedeutet. Bei Berücksichtigung der rechtlichen Besonderheiten des entschiedenen Falles vermag die Entscheidung des OGH somit auch nichts über die Zulässigkeit einer eventuellen Verbindung von Gestaltungs- und Feststellungsklagen zu besagen.

Auch der von *Lang* unter Zugrundelegung der Entscheidung des OGH aufgestellte allgemeine Grundsatz[10] ist mit § 308 Abs. 1 ZPO unvereinbar und deswegen unzutreffend. Fraglich ist allerdings, ob bei der von *Lang* beschriebenen Fallgestaltung die Eventualstellung sinnvoll ist. Diese Frage wäre zu verneinen, falls die mit dem Hauptantrag begehrte Gestaltungsklage immer nur dann Erfolg haben kann, wenn das Gericht sich zuvor von dem Vorhandensein eines tauglichen Gestaltungsobjektes überzeugt hat. Denn dann müßte das Gericht trotz der Eventualstellung das Bestehen des zu gestaltenden Rechtsverhältnisses zuerst prüfen und der Kläger würde sich, falls die von ihm vorgetragenen Gründe die Nichtigkeit bereits kraft Gesetzes herbeiführen, durch die von ihm gewählte Eventualstellung unnötig der Gefahr einer teilweisen Klagabweisung ausgesetzt haben.

Nach der von *Theodor Kipp*[11] begründeten Lehre von den „Doppelwirkungen im Recht", die heute weitgehend Anerkennung gefunden

[9] Vgl. *Hueck*, Anfechtbarkeit, S. 247; *Rosenberg*, ZivilprozeßR, S. 74 II („Die Umdeutung ist Pflicht des Gerichts, ...").

[10] Siehe oben bei Fußn. 4.

[11] „Über Doppelwirkungen im Recht", in Festschrift der Berliner Juristischen Fakultät für Ferdinand *Martitz*, Berlin 1911, S. 211 ff.

hat[12], stehen Gründe der Logik einer Anfechtung nichtiger Rechtsverhältnisse nicht entgegen. Anfechtbarkeit und Nichtigkeit sind nicht zwei einander ausschließende Eigenschaften eines Rechtsgeschäftes, sondern zwei selbständige Rechtsfolgen, die sich aus zwei voneinander unabhängigen Tatbeständen ergeben[13]. Deshalb wird auch eine Anfechtungsklage gegenüber unwirksamen Beschlüssen für möglich gehalten[14]. Dennoch ist die Lehre *Kipps*, die am Leitbild rein materiellrechtlicher Gestaltungsrechte entwickelt wurde, für Gestaltungsklagen nicht uneingeschränkt anwendbar, wie *Schlosser*[15] überzeugend nachgewiesen hat. Im Hinblick auf Arbeit und Kosten, die ein Prozeß im Gegensatz zur Ausübung eines rein materiellrechtlichen Gestaltungsrechts mit sich bringt, muß bei Gestaltungsklagen das Bestehen eines Rechtsverhältnisses grundsätzlich Voraussetzung für einen Klageerfolg sein[16]. Dies folgt zwar nicht aus begrifflich-logischen Erwägungen. Außerhalb dieser Voraussetzung kann für eine solche Klage jedoch grundsätzlich kein Rechtsschutzbedürfnis anerkannt werden. Daraus ergibt sich aber zugleich, daß eine Gestaltungsklage auch bei Fehlen eines gestaltbaren Rechtsverhältnisses ausnahmsweise zulässig sein muß, sofern das Bestehen des Rechtsschutzinteresses vom Kläger positiv dargelegt wird. Ein solches liegt insbesondere dann vor, wenn das Gestaltungsurteil für den Kläger günstigere Nebenwirkungen erzeugt als die bloße Feststellung des Nichtbestehens des Rechtsverhältnisses[17]. In derartigen Fällen ist über den auf Gestaltung gerichteten Hauptantrag zu entscheiden, ohne daß das Gericht zuvor eingehend zu prüfen braucht, ob das fragliche Rechtsverhältnis vielleicht schon aus anderen Gründen nichtig ist. Daß es sich hierbei keinesfalls nur um eine theoretische Möglichkeit handelt, sondern solche Fallgestaltungen durchaus auch in der Praxis vorkommen können, soll das folgende Beispiel verdeutlichen:

Der Erblasser V setzt seinen Sohn A durch Testament zum Alleinerben ein. Als A in finanzielle Schwierigkeiten gerät, versucht er den V zu vergiften, was jedoch mißlingt. V errichtet daraufhin ein neues Testament, in welchem er nunmehr den Sohn B als Alleinerben einsetzt. Die Wirksamkeit dieses Testaments ist jedoch wegen möglicher

---

[12] Vgl. *Arens*, ZZP 76, 430 ff.; *Schlosser*, Gestaltungsklagen, S. 338 ff., beide mit weiteren Nachweisen.

[13] *Arens*, ZZP 76, 433.

[14] So RGZ 77, 270; *Hueck*, Anfechtbarkeit, S. 246; *Arens*, ZZP 76, 434.

[15] Gestaltungsklagen, S. 343 ff.

[16] *Schlosser*, Gestaltungsklagen, S. 345; so im Ergebnis wohl auch *Jauernig*, Verhandlungsmaxime, S. 59.

[17] *Schlosser*, Gestaltungsklagen, S. 345 f. Der Auffassung von *Jauernig* (Zivilurteil, S. 175), ein Urteil sei wirkungslos, das ein nicht oder bei Rechtskrafteintritt nicht mehr bestehendes Rechtsverhältnis „gestalte“, kann in dieser Allgemeinheit nicht zugestimmt werden.

Formmängel nicht unzweifelhaft. Nach dem Tode des V klagt B gegen seinen Bruder A. Er beantragt in erster Linie, den A für erbunwürdig zu erklären[18], da er den Erblasser widerrechtlich zu töten versucht habe (§ 2339 Abs. 1 Ziff. 1 BGB). Hilfsweise begehrt er die Feststellung, daß das erste Testament durch das spätere Testament wirksam aufgehoben worden sei und A somit kein Erbrecht erlangt habe. — Sollte sich herausstellen, daß das Testament zugunsten des B wirksam ist, so hätte A kein Erbrecht erlangt und es bedürfte insoweit auch keiner richterlichen Gestaltung mehr. Dennoch muß man ein Rechtsschutzbedürfnis für die in erster Linie erhobene Gestaltungsklage bejahen, weil mit dem Erbunwürdigkeitsurteil darüber hinaus auch bereits feststünde, daß B seinen Pflichtteilsanspruch verloren hat[19].

Es zeigt sich somit, daß eine eventuelle Verbindung von Gestaltungs- und Feststellungsklage nicht nur zulässig ist, sondern in Einzelfällen durchaus auch sinnvoll sein kann. Aber auch wenn dies nicht der Fall ist, darf der Richter über die Klageanträge nur in der ihm vom Kläger vorgeschriebenen Reihenfolge entscheiden. Der Richter ist dann jedoch verpflichtet, zunächst einmal im Rahmen des § 139 ZPO darauf hinzuwirken, daß der Kläger durch Vertauschen von Haupt- und Hilfsantrag[20] der eventuellen Klagenverbindung einen Sinn gibt.

II. Die Eventualwiderklage

Eine eventuelle Widerklage[21] ist gegeben, sofern sie nur für den Fall geltend gemacht wird, daß die Klage[22] oder eine prinzipale Widerklage erfolgreich oder erfolglos ist. Im Gegensatz zur Rechtsprechung des Reichsgerichts[23] und der älteren Lehrmeinung[24], die ihre Zulässig-

---

[18] Die Erbunwürdigkeitsklage ist nach einhelliger Meinung eine Gestaltungsklage, vgl. *Schlosser*, Gestaltungsklagen, S. 59; *Stein-Jonas-Schumann/Leipold*, vor § 253 II 3 e.

[19] Vgl. *Staudinger-Ferid*, § 2345 Rdnr. 8; *Palandt-Keidel*, § 2344 Anm. 2.

[20] Eine derartige Klageänderung ist sachdienlich und somit zulässig.

[21] Zum Begriff der Widerklage vgl. *Rosenberg-Schwab*, § 99 II 1.

[22] Ob das Eventualverhältnis zwischen Klage und Widerklage oder zwischen dem Klageabweisungsantrag und dem Widerklageantrag gesehen wird (so z. B. BGHZ 21, 13 [16]), bleibt sich im Ergebnis gleich.

[23] RGZ 40, 331 f.; 126, 18 (20). Lediglich in Ehesachen hat das RG eine eventuelle Widerklage zugelassen, vgl. RG, DR 1940, 1956; RGZ 165, 317 (319). — Die Bedenken des RG, die übrigens auch der vom RG zugelassenen eventuellen objektiven Klagenhäufung entgegenstehen würden, dürften jedoch infolge der Erkenntnis, daß eine auflösend bedingte Rechtshängigkeit zulässig ist und mit der Unzulässigkeit bedingter Klagen nicht in Widerspruch steht (vgl. oben § 5 III 3), ausgeräumt sein.

[24] Vgl. *Fischer*, S. 89; *Seuffert-Walsmann*, § 33 Anm. 4 b mit weiteren Nachweisen. Ebenso im Ergebnis *Hellwig* (System, S. 317 und ZivilprozeßR, S. 58), da er die Eventualwiderklage letztlich wie eine unbedingte Widerklage behandelt. Daß seine Konstruktion („antizipierter Klageverzicht") jedoch unhaltbar ist, wurde bereits dargelegt (oben § 5 II 3 bei Fußn. 50).

keit weitgehend verneinten, wird die eventuelle Widerklage heute allgemein für zulässig gehalten[25]. Dabei wird jedoch vielfach — ähnlich wie bei der eventuellen objektiven Klagenhäufung — eine Einschränkung gemacht. Es wird verlangt, daß die Klage (beziehungsweise der Hauptantrag des Beklagten auf Abweisung der Klage) und der Hilfsantrag auf Verurteilung des Klägers nach der Widerklage materiellrechtlich derartig voneinander abhängig sind („wirkliches Eventualverhältnis"), daß der mit der Widerklage geltend gemachte Anspruch nur begründet sein kann, sofern auch das Klagebegehren begründet ist[26]. Diese Auffassung ist jedenfalls vom Standpunkt derer aus gesehen, die auch eine eventuelle objektive Klagenhäufung nicht uneingeschränkt zulassen, verständlich und konsequent[27]. Denn die Zulässigkeit der Eventualwiderklage wird — soweit sie sich nicht in Einzelfällen aus dem Gesetz[28] ableiten läßt — vor allem damit begründet, daß andernfalls dem Grundsatz der „Waffengleichheit der Parteien" und „Gründen der Prozeßökonomie" nicht Genüge getan werde[29].

Berücksichtigt man jedoch die Erkenntnisse, die bei der Prüfung der Zulässigkeit eventueller Sachanträge gewonnen wurden, so läßt sich die Zulässigkeit der Eventualwiderklage recht einleuchtend erklären, ohne daß es des Rückgriffs auf den Grundsatz der Gleichbehandlung der Parteien bedarf. Die Zulässigkeit einer Widerklage als solcher setzt voraus, daß die Klage schon und noch rechtshängig ist[30]. Selbst

---

[25] BGHZ 21, 13 = NJW 56, 1478 = JZ 57, 127 mit Anm. von A. *Blomeyer;* BGH, LM Nr. 15 zu § 164 BGB = ZZP 73, 116 (betrifft eventuelle Wider-Widerklage); BGHZ 43, 28 = NJW 65, 440; *Baumgärtel,* Prozeßhandlung, S. 129 f.; *Bernhardt,* ZivilprozeßR, § 30 III 2 f.; *Blomeyer,* ZivilprozeßR, § 61 IV 2; *Rosenberg,* ZivilprozeßR, § 61 IV 3 c; *Schönke-Kuchinke,* § 46 IV 3; *Baumbach-Lauterbach,* § 253 Anh. 2 B; *Stein-Jonas-Pohle,* § 33 III 5 b; *Thomas-Putzo,* § 33 Anm. 3 c; *Zöller-Degenhart,* § 33 Anm. 5 b.

[26] BGHZ 21, 13; 43, 28; OLG Neustadt, JR 60, 344; *Bernhardt,* ZivilprozeßR, § 30 III 2 f.; *Blomeyer,* JZ 57, 127; *Rosenberg, ZivilprozeßR,* § 61 IV 3 c; *Rosenberg-Schwab,* § 99 II 5; *Zöller-Degenhart,* § 33 Anm. 5 b.

[27] Inkonsequent ist dagegen der BGH. Während es aufgrund der Entscheidung in LM Nr. 1 zu § 33 ZPO = NJW 58, 1188, nach welcher zwischen mehreren Anträgen zur Widerklage kein „wirkliches Eventualverhältnis" zu bestehen braucht, zunächst den Anschein hatte, als wolle der BGH bei der Eventualwiderklage nunmehr genauso großzügig verfahren wie bei der Zulassung eventueller objektiver Klagenhäufungen, hat er sich in den darauffolgenden Entscheidungen in LM Nr. 15 zu § 164 BGB und NJW 65, 440 erneut zu den in BGHZ 21, 13 aufgestellten Grundsätzen bekannt.

[28] Vgl. die §§ 302 Abs. 4, 600 Abs. 2, 717 Abs. 2 und 3, 1042 c Abs. 2 ZPO. Diese Fälle werden zu Recht als gesetzlich geregelte eventuelle Widerklagen angesehen, auch wenn sie gegenüber der gewöhnlichen Widerklage in mancher Beziehung begünstigt sind (*Rosenberg,* ZivilprozeßR, § 61 IV 3 c; *Wieczorek,* § 33 D I b 1; a. A. *Stein-Jonas-Münzberg,* § 717 III).

[29] Vgl. *Baumgärtel,* Prozeßhandlung, S. 129 f.; *Schönke-Schröder-Niese,* ZivilprozeßR, § 50 III 3; *Baumbach-Lauterbach,* § 253 Anh. 2 B; *Stein-Jonas-Pohle,* § 33 III 5 b.

[30] Vgl. statt aller *Stein-Jonas-Pohle,* § 33 III 1.

wenn man also mit der wohl einhelligen Auffassung in Rechtsprechung und Lehre davon ausgeht, daß es sich bei der Widerklage um eine echte Klage handelt[31], so läßt sich dennoch nicht leugnen, daß hinsichtlich der beiderseitigen Rechtswirkungen ein beachtlicher Unterschied besteht: Durch die Widerklage wird im Gegensatz zu einer Klage kein gerichtliches Verfahren eröffnet[32] und folglich auch kein weiteres Prozeßrechtsverhältnis begründet[33]. Anders als bei einer bedingten Klage bleibt infolge einer eventuellen Widerklage somit der Fortbestand des Prozeßrechtsverhältnisses nicht in der Schwebe[34]. Vielmehr wird im Rahmen des durch die Klage begründeten Prozeßrechtsverhältnisses lediglich ein weiterer Streitgegenstand zur Entscheidung des Gerichts gestellt. Die eventuelle Widerklage führt also praktisch zu einer eventuellen objektiven Klagenhäufung und muß deshalb im gleichen Umfang wie diese zulässig sein, da es sachlich nicht gerechtfertigt ist, hinsichtlich der Zulässigkeit Unterschiede zu machen, je nachdem von welcher Partei das Begehren ausgeht[35].

Das bedeutet zugleich, daß es nach der hier vertretenen Auffassung auch nicht gerechtfertigt ist, die Zulässigkeit der Eventualwiderklage vom Bestehen eines „echten Eventualverhältnisses" abhängig zu machen. Es ist zwar zuzugeben, daß eine Widerklage dann besonders sinnvoll ist, wenn sie mit der Klage in einem gewissen rechtlichen Zusammenhang steht, Verhandlung und Beweisaufnahme also nicht verschiedene Dinge betreffen[36]. Dies vermag jedoch weder die Zulässigkeit einer Widerklage, noch die einer eventuellen Widerklage auf derartige Fallgestaltungen zu beschränken. Bei der Beurteilung der prozessualen Zulässigkeit einer Widerklage haben materiellrechtliche Erwägungen grundsätzlich außer Betracht zu bleiben. Dem steht nicht entgegen, daß § 33 ZPO auf den rechtlichen Zusammenhang zwischen dem Gegenstand der Klage und dem der Widerklage verweist. Denn diese Vorschrift ist als Voraussetzung für den besonderen Gerichtsstand der

---

[31] So z. B. BGHZ 35, 227 (232) = NJW 61, 1676; *Lent-Jauernig*, ZivilprozeßR, § 46 I; *Rosenberg*, ZivilprozeßR, § 92 II 3; *Stein-Jonas-Pohle*, § 33 I 3. Vgl. aber auch die kritischen Bemerkungen von *Fenn*, AcP 163, 152 (175 ff.).

[32] *Fenn*, AcP 163, 152 (176) mit weiteren Nachweisen.

[33] Unrichtig *Zöller-Degenhart* (§ 33 Anm. 1 b), wonach die Widerklage ein selbständiges Prozeßrechtsverhältnis begründen soll. Die Unabhängigkeit der zulässigen Widerklage vom Schicksal der Klage steht der Annahme nur *eines* Prozeßrechtsverhältnisses nicht entgegen, da auch in dem ähnlich gelagerten Fall einer objektiven Klagenhäufung nicht vom Vorliegen mehrerer Prozeßrechtsverhältnisse ausgegangen wird.

[34] Vgl. *Jonas*, JW 30, 142 (143); BGHZ 21, 13 (15); LG Göttingen, NJW 54, 1123.

[35] *Stein-Jonas-Pohle*, § 33 III 5 b.

[36] *Lent-Jauernig*, ZivilprozeßR, § 46 II.

Widerklage, nicht aber für deren Zulässigkeit aufzufassen[37]. Hierfür sprechen nicht nur der Absatz 2 dieser Vorschrift sowie ihre Stellung im Gesetz (Abschnitt über den Gerichtsstand), sondern vor allem auch der § 145 Abs. 2 ZPO, der erkennbar von der Zulässigkeit nicht konnexer Widerklagen ausgeht[38].

In neuerer Zeit wird die Auffassung vertreten, eine Widerklage könne auch gegen eine bisher nicht am Rechtsstreit beteiligte Person erhoben werden. Der Bundesgerichtshof[39] hält eine solche Widerklage für zulässig, sofern sie zugleich gegen den Kläger gerichtet ist. Denn der Beklagte erlange mit der zulässigen Widerklage gegen den Kläger die gleiche Rechtsstellung wie bei einer selbständig erhobenen Klage und könne deshalb — wie jeder Kläger — auch eine am Rechtsstreit bisher nicht beteiligte Person verklagen. Darüber hinaus wird die Ansicht vertreten, daß es genüge, wenn eine der Parteien der Hauptklage an dem Widerklageverfahren beteiligt sei. Danach kann eine Widerklage sogar allein von einem Dritten oder allein gegen einen Dritten erhoben werden[40].

Hält man daran fest, daß eine Widerklage eine schon und noch anhängige Klage voraussetzt, also der Widerkläger ein Beklagter und der Widerbeklagte ein Kläger sein muß, so kann es eine Widerklage gegen einen Dritten nicht geben[41]. Die Streitfrage bedarf hier jedoch keiner abschließenden Stellungnahme. Selbst wenn man derartige Klagen als Widerklagen zuläßt und behandelt, so weisen sie gegenüber der gewöhnlichen Widerklage jedenfalls insofern eine Besonderheit auf, als sie infolge der Einbeziehung eines bisher am Rechtsstreit unbeteiligten Dritten notwendig auch ein neues Prozeßrechtsverhältnis begründen[42]. Damit muß aber die hier allein interessierende Frage, ob die gegen einen Dritten gerichtete „Widerklage" auch eventualiter erhoben werden kann, verneint werden. Eine solche Eventualwiderklage bewirkt nämlich, daß hinsichtlich des Prozeßrechtsverhältnisses

---

[37] Ebenso *Blomeyer*, ZivilprozeßR, § 61 II 2; *Lent-Jauernig*, ZivilprozeßR, § 46 II; *Baumbach-Lauterbach*, § 33 Anm. 1; *Stein-Jonas-Pohle*, § 33 II 1; *Thomas-Putzo*, § 33 Anm. 1; a. A. BGHZ 40, 185 (187); *Bernhardt*, ZivilprozeßR, § 30 III 2 d; *Lang*, S. 64; *Rosenberg-Schwab*, § 99 II 2 c.

[38] Vgl. *Lent-Jauernig*, ZivilprozeßR, § 46 II; *Zöller-Degenhart*, § 33 Anm. 2.

[39] BGHZ 40, 185 (187 ff.) = JZ 64, 295 = LM Nr. 6 zu § 33 ZPO mit zustimmender Anmerkung von *Johannsen;* BGH, NJW 66, 1028.

[40] So insbesondere *Schröder*, AcP 164, 517 (533 f.); a. A. *Johannsen*, LM Nr. 6 zu § 33 ZPO.

[41] Ebenso im Ergebnis *Bernhardt*, ZivilprozeßR, § 30 III 2 g; *Putzo*, NJW 64, 500 f.; *Stein-Jonas-Pohle*, § 33 III 4. Vielmehr handelt es sich dann um eine erste Klage, die lediglich mit der bereits anhängigen Klage oder der gegen den Kläger gerichteten Widerklage gemäß § 147 ZPO verbunden werden kann, vgl. *Putzo*, NJW 64, 500.

[42] Vgl. *Rosenberg-Schwab*, § 2 II 1.

ein mit dem Prozeßrecht nicht zu vereinbarender Schwebezustand geschaffen wird. Sie ist daher einer bedingten Klage gleichzustellen.

Eine eventuelle Widerklage ist somit unbeschränkt zulässig, soweit sie nicht gegen einen Dritten gerichtet ist, der an dem bisherigen Rechtsstreit noch nicht beteiligt war.

III. Die eventuelle subjektive Klagenhäufung

In der Praxis kommt es nicht selten vor, daß Ungewißheit darüber besteht, welche von mehreren in Frage kommenden Personen aus einem Rechtsverhältnis berechtigt oder verpflichtet wird. So kann es zum Beispiel in einem Schadensersatzprozeß zweifelhaft sein, ob der Staat für die unerlaubte Handlung eines Beamten haftet, oder ob dem Geschädigten lediglich ein Anspruch gegen den Beamten selbst zusteht. Andererseits kann auch Uneinigkeit darüber bestehen, wer Gläubiger einer Forderung ist, etwa wenn die Wirksamkeit einer Forderungsabtretung streitig ist. In derartigen Fällen bleibt fraglich, ob ein Vorgehen in der Weise möglich ist, daß die Klage von einem von mehreren Klägern oder gegen einen von mehreren Beklagten nur unter der auflösenden Bedingung erhoben wird, daß die verbundene Klage von dem anderen Kläger oder gegen den anderen Beklagten keinen Erfolg hat. Mit anderen Worten: Es stellt sich die Frage nach der Zulässigkeit einer eventuellen subjektiven Klagenhäufung.

Folgt man der hier vertretenen Auffassung, daß eventuelle Sachanträge zulässig sind, soweit sie im Rahmen eines unbedingten Prozeßrechtsverhältnisses gestellt werden, dann bereitet die Lösung dieses Problems keine Schwierigkeiten. Bei einer subjektiven Klagenhäufung entstehen in einem Verfahren so viele Prozeßrechtsverhältnisse, wie sich jeweils Kläger und Beklagte gegenüberstehen und einander verklagen[43]. Die eventuelle subjektive Klagenhäufung führt somit nicht nur dazu, daß der gegen den Zweitbeklagten (oder von dem Zweitkläger) geltend gemachte Anspruch nur auflösend bedingt rechtshängig wird, vielmehr wird darüber hinaus auch der Fortbestand des Prozeßrechtsverhältnisses zwischen Kläger (Zweitkläger) und Zeitbeklagtem (Beklagtem) von einer Bedingung abhängig gemacht und damit in der Schwebe gelassen, da innerhalb dieses Prozeßrechtsverhältnisses kein unbedingter Antrag gestellt wird. Gerade das Beispiel der eventuellen subjektiven Klagenhäufung macht auch noch einmal besonders deutlich, zu welchen Unzuträglichkeiten ein bedingtes Prozeßrechtsverhältnis führt. Zu einer *endgültigen* Entscheidung über die bedingte Klage kann es nur kommen, wenn die unbedingte Klage rechtskräftig

---

[43] *Wach*, Handbuch I, § 4 V; *Rosenberg-Schwab*, § 2 II 1; *Thomas-Putzo*, § 59 Vorbem. I; *Zöller-Degenhart*, § 60 Anm. 5.

abgewiesen wird. Schöpfen die Parteien hinsichtlich der unbedingten Klage den Instanzenzug voll aus, so erstreckt sich der Prozeß erfahrungsgemäß über mehrere Jahre. Während dieses Zeitraumes wird aber auch die beklagte Partei der bedingten Klage im Prozeß festgehalten, ohne daß sie die Gewißheit hat, daß der Prozeß wenigstens einen endgültigen Abschluß finden wird. Ein derartiger „Prozeß auf Probe" ist für die beklagte Partei schlechthin unzumutbar[44]. Eine eventuelle subjektive Klagenhäufung muß demnach als unzulässig angesehen werden[45].

Diese Auffassung bleibt in der Literatur allerdings nicht unwidersprochen. Vor allem *Baumgärtel* und *Rosenberg* befürworten die Zulässigkeit einer eventuellen subjektiven Klagenhäufung[46]. *Baumgärtel* räumt zwar ein, daß in einem solchen Fall der Hilfsantrag an sich nicht von einem innerprozessualen Ereignis abhängig gemacht werde[47], weil es sich um zwei selbständige Prozesse handele. Dennoch hat er gegen die Zulassung einer derartigen Klagenverbindung keine Bedenken, sofern den beiden Prozessen ein zusammenhängender Tatsachenkomplex zugrunde liegt. Denn dann bestehe nur eine subjektive Ungewißheit darüber, wer der richtige Aktiv- oder Passivlegitimierte sei, so daß es das Gericht ebenso wie bei der eventuellen objektiven Klagenhäufung mit einer sicheren Entscheidungsgrundlage zu tun habe[48].

---

[44] *Stein-Jonas-Pohle,* vor § 59 I 1; LG Berlin, NJW 58, 833 (834). Ob sich darüber hinaus im Falle der Zulassung besondere Komplikationen ergeben würden (so *Pohle* und LG Berlin), ist zweifelhaft. Gewiß ist es ein unbefriedigendes Ergebnis, wenn allein das der bedingten Klage stattgebende Urteil angefochten wird und der Berufung stattgegeben werden muß, ohne daß auf die abgewiesene unbedingte Klage zurückgegriffen werden kann. Der Kläger unterliegt dann nämlich in vollem Umfang, obgleich ihm gegen einen der beiden Beklagten unstreitig eine Forderung zusteht. Ein solches Ergebnis läßt sich jedoch bereits dadurch vermeiden, daß der Kläger seinerseits bezüglich der abgewiesenen unbedingten Klage ein Rechtsmittel einlegt (dies muß keineswegs „hilfsweise" geschehen, wie das LG Berlin meint). Zudem ist eine einheitliche Entscheidung auch dann nicht gewährleistet, wenn der Kläger mehrere Beklagte in getrennten Verfahren wegen desselben Anspruchs verklagt (so mit Recht *Baumgärtel,* Prozeßhandlung, S. 130).

[45] So auch im Ergebnis die überwiegende Meinung in Rechtsprechung und Schrifttum. Vgl. RG, Gruch 52, 1124 (1128) = Warn 1908 Nr. 670; RGZ 58, 248 (249); RAG 16, 24 (25); OLG Köln, OLGRspr. 2, 254; LG Berlin, NJW 58, 833; *Goldschmidt,* ZivilprozeßR, S. 155; *Baumbach-Lauterbach,* § 59 Anm. 1; *Blomeyer,* ZivilprozeßR, § 109 I 1; *Habscheid,* NJW 58, 833 f.; *Schönke-Schröder-Niese,* § 26 III 1; *Stein-Jonas-Pohle,* vor § 59 I 2; *Thomas-Putzo,* § 60 Anm. 1 d; *Zöller-Degenhart,* § 60 Anm. 5 a. Zweifelnd *Lent-Jauernig,* ZivilprozeßR, § 88 III a. E.

[46] *Baumgärtel,* Prozeßhandlung, S. 130 f.; *Rosenberg,* ZivilprozeßR, § 61 IV 3 b und nunmehr auch *Rosenberg-Schwab,* § 65 IV 3 b. Ebenso bereits *Hellwig,* ZivilprozeßR, S. 81; *Ebbecke,* ZZP 47, 208; *Meilicke,* JW 35, 763; *Lang,* S. 70 ff.

[47] Dies erkennt auch *Lang,* S. 71.

[48] *Baumgärtel,* Prozeßhandlung, S. 130.

Mit dieser Argumentation läßt sich die Zulässigkeit einer eventuellen subjektiven Klagenhäufung aber nicht überzeugend begründen. Soweit es sich bei einer subjektiven Klagenhäufung um selbständige Prozesse handelt, die nur äußerlich zu einem Verfahren zusammengefaßt werden, muß das Vorhandensein einer sicheren Entscheidungsgrundlage für jeden Prozeß gesondert geprüft werden. Jeder Prozeß muß für sich ohne Rücksicht auf den anderen Prozeß entschieden werden können. Es genügt also nicht, daß in *einem* Verfahren neben der bedingten gleichzeitig eine unbedingte Prozeßhandlung vorgenommen wird, vielmehr muß diesem Erfordernis hinsichtlich *jedes einzelnen Prozeßrechtsverhältnisses* entsprochen werden[49]. Dies ist bei einer eventuellen subjektiven Klagenhäufung aber gerade nicht der Fall, denn ob es überhaupt zu einer Entscheidung über die „Hilfsklage" kommt, hängt von der Entscheidung über die in erster Linie erhobene Klage und somit vom Ausgang eines anderen Prozesses ab. Vom Vorliegen einer sicheren Entscheidungsgrundlage und wenigstens einer unbedingten Prozeßhandlung kann also nur im Hinblick auf die primär erhobene Klage die Rede sein. Überdies läßt sich die Zulässigkeit der eventuellen subjektiven Klagenhäufung nicht allein mit dem Vorliegen einer sicheren Entscheidungsgrundlage rechtfertigen. Damit ist zwar eine Zulässigkeitsvoraussetzung erfüllt, die zu Recht im Interesse einer geordneten Rechtspflege gefordert wird. Außerdem müssen aber auch die Belange des Beklagten gebührend berücksichtigt werden. In seinem Interesse darf das Prozeßrechtsverhältnis nicht bedingt sein[50]. Dies lassen jedoch sowohl *Baumgärtel* als auch *Rosenberg*[51] außer acht. Ihr Einwand, daß den Beklagten im Falle einer eventuellen subjektiven Klagenhäufung nicht wesentlich mehr zugemutet werde als jedem Beklagten, da der Kläger auch sonst im Wege der Klagerücknahme die Rechtshängigkeit — und damit möglicherweise auch das Prozeßrechtsverhältnis — ohne weiteres zum Erlöschen bringen könne[52], überzeugt nicht. Einmal ist die Klagerücknahme grundsätzlich an die Einwilligung des Beklagten gebunden (§ 271 Abs. 1 ZPO). Eine einseitige Klagerücknahme ist nur in Ausnahmefällen möglich und bestätigt damit letztlich den Grundsatz, daß sich keine Partei dem Prozeßrechtsver-

---

[49] Die von *Baumgärtel* (Prozeßhandlung, S. 138) und *Rosenberg* (ZivilprozeßR, § 61 IV 2) aufgestellte Zulässigkeitsbeschränkung für bedingte Prozeßhandlungen erweist sich als unzureichend. Vgl. auch oben § 5 III 5 c.

[50] Vgl. oben § 5 III 5 b.

[51] *Rosenberg* (ZivilprozeßR, § 61 IV 3 b) rechtfertigt die Zulässigkeit der eventuellen subjektiven Klagenhäufung mit der Konstruktion der auflösend bedingten Rechtshängigkeit. Das reicht jedoch nicht aus, da im Gegensatz zur Auffassung des RG (Warn 1908 Nr. 670) die bedingte Rechtshängigkeit nicht der eigentliche Grund für die Unzulässigkeit ist.

[52] *Baumgärtel*, Prozeßhandlung, S. 131; *Rosenberg*, ZivilprozeßR, § 61 IV 3 b.

hältnis einseitig entziehen kann[53]. Zum anderen werden die Belange des Beklagten im Falle der einseitigen Klagerücknahme auch bei weitem nicht so stark beeinträchtigt wie bei einer eventuellen subjektiven Klagenhäufung. Während nämlich bei der eventuellen subjektiven Klagenhäufung über einen Zeitraum von mehreren Jahren die Ungewißheit bestehen kann, ob es hinsichtlich des abhängigen Prozeßrechtsverhältnisses überhaupt zu einer gerichtlichen Entscheidung kommt, ist die mit der Möglichkeit einer einseitigen Klagerücknahme verbundene Ungewißheit von vornherein zeitlich begrenzt bis zur Einlassung des Beklagten zur Hauptsache. Der Beklagte hat es somit selbst in der Hand, die Möglichkeit einer einseitigen Klagerücknahme alsbald auszuschließen und sich damit die Gewißheit zu verschaffen, daß das Prozeßrechtsverhältnis entgegen seinem Willen nur noch durch Urteil beendet werden kann.

Schließlich besteht für die Zulassung der eventuellen subjektiven Klagenhäufung auch kein praktisches Bedürfnis, zumal wenn man die Zulässigkeit auf solche Fälle beschränkt, in denen zwischen den mehreren Ansprüchen ein Ausschließlichkeitsverhältnis besteht[54]. Zwar ist sicherzustellen, daß ein Kläger, der von A oder B einen bestimmten Geldbetrag als Schadensersatz zu bekommen hat, diesen auch von einem der beiden in Frage kommenden Schuldner erhält, ohne beide gleichzeitig verklagen und damit von vornherein zumindest ein klagabweisendes Urteil in Kauf nehmen zu müssen. *Habscheid*[55] hat jedoch zu Recht geltend gemacht, daß das Gesetz hierfür bereits einen Weg weist, nämlich den der Streitverkündung (§ 72 ZPO)[56]. Der Kläger kann also sein berechtigtes Interesse daran, daß ihm nicht infolge zweier sich widersprechender Entscheidungen letztlich die Durchsetzbarkeit einer bestehenden Forderung verwehrt wird, dadurch wahren, daß er im Rechtsstreit gegen den Schuldner A dem Schuldner B den Streit verkündet[57], da dieser sich dann gemäß den §§ 74, 68 ZPO im Falle eines späteren Rechtsstreits mit dem Kläger nicht mehr auf die Unrichtigkeit der Entscheidung des vorangegangenen Rechtsstreits berufen kann.

---

[53] Vgl. *Baumbach-Lauterbach*, § 271 Anm. 2 D.

[54] So vor allem *Lang* (a.a.O., S. 72), aber wohl auch *Baumgärtel* (Prozeßhandlung, S. 130) und *Rosenberg* (ZivilprozeßR, § 61 IV 3 b).

[55] NJW 58, 833.

[56] Dies gilt um so mehr, falls bei der bevorstehenden Novellierung des Zivilprozeßrechts die Möglichkeit der Streitverkündung auf alle Fälle alternativer Haftung erweitert wird. Vgl. *Bruns*, JZ 69, 127 (130).

[57] Daß die Streitverkündung auch dann zulässig ist, wenn der Dritte wegen „desselben Schadens“ in Anspruch genommen wird, ist allgemein anerkannt. Vgl. RGZ 77, 360 (365); 130, 297 (299); BGHZ 8, 72 = NJW 53, 420 (421); *Stein-Jonas-Pohle*, § 72 III 2 a (Fußn. 14).

Es bleibt somit dabei, daß eine eventuelle subjektive Klagenhäufung unzulässig ist. Fraglich ist nur, wie zu verfahren ist, wenn dennoch eine solche Hilfsklage erhoben wird. Eine Abweisung der Klage als unzulässig kommt nur als ultima ratio in Betracht. Zuvor muß versucht werden, den Klageantrag so auszulegen, daß sich der vom Kläger verfolgte prozessuale Zweck tunlichst erreichen läßt. Dies wird zumeist auch möglich sein. Zwar darf man entgegen der Ansicht von *Kisch*[58] wohl nicht davon ausgehen, daß es sich um zwei *unbedingte* Klagen handelt, bei denen der Kläger von vornherein einräumt, daß nur eine von ihnen begründet sein kann. Für eine solche Auslegung ist kein Raum, weil der Kläger mit der Eventualstellung unzweideutig zum Ausdruck bringt, daß ihm an einer von der primären Klage unabhängigen Klage gegen den Zweitbeklagten nicht gelegen ist. Die hiermit verbundene notwendige Abweisung wenigstens einer Klage will er nach Möglichkeit vermeiden. Von zwei unbedingten Klagen kann daher nur dann ausgegangen werden, wenn der Kläger auf Hinweis des Gerichts, die Hilfsklage sei unzulässig und müsse deshalb abgewiesen werden, die Eventualstellung ausdrücklich aufgibt. Häufig wird aber die Hilfsklage gegen einen angeblichen weiteren Schuldner als eine zulässige Streitverkündung an diesen anzusehen und in diesem Sinne auszulegen sein[59]. Damit wird der mit der Eventualstellung verfolgte Zweck erreicht und dem Willen des Klägers entsprochen.

Abschließend ist zu klären, ob eine unzulässige subjektive Klagenhäufung auch dann vorliegt, wenn ein und dieselbe Person eventualiter als Träger oder Verwalter verschiedener haftungsmäßig getrennter Vermögensmassen in Anspruch genommen wird. Zu denken ist vor allem an eine Klage, die in erster Linie gegen den Beklagten in seiner Eigenschaft als Partei kraft Amtes, hilfsweise aber gegen ihn persönlich gerichtet ist.

Beurteilt man diese Fallgestaltung unter Berücksichtigung des für den Zivilprozeß maßgeblichen formellen Parteibegriffs nach seiner hergebrachten Definition, so muß breits das Vorliegen einer *subjektiven* Klagenhäufung verneint werden. Denn die Subjekte des Prozesses, die Personen, die Rechtsschutz begehren und gegen die Rechtsschutz begehrt wird, bleiben dieselben und erfahren durch die Eventualstellung keine Änderung[60]. Die eventuelle Antragsstellung führt demnach allenfalls zu einer objektiven Klagenhäufung. In neuerer Zeit ist man aber bestrebt, den Parteibegriff durch neue Anknüpfungspunkte zu ergänzen. Für die Bestimmung der Parteien soll nicht mehr allein entscheidend sein, wer wem gegenüber Rechtsschutz begehrt,

---

58 JW 36, 1255.

59 So mit Recht *Zöller-Degenhart*, § 60 Anm. 5 a.

60 So mit Recht *Henckel*, Parteilehre, S. 245.

sondern es soll auch darauf ankommen, für oder gegen welches Vermögen um Rechtsschutz nachgesucht wird[61]. Es wird daher vielfach die Ansicht vertreten, daß eine „Parteienmehrheit trotz Personeneinheit“[62] und somit auch eine subjektive Klagenhäufung vorliege, wenn ein Beklagter nicht nur als Partei kraft Amtes, sondern darüber hinaus auch persönlich in Anspruch genommen wird[63]. Ob und inwieweit die von dem streng formellen Parteibegriff abweichenden Auffassungen zu billigen sind, braucht jedoch nicht näher untersucht zu werden. Denn für die Frage der Zulässigkeit der hier behandelten Eventualstellung kann es nicht allein entscheidend sein, ob das Vorliegen einer Parteienhäufung im Rechtssinne bejaht wird oder nicht. Die Beantwortung dieser Frage muß vielmehr davon abhängen, welches die wesentlichen Unterschiede zwischen der zulässigen objektiven und der abzulehnenden subjektiven Eventualhäufung sind und welchem dieser beiden Fälle die vorliegende Eventualverbindung interessenmäßig und prozessual am nächsten kommt.

An einer eventuellen objektiven Klagenhäufung hat der Kläger regelmäßig dann ein Interesse, wenn er im Zweifel ist, ob und gegebenenfalls aufgrund welches tatsächlichen Lebensvorgangs ihm ein Anspruch gegen den Beklagten zusteht. Eine Unsicherheit in bezug auf den möglichen Anspruchsgegner besteht dagegen nicht. Anders ist es bei der eventuellen subjektiven Klagenhäufung. Hier ist die Ungewißheit, welche von mehreren in Frage kommenden Personen der richtige Anspruchsgegner ist, der entscheidende Anlaß für die Eventualstellung, nicht aber etwaige Zweifel hinsichtlich des Bestehens eines Anspruchs an sich. Unterscheiden sich somit die eventuelle objektive und subjektive Klagenhäufung vor allem darin, daß für die eine die Unsicherheit des Klägers hinsichtlich des Anspruchs, für die andere seine Unsicherheit hinsichtlich des Anspruchsgegners ursächlich ist, so muß man den Fall, daß die Eventualstellung im Hinblick auf die Verantwortlichkeit einer Person für mehrere haftungsmäßig selbständige Vermögensmassen gewählt wird, von der Interessenlage her der eventuellen objektiven Klagenhäufung gleichstellen. Über die subjektive Richtung seiner Ansprüche kann nämlich für den Kläger keine Ungewißheit bestehen, da als Anspruchsgegner hier nur ein und dieselbe Person in Betracht kommt, sei es nun in ihrer Eigenschaft als Privatperson oder als Partei kraft Amtes. Die Tatsache, daß der Beklagte

---

[61] Vgl. *de Boor* (S. 53), der die Befugnis zur Vermögensverwaltung als Grundlage für die Parteibestimmung ansieht (funktioneller Parteibegriff); *Henckel*, Parteilehre, S. 188; kritisch *Stein-Jonas-Pohle*, vor § 50 I 3.

[62] *Wieczorek*, § 50 B IV.

[63] So vor allem BGHZ 21, 285 (287); *Bötticher*, MDR 58, 330; *Blomeyer*, ZivilprozeßR, § 115 IV 1 a (S. 636 f.); vgl. aber auch *Henckel*, Parteilehre, S. 245 ff.

mehrere Vermögensmassen innehat oder verwaltet, wirkt sich aber in jedem Fall auf die Entstehung oder Qualifizierung des Anspruches selbst aus[64]. So wird zum Beispiel eine Schadensersatzklage, die auf eine durch Unterlassen begangene unerlaubte Handlung gestützt wird, unter Umständen nur dann Erfolg haben, wenn sie gegen den Beklagten in seiner Eigenschaft als Konkurs- oder Zwangsverwalter gerichtet ist, weil dem Beklagten möglicherweise nur in dieser Eigenschaft gegenüber dem Kläger eine Rechtspflicht zum Handeln oblag[65]. Die Möglichkeit der Eventualstellung erweist sich somit aus ähnlichen Gründen wie bei der objektiven Klagenhäufung als zweckmäßig und erforderlich. Hinzu kommt, daß der entscheidende Grund dafür, daß die eventuelle subjektive Klagenhäufung im Gegensatz zur eventuellen objektiven Klagenhäufung unzulässig ist, in dem durch die subjektive Eventualhäufung bewirkten bedingten Prozeßrechtsverhältnis zu erblicken ist. Für die Bestimmung der Subjekte des Prozeßrechtsverhältnisses ist aber allein der formelle Parteibegriff maßgebend, denn die aufgrund eines Prozeßrechtsverhältnisses entstehenden öffentlich-rechtlichen Pflichten können ihrem Wesen nach nur die *Personen* treffen, die Rechtsschutz begehren oder gegen die Rechtsschutz begehrt wird. Es ist insoweit unerheblich, für oder gegen welches Vermögen der Streit geführt wird. Eine Aufspaltung oder sogar eine Vervielfältigung der prozessualen Pflichten und Obliegenheiten entsprechend den von dem Rechtsstreit betroffenen Vermögensmassen wäre sinnlos, da durch die Handlungen ein und derselben Personen diese Pflichten nur insgesamt erfüllt oder nicht erfüllt werden können. Selbst wenn man also das Vorliegen einer Parteienhäufung bei identischen Prozeßsubjekten bejaht, so ist nur ein einheitliches Prozeßrechtsverhältnis gegeben[66]. Damit wird zugleich deutlich, daß der Bestand des Prozeßrechtsverhältnisses von der hier in Frage stehenden Eventualstellung nicht berührt wird, da im Rahmen des einen Prozeßrechtsverhältnisses wenigstens ein unbedingter Sachantrag gestellt wird. Die eventuelle Inanspruchnahme einer Person mit verschiedenen Vermögensmassen unterscheidet sich somit auch in prozessualer Hinsicht deutlich von der gewöhnlichen eventuellen subjektiven Klagenhäufung. Es bestehen daher keine Bedenken, in Fällen der „Parteienmehrheit trotz Personeneinheit" die Eventualstellung zuzulassen.

---

[64] Ähnlich auch *Henckel* (Parteilehre, S. 245 ff.), der deshalb im Gegensatz zu BGHZ 21, 285 (287) eine entsprechende Antragsänderung in erster Linie als Klageänderung und nicht als Parteiänderung ansieht und behandelt.

[65] Vgl. RGZ 97, 11 f.

[66] So im Ergebnis wohl auch *Henckel*, Parteilehre, S. 246 f.

§ 7 Eventualverhältnisse im Zusammenhang mit der Erledigung des Rechtsstreits in der Hauptsache

I. Die eventuelle Erklärung der Erledigung

In der Rechtslehre ist umstritten, zu welcher Art von Prozeßhandlung die Erledigungserklärung zu rechnen ist. Während zum Teil angenommen wird, es handele sich sowohl bei der übereinstimmenden wie bei der einseitigen Erledigungserklärung stets um eine *Bewirkungshandlung*[1], geht man wohl überwiegend davon aus, daß die einseitige Erledigungserklärung den Antrag enthalte, die Erledigung auszusprechen, und somit *Erwirkungshandlung* sei[2]. Die Unterscheidung verschiedener Prozeßhandlungen hat in der vorliegenden Arbeit vor allem eine Ordnungsfunktion. Sie dient dazu, eine gewisse systematische Prüfung der Zulässigkeit von Eventualverhältnissen zu ermöglichen. Allein aus der Einordnung der Prozeßhandlungen in verschiedene Kategorien sollen dagegen keine Schlußfolgerungen hinsichtlich der sachlichen Problematik gezogen werden. Der angedeutete Streit bedarf daher insoweit keiner Stellungnahme und Entscheidung. Vielmehr erscheint es hier in jedem Falle angebracht, das Institut der Erledigung im Zusammenhang und nicht etwa die übereinstimmende und die einseitige Erledigungserklärung entsprechend ihrer möglicherweise unterschiedlichen Rechtsnatur an verschiedenen Stellen zu behandeln.

1. *Die übereinstimmende Erledigungserklärung*

Zunächst gilt es zu klären, in welchen Fällen vom Vorliegen einer übereinstimmenden eventuellen Erledigungserklärung gesprochen werden kann, da bereits insofern Zweifel entstehen können. Auszugehen ist davon, daß durch die übereinstimmenden Erledigungserklärungen beider Parteien die Rechtshängigkeit der Hauptsache beendet wird, ohne daß es hierfür eines gerichtlichen Ausspruchs bedarf. Dies ergibt sich zwar nicht unmittelbar aus § 91 a ZPO, wird jedoch als selbstverständlich vorausgesetzt[3], da das Gericht nach dieser Vorschrift nur noch eine Kostenentscheidung zu treffen hat. Eine übereinstimmende eventuelle Erledigungserklärung liegt demnach immer dann vor, wenn die mit den beiderseitigen Erklärungen verbundene Wirkung von einer Bedingung abhängig gemacht wird, wenn also die Rechtshängig-

---

[1] So *Blomeyer*, ZivilprozeßR, § 64 I 3 a und JuS 62, 213; *Stein-Jonas-Pohle*, § 91 a II 4.

[2] *Habscheid*, Festschrift für *Lent*, S. 167 und JZ 63, 624; *Deubner*, JuS 62, 209; *Göppinger*, Erledigung, S. 40 ff. (49); *Schwab*, ZZP 72, 133 f.; *Thomas-Putzo*, § 91 a Anm. 7; *Zöller-Degenhart*, § 91 a Anm. B 1.

[3] *Blomeyer*, ZivilprozeßR, § 64 II; *Stein-Jonas-Pohle*, § 91 a II 2 a; *Deubner*, JuS 62, 205.

keit bei Eintritt der Bedingung[4] ohne weiteres erlischt. Dabei lassen sich zwei Fallgestaltungen unterscheiden: Einmal ist es möglich, daß nur *eine* der beiden Parteien die Erledigung bedingt erklärt[5], also zum Beispiel der Kläger trotz der Erledigungserklärung des Beklagten seinen bisherigen Sachantrag aufrechterhält, jedoch hilfsweise, das heißt für den Fall, daß das Gericht diesem Antrag nicht stattgeben würde, den Rechtsstreit in der Hauptsache für erledigt erklärt[6]. Zum anderen können die Erledigungserklärungen aber auch von *beiden* Parteien nur hilfsweise abgegeben werden. Dabei ist jedoch zu beachten, daß eine übereinstimmende Erledigungserklärung allein dann vorliegt, wenn die Parteien die Wirkung ihrer Erklärungen von dem Eintritt ein und desselben Ereignisses abhängig machen. Dies ist der Fall, wenn die Zweifel darüber, ob das Gericht den Eintritt eines die Hauptsache erledigenden Ereignisses als gegeben ansehen wird, die Eventualstellung beider Parteien veranlaßt haben. Bringen die Parteien dagegen — was in der Praxis weitaus häufiger vorkommen wird — die Erledigungserklärungen in Abhängigkeit zu ihren Hauptanträgen[7], so handelt es sich zwar um beiderseitige, niemals aber auch um übereinstimmende Erledigungserklärungen[8]. Da nämlich mit den Hauptanträgen beider Parteien einander ausschließende Ziele verfolgt werden, hat der Eintritt der von einer Partei gesetzten Bedingung notwendig den Ausfall der von der anderen Partei gesetzten Bedingung zur Folge, so daß stets nur eine Erledigungserklärung wirksam werden kann. Es handelt sich insoweit also lediglich um einseitige eventuelle Erledigungserklärungen.

Derartige Eventualverhältnisse dürfen nicht schon deshalb als unzulässig angesehen werden, weil die übereinstimmenden Erledigungserklärungen verfahrensgestaltende Prozeßhandlungen darstellen[9]. Daraus, daß infolge der Eventualstellung die Erledigungserklärungen erst und nur bei Bedingungseintritt wirksam werden, kann nämlich nicht ohne weiteres der Schluß gezogen werden, das Verfahren werde

---

[4] Bei der übereinstimmenden eventuellen Erledigungserklärung kann es sich nur um eine *aufschiebende* Bedingung handeln. Die Annahme einer auflösenden Bedingung würde nämlich zu dem dogmatisch unhaltbaren Ergebnis führen, daß die Rechtshängigkeit zunächst erlischt, bei Eintritt der Bedingung jedoch wieder auflebt.

[5] Vgl. BAG, AP Nr. 11 zu § 91 a ZPO; OVG Lüneburg, DÖV 60, 193.

[6] Vgl. hierzu OVG Lüneburg, DÖV 60, 193. Wenn *Göppinger* (DÖV 60, 194 f.) in seiner Anm. zu dieser Entscheidung die eventuelle Erledigungserklärung des Klägers zwar für zulässig hält, dennoch aber in jedem Fall den Erlaß eines Urteils für notwendig erachtet, so verkennt er offenbar, daß es sich hier um einen Fall einer übereinstimmenden eventuellen Erledigungserklärung handelt.

[7] Vgl. LG Ulm, ZZP 68, 465; OLG Neustadt, NJW 63, 1985.

[8] So im Ergebnis auch OLG Neustadt, NJW 63, 1985.

[9] So aber *Baumgärtel*, Prozeßhandlung, S. 199; LG Ansbach, NJW 54, 274.

mit einer unverträglichen Unsicherheit belastet. Die Unzulässigkeit läßt sich auch nicht damit begründen, daß der Hauptantrag einer Sachentscheidung bedürfe und somit für eine Erledigungserklärung und eine Kostenentscheidung nach § 91 a ZPO kein Raum mehr bleibe[10]. Einmal ist für eine übereinstimmende Erledigung erst dann kein Raum mehr, wenn bereits eine rechtskräftige Sachentscheidung ergangen ist[11]. Darüber hinaus wird man aber davon ausgehen müssen, daß die Parteien ihre Erledigungserklärungen nicht von einer förmlichen Entscheidung über ihren Hauptantrag, sondern lediglich von einer bestimmten Auffassung des Gerichts bezüglich der Zulässigkeit oder Begründetheit der Klage abhängig machen. Denn auch mit der nur hilfsweise erklärten Erledigung bringen die Parteien zum Ausdruck, daß ein für sie ungünstiges Urteil in jedem Fall vermieden werden soll.

Für die Frage der Zulässigkeit muß vielmehr entscheidend sein, ob die Hinzufügung einer Bedingung mit dem Sinn und Zweck des Instituts der Erledigung vereinbar ist oder nicht.

Soweit die Erledigung in § 91 a ZPO eine gesetzliche Regelung gefunden hat, wird zweierlei bezweckt: Einmal soll in den Fällen, in denen die Klage erst durch ein im Lauf des Verfahrens eingetretenes Ereignis unzulässig oder unbegründet geworden ist, die Möglichkeit einer gerechten und vor allem für den Kläger zumutbaren Kostenentscheidung geschaffen werden[12]. Würde man den Kläger nämlich in derartigen Situationen zwingen, entweder den Prozeß weiterzuführen und damit eine klagabweisende Entscheidung in Kauf zu nehmen oder die Klage — gegebenenfalls mit Zustimmung des Beklagten — zurückzunehmen, so hätte er in jedem Fall gemäß § 91 ZPO beziehungsweise § 271 Abs. 3 ZPO die Kosten des Rechtsstreits zu tragen. Dieses Ergebnis wird aber häufig unbillig sein, wenn die Klage zunächst einmal zulässig oder begründet war und somit ein berechtigter Anlaß für die Klageerhebung bestanden hatte. Zum anderen will § 91 a ZPO aber auch eine zeit- und arbeitskraftsparende Entscheidung herbeiführen[13]. Bei übereinstimmenden Erledigungserklärungen soll das Gericht von der Notwendigkeit, auf den Rechtsstreit näher eingehen zu müssen als es für die Kostenentscheidung erforderlich ist, befreit werden. Dementsprechend ist es nach heute herrschender Auffassung für die Wirksamkeit der Erledigungserklärungen völlig unerheblich und vom Gericht nicht nachzuprüfen, ob wirklich eine Erledigung in dem Sinne eingetreten ist, daß die früher zulässige oder begründete Klage durch

---

[10] So BGH, NJW 67, 564 (565); LG Köln, NJW 68, 1481 (1482).

[11] Vgl. *Stein-Jonas-Pohle*, § 91 a II 2 b; *Baumbach-Lauterbach*, § 91 a Anm. 2 B; *Thomas-Putzo*, § 91 a Anm. 5 a, ee; *Blomeyer*, ZivilprozeßR, § 64 II 2 S. 319.

[12] Vgl. hierzu *Stein-Jonas-Pohle*, § 91 a I 1; *Deubner*, JuS 62, 205.

[13] *Deubner*, JuS 62, 208; vgl. auch BAG, AP Nr. 11 zu § 91 a ZPO.

einen während des Prozesses eingetretenen Umstand gegenstandslos geworden ist[14]. Nur im Rahmen der Kostenentscheidung darf das Gericht die Frage, ob die Hauptsache sich wirklich erledigt hat, berücksichtigen[15].

Würde man eine einverständliche eventuelle Erledigungserklärung zulassen, so hätte dies zur Folge, daß das Gericht immer erst feststellen müßte, ob die Bedingung, unter der die Hauptsache für erledigt erklärt wird, eingetreten ist. Es müßte also — entsprechend der konkreten Fallgestaltung — prüfen, ob ein erledigendes Ereignis eingetreten ist und ob die Klage bis zu diesem Zeitpunkt zulässig oder begründet war, wofür unter Umständen sogar langwierige Beweisaufnahmen erforderlich werden könnten. Die Parteien hätten es damit in der Hand, das Gericht letztlich auch dann zu einer Prüfung und Entscheidung in der Hauptsache zu zwingen, wenn der Rechtsstreit ohne Urteil durch die übereinstimmend erklärte Erledigung beendet wird. Da das Gericht einer solchen Tätigkeit im Hinblick auf § 91 a ZPO aber gerade enthoben sein soll, erweist sich die Eventualstellung als unvereinbar mit dem Sinn und Zweck des Instituts der Erledigung[16]. Auch bei Berücksichtigung des Interesses, das die Parteien an der Zulässigkeit einer solchen Eventualstellung haben könnten, läßt sich ein anderes Ergebnis nicht rechtfertigen[17]. Zwar ist einzuräumen, daß die Zulässigkeit in Einzelfällen durchaus eine sachgerechtere und für eine Partei somit auch günstigere Kostenentscheidung ermöglichen würde. Verklagt zum Beispiel der Kläger den Beklagten auf Unterlassung und erklärt dieser den Rechtsstreit für erledigt, weil er das beanstandete Verhalten eingestellt habe, so wird der Kläger bei Zweifeln an der Richtigkeit dieser Behauptung seine Klage weiterverfolgen. Stellt das Gericht nun aber fest, daß die Hauptsache sich tatsächlich erledigt hat und wird die hilfsweise vom Kläger erklärte Erledigung als unzulässig angesehen, so muß die Klage abgewiesen werden. Der Kläger hat dann als Unterlegener nach § 91 ZPO die Kosten zu tragen, obwohl ein berechtigter Anlaß zur Klageerhebung bestanden hatte. Die-

---

[14] BGHZ 21, 298 (299) = NJW 56, 1517; OLG Köln, NJW 54, 1043; *Blomeyer*, ZivilprozeßR, § 64 II 1; *Rosenberg-Schwab*, § 133 II 1; *Baumbach-Lauterbach*, § 91 a Anm. 2 B; *Stein-Jonas-Pohle*, § 91 a I 4; *Deubner*, JuS 62, 206; *Habscheid*, Festschrift für *Lent*, S. 160 f.; a. A. OLG Frankfurt, NJW 53, 949 mit abl. Anm. v. *Schönke*.

[15] Dabei ist zwar streitig, ob im Hinblick auf die Kostenentscheidung neue Beweiserhebungen zulässig sind (vgl. hierzu *Göppinger*, Erledigung, S. 207 ff.; *Bernhardt*, ZivilprozeßR, § 41 IV 1; *Stein-Jonas-Pohle*, § 91 a II 3 b; *Thomas-Putzo*, § 91 a Anm. 10 a). Das Gericht kann jedoch in jedem Fall allein nach dem bisherigen Sach- und Streitstand entscheiden und *braucht* somit keine weiteren Beweise mehr zu erheben (*Blomeyer*, ZivilprozeßR, § 64 II 3 S. 320).

[16] So mit Recht auch BAG, AP Nr. 11 zu § 91 a ZPO; LG Ansbach, NJW 54, 274/275; vgl. auch *Donau*, MDR 57, 525.

[17] A. A. *Bergerfurth*, NJW 68, 531 f.

ser Umstand hätte dagegen bei einer Kostenentscheidung nach § 91 a ZPO zugunsten des Klägers berücksichtigt werden können. Gerade in derartigen Fällen würde die Zulässigkeit der eventuellen Erledigung aber auch zu einer ungerechtfertigten Benachteiligung derjenigen Partei führen, die den Rechtsstreit unbedingt für erledigt erklärt und damit das Risiko auf sich genommen hat, das nun einmal mit einer allein nach „billigem Ermessen unter Berücksichtigung des bisherigen Sach- und Streitstandes" zu treffenden Kostenentscheidung verbunden ist. Denn während — um bei dem angeführten Beispielsfall zu bleiben — der Kläger im für ihn ungünstigsten Fall mit der übereinstimmenden Erledigung des Rechtsstreits zu rechnen hat, eine Klagabweisung also ausgeschlossen ist, stellt die Erledigung die für den Beklagten günstigste Möglichkeit dar. Damit wird jedoch der Grundsatz der Waffengleichheit der Parteien verletzt[18], wonach das Risiko eines ungünstigen Prozeßausgangs von *beiden* Parteien getragen werden muß. Solange also eine Partei die Chance hat, ein obsiegendes Urteil zu erlangen, solange muß für sie auch die Möglichkeit des Unterliegens bestehen.

Eine übereinstimmende eventuelle Erledigungserklärung ist somit unzulässig[19]. Sie erzeugt keinerlei Wirkung[20], so daß das Gericht über die Hauptsache zu entscheiden hat. Eine Besonderheit besteht lediglich in dem Fall, daß allein der Beklagte die übereinstimmende Erledigungserklärung hilfsweise abgegeben hat. Ist diese Erklärung unwirksam, so erweist sich die Erledigungserklärung des Klägers nunmehr als eine einseitige. Das Gericht hat in diesem Fall durch Urteil darüber zu befinden, ob sich die Hauptsache erledigt hat[21].

2. *Die einseitige Erledigungserklärung*

Mit einer einseitigen Erledigungserklärung haben wir es zu tun, wenn nur eine der Parteien die Hauptsache für erledigt erklärt oder

---

[18] Dies muß sich *Bergerfurth* (NJW 68, 532 Ziff. 4) insoweit entgegenhalten lassen, als er die Zulässigkeit der Eventualstellung (des Beklagten) mit dem möglichen Kostenvorteil einer Partei (des Beklagten) rechtfertigen will.

[19] Ebenso — zumindest im Ergebnis — BGH, NJW 67, 564 (565); BAG, AP Nr. 11 zu § 91 a ZPO mit insoweit zust. Anm. v. *Schumann;* OLG Karlsruhe, NJW 64, 2067; LG Ansbach, NJW 54, 274; LG Köln, NJW 68, 1481 (1482); OVG Lüneburg, DÖV 60, 193; *Baumgärtel,* Prozeßhandlung, S. 199; *Stein-Jonas-Pohle,* § 91 a II 1 c; *Thomas-Putzo,* § 91 a Anm. 6; *Donau,* MDR 57, 526 (Fußn. 12); *Göppinger,* Erledigung, S. 83, der allerdings in Einzelfällen zum entgegengesetzten Ergebnis gelangt (vgl. DÖV 60, 194 f.), da er die Fälle einseitiger und übereinstimmender eventueller Erledigung nicht scharf genug trennt. A. A. OLG Düsseldorf, MDR 57, 368 f. und *Bergerfurth,* NJW 68, 432, der ebenfalls die verschiedenen Fallgestaltungen nicht genügend auseinanderhält.

[20] Die Erklärung darf nicht ohne weiteres als unbedingte angesehen werden. So aber zum Teil *Donau,* MDR 57, 526 (Fußn. 12).

[21] So mit Recht OLG München, NJW 64, 2067; LG Köln, NJW 68, 1481.

wenn zwar beiderseitige, nicht aber auch *übereinstimmende* Erledigungserklärungen[22] vorliegen.

Mit der überwiegenden Meinung ist davon auszugehen, daß allein der einseitigen Erledigungserklärung des Klägers eine eigenständige Bedeutung in dem Sinne zukommt, daß der Rechtsstreit durch eine Entscheidung, die die Erledigung der Hauptsache feststellt, beendet werden kann[23]. Dies läßt sich überzeugend begründen, sofern man die einseitige Erledigungserklärung als Klageänderung[24] oder als eine privilegierte Form der Klagerücknahme[25] auffaßt, da sowohl die Bestimmung des Streitgegenstandes als auch die Möglichkeit einer Klagerücknahme allein dem Kläger zusteht. Darüber hinaus besteht für die Zulassung einer einseitigen Erledigungserklärung des Beklagten aber auch kein Bedürfnis. Solange der Kläger aus der Erledigung der Hauptsache keine Folgerungen zieht, werden die Belange des Beklagten dadurch gewahrt, daß er nach wie vor die Abweisung der Klage beantragen kann[26]. Es ist entgegen *Schwab*[27] auch weder angängig noch erforderlich, dem Beklagten eine derartige prozessuale Befugnis im Interesse des Klägers einzuräumen. Denn einmal hat nach der in der ZPO getroffenen Interessenbewertung jede Partei ihre Interessen allein zu wahren[28], zum anderen kann der Kläger das von *Schwab* zu Recht als unbillig empfundene Ergebnis, daß seine Klage abgewiesen werden müßte, obgleich sie bisher begründet war, durch eine Erledigungserklärung vermeiden. Es ist nicht einzusehen, warum dem Kläger das Risiko einer nachteiligen Kostenentscheidung auch dann genommen werden sollte, wenn er von der eigens zur Vermeidung kostenrechtlicher Unbilligkeiten geschaffenen Möglichkeit, die Hauptsache für erledigt zu erklären, bewußt keinen Gebrauch macht[29]. Die

---

[22] Vgl. oben § 7 I 1 (bei Fußn. 8).

[23] So BGH, JZ 61, 127; *Bernhardt*, ZivilprozeßR, § 41 IV 3; *Blomeyer*, ZivilprozeßR, § 64 I; *Deubner*, JuS 62, 208 (Fußn. 34); *Donau*, MDR 57, 526; *Habscheid*, Festschrift für *Lent*, S. 171 f. und JZ 63, 624 f.; *Baumbach-Lauterbach*, § 91 a Anm. 2 D; *Stein-Jonas-Pohle*, § 91 a IV; *Thomas-Putzo*, § 91 a Anm. 8; *Zöller-Degenhart*, § 91 a Anm. B; a. A. *Göppinger*, Erledigung, S. 77 ff.; *Schwab*, ZZP 72, 134 f.

[24] So z. B. *Habscheid*, Festschrift für *Lent*, S. 167 und JZ 63, 625; *Thomas-Putzo*, § 91 a Anm. 2 c und 7; *Zöller-Degenhart*, § 91 a Anm. B.

[25] So *Blomeyer*, JuS 62, 213 und ZivilprozeßR, § 64 I; *Stein-Jonas-Pohle*, § 91 a II 4 und IV.

[26] *Deubner*, JuS 62, 208 (Fußn, 34) — Entgegen einer verbreiteten Ansicht (z. B. BAG, AP Nr. 11 zu § 91 a ZPO mit insoweit abl. Anm. v. *Schumann*; BVerwG, NJW 65, 1035; KG, NJW 65, 698 f.) ist für den Klagabweisungsantrag kein besonderes rechtliches Interesse des Beklagten erforderlich (BGH, NJW 69, 237; *Blomeyer*, JuS 62, 212; *Bernhardt*, ZivilprozeßR, § 41 IV 2 b; *Habscheid*, JZ 63, 626 f.; *Stein-Jonas-Pohle*, § 91 a III 2; *Zöller-Degenhart*, § 91 a Anm. B 2).

[27] ZZP 72, 135.

[28] So mit Recht *Habscheid*, JZ 63, 624.

[29] Dabei soll nicht verkannt werden, daß gerade im Falle einer Unter-

einseitige Erledigungserklärung des Beklagten erweist sich somit als unzulässig[30]. Damit stellt sich auch das Problem der Zulässigkeit einer einseitigen eventuellen Erledigungserklärung allein bei der einseitigen Erklärung des *Klägers*, so daß sich die folgenden Ausführungen hierauf beschränken können.

Die einseitige Erledigungserklärung ist im Gesetz nicht besonders geregelt. Es ist deshalb nicht verwunderlich, wenn ihre rechtliche Einordnung sowie die sich hieraus ergebenden Schlußfolgerungen hinsichtlich des Verfahrens nach wie vor heftig umstritten sind[31]. Weitgehende Übereinstimmung besteht aber wenigstens insoweit, als es zu einer Beendigung des Rechtsstreits ohne eine Entscheidung zur Hauptsache nur dann kommen kann, wenn sich die Hauptsache tatsächlich erledigt hat. Das Gericht darf die Erledigung der Hauptsache also nur dann aussprechen, wenn es sich davon überzeugt hat, daß die Klage ursprünglich zulässig oder begründet war und das erledigende Ereignis eingetreten ist[32]. Der Gegenmeinung, die lediglich die Prüfung des erledigenden Ereignisses für erforderlich hält[33], kann nicht gefolgt werden. Die einseitige Erledigung kann allein zu dem Zweck zugelassen werden, um eine dem Veranlassungsprinzip entsprechende Kostenentscheidung zu erreichen. Nur soweit es dieser Zweck erfordert, ist eine Einschränkung des dem Beklagten grundsätzlich eingeräumten Rechts auf Abweisung einer unbegründeten Klage (vgl. § 271 ZPO) möglich[34]. Im Gegensatz zur übereinstimmenden Erledigung darf der einseitigen Erledigung dagegen keine prozeßökonomische Bedeutung

---

lassungsklage, bei der das Fortbestehen der Wiederholungsgefahr zweifelhaft wird (so das Ausgangsbeispiel von *Schwab*, ZZP 72, 135), die Entscheidung für den Kläger sehr schwierig wird, ob er seinen Klageantrag aufrechterhalten oder die Hauptsache für erledigt erklären soll. Diese Schwierigkeiten lassen sich jedoch bei geschickter Prozeßleitung und vernünftiger Handhabung der richterlichen Aufklärungspflicht (§ 139 ZPO) weitgehend beheben. Zudem bestehen ähnliche Schwierigkeiten oftmals auch schon bei der allein vom Kläger zu entscheidenden Frage, ob er überhaupt eine Unterlassungsklage erheben soll, ohne daß ihm hierbei das Kostenrisiko abgenommen wird.

[30] Die einseitige Erledigungserklärung stellt lediglich das Vorbringen einer weiteren Einwendung des Beklagten dar, vgl. *Stein-Jonas-Pohle*, § 91 a IV.

[31] Einen Überblick über den Meinungsstand gibt *Habscheid*, JZ 63, 624 ff.

[32] So BGH, NJW 69, 237; *Blomeyer*, ZivilprozeßR, § 64 I; *Lent-Jauernig*, ZivilprozeßR, § 42 VI 2; *Deubner*, JuS 62, 210; *Habscheid*, JZ 63, 625; *Stein-Jonas-Pohle*, § 91 a III 2; *Thomas-Putzo*, § 91 a Anm. 7; *Zöller-Degenhart*, § 91 a Anm. B 2.

[33] *Göppinger*, Erledigung, S. 69; *Schwab*, ZZP 72, 129. So zum Teil auch die abzulehnende, in der Rechtsprechung (BAG, AP Nr. 11 zu § 91 a ZPO; KG, NJW 65, 698 f.; OLG Hamburg, NJW 70, 762 f.) vertretene Ansicht, nach der auf die Frage der ursprünglichen Zulässigkeit und Begründetheit der Klage nur einzugehen ist, wenn der Beklagte ein rechtliches Interesse an der von ihm erstrebten Klagabweisung hat (vgl. oben Fußn. 26).

[34] So mit Recht *Deubner*, JuS 62, 210.

beigemessen werden[35], die ein Eingehen auf die ursprüngliche Begründetheit der Klage verbieten würde. Denn könnte der Kläger ohne den Nachweis besonderer Voraussetzungen die Feststellung der Erledigung erreichen, so würde dem Beklagten nicht nur die Möglichkeit verwehrt, ein abweisendes Urteil zu erreichen, sondern darüber hinaus könnte auch die Kostenentscheidung sehr leicht zu seinen Ungünsten ausfallen, da diese nur aufgrund des bisherigen Sach- und Streitstandes und somit ohne vollständige Sachaufklärung getroffen werden könnte[36]. Das Interesse des Beklagten an einer der wirklichen Rechtslage entsprechenden Kostenentscheidung darf aber nicht außer acht gelassen werden. Es gebietet, daß der Rechtsstreit nur dann durch die Feststellung der Erledigung beendet wird, wenn die Klage überhaupt einmal zulässig oder begründet war. Im Falle der einseitig erklärten Erledigung muß sich das Gericht also stets mit der Hauptsache befassen. Stellt der Kläger in erster Linie seinen bisherigen Sachantrag und erklärt er die Hauptsache nur hilfsweise für erledigt, so wird das Gericht durch diese Eventualstellung — anders als bei einer eventuellen übereinstimmenden Erledigungserklärung — keineswegs zu Prüfungen gezwungen, die sich für den Fall der späteren Beendigung des Rechtsstreits im Wege eines die Erledigung der Hauptsache feststellenden Urteils als überflüssig und zugleich als mit dem Sinn und Zweck der einseitigen Erledigung unvereinbar erweisen würden. Ebensowenig wird dem Kläger durch die eventuelle einseitige Erledigung eine prozessuale Befugnis eingeräumt, mit der er zum Nachteil des Beklagten das Risiko einer klagabweisenden Entscheidung ausschalten kann. Erweist sich die Klage nämlich als von Anfang an unzulässig oder unbegründet, so muß sie selbst im Falle einer unbedingten einseitigen Erledigungserklärung abgewiesen werden[37]. Gegen die Zulässigkeit einer eventuellen einseitigen Erledigungserklärung bestehen somit keine Bedenken[38].

---

[35] Dies verkennt *Schwab* (ZZP 72, 140), der daher — von seinem Standpunkt aus folgerichtig — zu dem Ergebnis kommt, daß es mit dem Zweck der Erledigung unvereinbar ist, wenn nur wegen der Kostenentscheidung der Streit über die Erledigung zum Streit über die Hauptsache erhoben wird. Kritisch hierzu *Blomeyer*, JuS 62, 214 f.

[36] Ebenso *Deubner*, JuS 62, 210 f.; *Blomeyer*, JuS 62, 215; *Habscheid*, JZ 63, 630.

[37] H. M., vgl. *Deubner*, JuS 62, 211; *Habscheid*, Festschrift für *Lent*, S. 170; *Stein-Jonas-Pohle*, § 91 a III 2. Ebenso *Schwab* (ZZP 72, 129) für den Fall, daß das *Erledigungsereignis* bereits vor Rechtshängigkeit eingetreten ist.

[38] So auch im Ergebnis RGZ 118, 73 (75); BVerwG, JZ 69, 262; OLG Neustadt, NJW 63, 1985; OLG Stuttgart, ZZP 68, 462 (463); LG Ulm, ZZP 68, 465 (466) mit Anm. v. *Göppinger*; *Rosenberg*, ZivilprozeßR, § 74 III 4; *Thomas-Putzo*, § 91 a Anm. 4 b, bb; *Zöller-Degenhart*, § 91 a Anm. B 1; *Bergerfurth*, NJW 68, 531; *Donau*, MDR 57, 526; *Göppinger*, Erledigung, S. 64; *Habscheid*, Festschrift für *Lent*, S. 173 (*Habscheid*, JZ 63, 631, geht aller-

Zweifelhaft bleibt allerdings, wie derartige Fälle prozessual zu behandeln sind. Es stellt sich insbesondere die Frage, ob das Gericht den Hauptantrag des Klägers abweisen muß, wenn es im Hinblick auf sein Hilfsvorbringen den Rechtsstreit in der Hauptsache für erledigt erklären will. Für die Beantwortung dieser Frage ist es von entscheidender Bedeutung, ob man der vor allem von *Habscheid*[39] vertretenen Rechtsansicht folgt, nach der die einseitige Erledigungserklärung eine Klageänderung darstellt, durch die anstelle des bisherigen Streitgegenstandes ein neues Feststellungsbegehren geltend gemacht wird. Handelt es sich nämlich um verschiedene Streitgegenstände und somit im Falle einer hilfsweisen Erledigungserklärung um eine eventuelle objektive Klagenhäufung, so bedarf es zur Beendigung des Rechtsstreits einer Entscheidung hinsichtlich jedes einzelnen prozessualen Anspruchs[40]. Es ist demzufolge nur konsequent, wenn neben der Feststellung der Erledigung zugleich die Abweisung der Klage hinsichtlich des Hauptantrages erfolgen muß[41]. Allerdings macht dieses Ergebnis auch deutlich, daß die Klageänderungstheorie letztlich dem Sinne und Zweck der Erledigung nicht gerecht wird. Wie bereits ausgeführt, soll in den Fällen, in denen sich die Hauptsache durch ein im Laufe des Rechtsstreits eingetretenes Ereignis erledigt hat, die sonst zur Beendigung des Rechtsstreits notwendige Klagabweisung gerade vermieden und damit eine dem Veranlassungsprinzip entsprechende Kostenentscheidung ermöglicht werden. Dieses Ziel läßt sich nur erreichen, wenn im Falle der Feststellung der Erledigung die mit der Klage gestellte Rechtsschutzbitte unbeschieden bleibt. Die einseitige Erledigungserklärung kann demnach nicht dazu führen, daß der bisherige Streitgegenstand verändert oder neben diesem ein weiterer prozessualer Anspruch in den Prozeß eingeführt wird[42]. Vielmehr ist sie lediglich darauf gerichtet, die Beendigung des Rechtsstreits durch die Feststellung der Gegenstandslosigkeit des mit der Klage erhobenen Begehrens herbeizuführen[43]. Der gerichtliche Ausspruch, daß die Hauptsache erledigt

---

dings zu weit, wenn er den einseitigen Erledigungsantrag grundsätzlich als eventualiter gestellt ansehen möchte. Eine solche Interpretation ist mit § 308 ZPO nicht zu vereinbaren.); a. A. BVerwG, DVBl 61, 40 f.; VGH München, NJW 68, 125 f.; *Eyermann-Fröhler*, § 161 Rdnr. 6.

[39] Festschrift für *Lent*, S. 167 ff. und JZ 63, 625; ebenso *Schönke-Schröder-Niese*, § 70 I; *Thomas-Putzo*, § 91 a Anm. 7; *Zöller-Degenhart*, § 91 a Anm. B.

[40] Vgl. auch *Deubner* (JuS 62, 209), der zu Recht darauf hinweist, daß das Problem der Beendigung des Rechtsstreits bei einseitiger Erledigungserklärung nicht allein durch die Annahme einer Klageänderung zu lösen ist.

[41] So *Habscheid*, Festschrift für *Lent*, S. 173; LG Ulm, ZZP 68, 465 mit insoweit abl. Anm. v. *Göppinger*.

[42] Zur eingehenden Kritik an der Klageänderungstheorie vgl. *Göppinger*, Erledigung, S. 30 ff. (32 f.); *Schwab*, ZZP 72, 130 ff.

[43] Vgl. *Deubner*, JuS 62, 209. — Eine genaue Bestimmung der Rechtsnatur der einseitigen Erledigungserklärung ist im Rahmen dieser Arbeit weder möglich noch erforderlich.

ist, und die Entscheidung zur Hauptsache, die der Klage stattgibt oder sie abweist, schließen einander aus und können deshalb niemals gleichzeitig in derselben Sache ergehen. Kommt daher das Gericht bei der Prüfung des Hauptantrages zu dem Ergebnis, daß der Klage nicht stattgegeben werden kann, so ist eine Klagabweisung nicht möglich, sofern entsprechend der hilfsweise abgegebenen Erklärung des Klägers die Hauptsache für erledigt erklärt werden kann[44].

II. Eventuelle Anträge neben der primär erklärten Erledigung

Häufig kommt es vor, daß der Kläger im Laufe eines Rechtsstreits die Hauptsache für erledigt erklärt, hilfsweise aber seinen bisherigen Sachantrag aufrechterhält. Schließt sich der Beklagte dieser Erledigungserklärung an, so ist der Fall des § 91 a ZPO gegeben. Der hilfsweise gestellte Sachantrag wird damit gegenstandslos und das Gericht hat nur noch durch Beschluß über die Kosten des Rechtsstreits zu entscheiden. Dem Hilfsantrag des Klägers kommt somit allein im Falle einer einseitigen Erledigungserklärung Bedeutung zu. Gerade hier erweist er sich aber auch als zweckmäßig und empfehlenswert, weil der Kläger ohne diesen Hilfsantrag dem Risiko einer Klagabweisung ausgesetzt sein könnte. Kommt das Gericht nämlich entgegen der Auffassung des Klägers zu dem Ergebnis, daß kein erledigendes Ereignis eingetreten ist, so muß es die Klage selbst dann abweisen, wenn diese nach wie vor zulässig und begründet ist[45]. Mit Recht wird daher die Zulässigkeit eines solchen Hilfsantrages nicht nur allgemein anerkannt[46], sondern das Gericht darüber hinaus gemäß § 139 ZPO sogar für verpflichtet gehalten, in Zweifelsfällen die hilfsweise Aufrechterhaltung des Sachantrages anzuregen[47]. Auch in diesen Fällen muß die Entscheidung stets eine einheitliche sein: Hat sich die Hauptsache erledigt, so ist dies durch Urteil festzustellen, der Hilfsantrag bleibt dann unbeschieden. Ist dagegen die Erledigungserklärung unbegründet, der Hilfsantrag aber begründet, dann ist der Klage stattzugeben, ohne daß daneben eine Abweisung im Hinblick auf die in erster Linie er-

---

[44] So auch OLG Stuttgart, ZZP 68, 462 f.; OLG Neustadt, NJW 63, 1985; *Göppinger,* Erledigung, S. 121 f. und ZZP 68, 467 f.; *Bergerfurth,* NJW 68, 531.

[45] Ganz h. M.; vgl. RGZ 156, 372 (376); BGH, NJW 65, 1597; *Stein-Jonas-Pohle,* § 91 a III 2; a. A. *Deubner* (JuS 62, 210 f.), der auch in diesem Fall die Feststellung der Erledigung für möglich hält.

[46] RGZ 156, 372 (375); BGH, NJW 65, 1597 f.; VGH München, NJW 68, 125 (126); *Baumbach-Lauterbach,* § 91 a Anm. 2 A; *Bergerfurth,* NJW 68, 530; *Göppinger,* Erledigung, S. 122 Fußn. 10; *Stein-Jonas-Pohle,* § 91 a III 2; a. A. *Wieczorek,* § 91 a Anm. A II a 1 und § 253 Anm. G III d 2.

[47] RG, JW 39, 169 (170); *Bergerfurth,* NJW 68, 530.

klärte Erledigung erfolgen darf[48]. Hierin ist eine weitere Bestätigung dafür zu sehen, daß die Erledigungserklärung keinen Einfluß auf die Bestimmung des Streitgegenstandes hat.

Auch dem Beklagten kann unbedenklich gestattet werden, neben einer einseitigen Erledigungserklärung hilfsweise Klagabweisung zu beantragen[49]. Fraglich ist jedoch, ob einem solchen Hilfsantrag überhaupt Bedeutung zukommt. Dies ist für das erstinstanzliche Verfahren zu verneinen. Die einseitige Erledigungserklärung des Beklagten führt niemals dazu, daß das Verfahren durch eine die Erledigung feststellende Entscheidung beendet wird[50]. Die Klage ist vielmehr, falls sie sich als unzulässig oder unbegründet erweist, abzuweisen, ohne daß es hierfür eines auch nur hilfsweise gestellten Abweisungsantrages bedarf[51].

Anders verhält es sich im Rechtsmittelverfahren, sofern der Beklagte Rechtsmittelkläger ist. Nach heute allgemein anerkannter Rechtsprechung ist ein Rechtsmittel als unzulässig zu verwerfen, wenn nach Einlegung des Rechtsmittels eine Verminderung der Rechtsmittelsumme unter die an sich erforderliche Grenze eintritt und dies auf einer willkürlichen Beschränkung des Rechtsmittels beruht[52]. An einer solchen willkürlichen Beschränkung fehlt es nach Auffassung des Bundesgerichtshofs[53] jedoch dann, wenn der Rechtsmittelkläger neben seiner Erklärung, die Hauptsache sei erledigt, wenigstens hilfsweise die Abweisung der Klage unter Aufhebung der angefochtenen Entscheidung beantragt. Dem neben der Erledigungserklärung gestellten Hilfsantrag des Beklagten kommt also insoweit Bedeutung zu, als er für die Frage maßgebend ist, ob der Beschwerdegegenstand noch die Rechtsmittelsumme erreicht, und somit eine Überprüfung des Rechtsmittels auf seine Begründetheit ermöglicht[54].

§ 8 Eventuelle Prozeßanträge

I. Allgemeines zur Zulässigkeit

Prozeßanträge zielen darauf ab, das bei der Urteilsfindung zu beobachtende Verfahren zu beeinflussen. Die Entscheidungen, die aufgrund solcher Anträge zu treffen sind, gehen daher dem streitbeendenden

---

[48] So mit Recht VGH München, NJW 68, 125 (126); *Bergerfurth*, NJW 68, 531; *Göppinger*, Erledigung, S. 122 Fußn. 10; a. A. offenbar *Thomas-Putzo*, § 91 a Anm. 7 a, aa.
[49] Vgl. hierzu *Bergerfurth*, NJW 68, 532.
[50] Vgl. oben § 7 I 2 (bei Fußn. 23).
[51] Vgl. *Thomas-Putzo*, § 91 a Anm. 8.
[52] RGZ 168, 355 (360); BGH, NJW 65, 761; 66, 598; 67, 564 f.; *Bernhardt*, ZivilprozeßR, § 49 III 2 (S. 279 f.); *Blomeyer*, ZivilprozeßR, § 97 II 5 b; *Stein-Jonas-Grunsky*, Allg. Einl. II 2 d, bb vor § 511.
[53] NJW 67, 564 (565).
[54] Ebenso *Bergerfurth*, NJW 68, 532.

Endurteil entweder voraus[1] oder erfolgen gemeinsam[2] mit diesem. Auf die eigentliche Sachentscheidung sowie auf den Fortbestand des Prozeßrechtsverhältnisses haben sie keinen unmittelbaren Einfluß. Bestehen gegen die Zulässigkeit eventueller Sachanträge grundsätzlich keine Bedenken[3], so muß dies also erst recht für die Vornahme eventueller Prozeßanträge gelten. Es ist demnach ohne weiteres zulässig, daß zum Beispiel der Kläger im Falle der Säumnis des Beklagten in erster Linie eine Entscheidung nach Aktenlage (§ 331 a ZPO), hilfsweise aber — falls dem Gericht der Sachverhalt für eine derartige Entscheidung nicht hinreichend geklärt erscheint — den Erlaß eines Versäumnisurteils (§ 331 ZPO) beantragt[4]. Zu beachten ist allerdings, daß ein Prozeßantrag niemals in Abhängigkeit zu dem mit der Klage geltend gemachten Sachantrag gebracht werden kann; der Antrag auf Erlaß eines Versäumnisurteils darf also nicht etwa für den Fall gestellt werden, daß die nach der Aktenlage zu treffende Sachentscheidung für den Kläger ungünstig ausfällt[5]. Denn mit der einmal getroffenen Sachentscheidung wird der hilfsweise gestellte Prozeßantrag gegenstandslos[6]. Ansonsten bewirken auch diese Eventualverhältnisse, daß das Gericht bei der Prüfung und Bescheidung der Prozeßanträge an die von den Prozeßparteien vorgegebene Reihenfolge gebunden ist. Es hat also immer erst über den primär gestellten Prozeßantrag zu entscheiden, ohne Rücksicht darauf, daß eine selbständige Anfechtung dieser Entscheidung vielfach gesetzlich ausgeschlossen (zum Beispiel §§ 276 Abs. 2, 336 Abs. 2 ZPO) oder im Hinblick auf die §§ 512, 548 ZPO nicht möglich ist, und somit bei sofortiger Stattgabe des Hilfsantrages unter Übergehen des Hauptantrages oftmals keine Sanktion erfolgen kann[7].

II. Der eventuelle Antrag auf Erlaß eines Anerkenntnisurteils

Im Zusammenhang mit der Problematik eventueller Prozeßanträge verdient der Antrag auf Erlaß eines Anerkenntnisurteils (§ 307 ZPO)[8]

---

[1] Z. B. Aussetzungs-, Verweisungs- und Beweisbeschlüsse.

[2] Z. B. die eine Beweiserhebung ablehnende oder dem Prozeßantrag auf Erlaß eines Versäumnisurteils stattgebende Entscheidung.

[3] Vgl. die obigen Ausführungen zu § 5.

[4] RG, DJZ 24, 828; *Baumbach-Lauterbach*, § 331 a Anm. 1; *Thomas-Putzo*, § 331 a Anm. 1 b.

[5] So mit Recht *Baumbach-Lauterbach*, § 331 a Anm. 1.

[6] Insoweit zutreffend VGH Kassel (NJW 67, 2174) hinsichtlich des hilfsweise gestellten Verweisungsantrags (vgl. hierzu auch *Kion*, NJW 68, 268 f.).

[7] Beispiel: Erläßt das Gericht ein Versäumnisurteil, ohne entsprechend dem Hauptantrag des Klägers zunächst zu prüfen, ob eine Entscheidung nach Lage der Akten überhaupt zulässig war, so hat der Kläger keine Möglichkeit, dieses fehlerhafte Verhalten — das Gericht hätte den Antrag auf Entscheidung nach Aktenlage durch Beschluß zurückweisen müssen — erfolgreich zu rügen.

[8] Da der in § 306 ZPO geregelte Verzicht das prozessuale Gegenstück zum

besondere Beachtung. Hierbei handelt es sich entgegen einer neuerdings vertretenen Rechtsansicht um einen reinen Prozeßantrag[9], da er lediglich bewirkt, daß über den bereits gestellten Sachantrag aufgrund eines besonderen Verfahrens, das heißt ohne Prüfung des Streitstoffes und ohne materielle Rechtsanwendung entschieden wird. Dies zeigt sich besonders deutlich, wenn das Anerkenntnis unwirksam ist und demzufolge der Antrag nach § 307 ZPO durch Zwischenurteil[10] zurückgewiesen werden muß. Wäre der Antrag auf Anerkenntnisurteil nichts anderes als die Wiederholung des ursprünglich gestellten Sachantrages[11], so würde mit einem solchen Zwischenurteil auch der Klageantrag zurückgewiesen. Es könnte also mangels eines Sachantrages kein kontradiktorisches Urteil mehr ergehen, was im Falle der Unwirksamkeit des Anerkenntnisses jedoch nicht nur zulässig, sondern geradezu geboten ist[12].

Wird der Antrag auf Anerkenntnisurteil nur hilfsweise gestellt, so bestehen gegen die prozessuale Zulässigkeit einer solchen Antragstellung keine Bedenken. Denn der Prozeßantrag wird nicht etwa von einer Entscheidung über den Klageantrag abhängig gemacht, wie dies auf den ersten Blick den Anschein hat. Vielmehr wird das Anerkenntnisurteil lediglich für den Fall beantragt, daß dem in erster Linie (stillschweigend) gestellten Prozeßantrag, das Urteil aufgrund eines streitigen Verfahrens zu erlassen, nicht entsprochen werden kann. Es wird also ein Abhängigkeitsverhältnis zwischen mehreren Prozeßanträgen hergestellt.

Zweifelhaft bleibt jedoch, ob einer solchen Eventualstellung überhaupt Bedeutung zukommt. Dies ist nur dann der Fall, wenn wenigstens die theoretische Möglichkeit besteht, daß der in erster Linie gestellte Antrag Erfolg haben kann, da andernfalls die Entscheidung über diesen Antrag von vornherein feststeht, und somit der Hilfsantrag von gar keiner echten Bedingung abhängig gemacht wird. Dabei ist

---

Anerkenntnis darstellt und sich damit grundsätzlich die gleichen Problemstellungen ergeben (vgl. *Nikisch*, ZivilprozeßR, § 66 III 1; *Rosenberg*, ZivilprozeßR, § 131 II 1), gelten die folgenden Ausführungen entsprechend auch für den Antrag auf Erlaß eines Verzichtsurteils, soweit nicht in den folgenden Fußnoten auf Abweichungen hingewiesen wird.

[9] So die h. M., vgl. *Nikisch*, ZivilprozeßR, § 66 II 3; *Rosenberg*, ZivilprozeßR, § 131 I 5 b; *Baumbach-Lauterbach*, § 307 Anm. 3 B; *Thomas-Putzo*, § 297 Anm. 1 b; *Wieczorek*, § 306 Anm. C II b; *Knöpfel*, ZZP 68, 454; *Kempf*, ZZP 73, 351; LG Stuttgart, ZZP 69, 418 f.; a. A. *Zöller-Stephan*, § 297 Anm. 1 (gleichzeitig Sach- und Prozeßantrag); BGHZ 10, 333 (336); *Blomeyer*, ZivilprozeßR, § 62 II 2 a; *Rosenberg-Schwab*, § 134 IV 5 b (Sachantrag).

[10] *Blomeyer*, ZivilprozeßR, § 62 III 3 a; *Rosenberg*, ZivilprozeßR, § 131 I 5 a; *Baumbach-Lauterbach*, § 307 Anm. 3 C; *Thomas-Putzo*, § 307 Anm. 3 b.

[11] So BGHZ 10, 333 (336); *Blomeyer*, ZivilprozeßR, § 62 II 2 a; hiergegen vor allem *Knöpfel*, ZZP 68, 454 ff.

[12] So bereits *Knöpfel*, ZZP 68, 455; *Kempf*, ZZP 73, 351.

zunächst zu unterscheiden, ob hinsichtlich der Wirksamkeit des Anerkenntnisses Zweifel bestehen. Ist dies der Fall und ist demzufolge auch ungewiß, ob ein streitmäßiges Sachurteil oder ein Anerkenntnisurteil ergehen kann, so ist es durchaus sinnvoll, wenn dieser Ungewißheit durch die Stellung eines Hilfsantrages Rechnung getragen wird. Sofern der Kläger also der Meinung ist, es liege kein wirksames Anerkenntnis vor, scheint es für ihn sogar zweckmäßig, den Erlaß eines Anerkenntnisurteils nur hilfsweise zu beantragen.

Die Frage nach der Bedeutung eines solchen Hilfsantrages wird jedoch dann problematisch, wenn bezüglich der Wirksamkeit des Anerkenntnisses keine Bedenken bestehen. Insoweit kommt es entscheidend darauf an, ob dem Kläger im Falle eines wirksamen Anerkenntnisses wenigstens in einem begrenzten Umfang ein Wahlrecht zwischen einem Anerkenntnisurteil und einem streitmäßigen Sachurteil zusteht.

Nach wie vor ist umstritten, welchen Fortgang und Abschluß ein Verfahren zu nehmen hat, in welchem der Kläger die Stellung eines gesonderten Antrages nach § 307 ZPO unterläßt[13], wenngleich sich nunmehr die Auffassung des Bundesgerichtshofs[14], daß in jedem Falle ein Anerkenntnisurteil zu ergehen hat, durchzusetzen scheint[15]. Weitgehende Übereinstimmung besteht dagegen insofern, als es dem Kläger im Falle eines wirksamen Anerkenntnisses versagt wird, ein streitiges Urteil zu beantragen[16]. Dem Kläger wird also keine Wahlmöglichkeit zwischen einem Anerkenntnisurteil und einem kontradiktorischen Sachurteil zugebilligt. Auf dem Boden dieser Auffassung erweist sich das durch den hilfsweise gestellten Antrag nach § 307 ZPO begründete Eventualverhältnis in der Tat als bedeutungslos, da von vornherein feststeht, daß ein Anerkenntnisurteil ergehen wird. Mit der Stellung des „Hilfsantrages" wird lediglich bewirkt, daß auch die formellen Voraussetzungen des § 307 ZPO ohne weiteres als gegeben angesehen werden können. Es bedarf somit für den Erlaß eines An-

---

[13] Einen Überblick über den Meinungsstand gibt *Kempf*, ZZP 73, 362 f. Zu beachten ist, daß die für den Fall des Anerkenntnisses vorgeschlagenen Lösungswege nicht ohne weiteres auch beim Klageverzicht anwendbar sind. vgl. z. B. *Bötticher*, JZ 68, 799.

[14] BGHZ 10, 333 (334 ff.) m. Anm. v. *Bötticher*, JZ 54, 242 f. (sc. Anerkenntnisurteil); BGHZ 49, 213 (216 ff.) m. Anm. v. *Bötticher*, JZ 68, 798 f. (sc. Verzichtsurteil).

[15] Der Auffassung des BGH haben sich bisher angeschlossen: *Blomeyer*, ZivilprozeßR, § 62 II 2 a; *Bruns*, ZivilprozeßR, § 30 I 1 (S. 256 Fußn. 8); *Zöller-Degenhart*, Vorbem. vor § 306 Anm. 5.

[16] RGZ 44, 345 (349); BGHZ 10, 333 (336); LG Stuttgart, ZZP 69, 418 (419); *Goldschmidt*, ZivilprozeßR, § 34 Ziff. 2 (S. 104) i. V. m. § 58 Ziff. 2 d (S. 185); *Blomeyer*, ZivilprozeßR, § 62 II 2 a; *Rosenberg*, Zivilprozeßrecht, § 131 I 5 b; *Stein-Jonas-Schumann/Leipold*, § 307 IV 2; *Zöller-Degenhart*, Vorbem. vor § 306 Anm. 5; *Knöpfel*, ZZP 68, 450 f.; *Bötticher*, JZ 68, 798; a. A. *Baumbach-Lauterbach*, § 307 Anm. 3 B.

erkenntnisurteils nicht der fragwürdigen Konstruktion des Bundesgerichtshofs, wonach der Antrag nach § 307 ZPO bereits in dem Klageantrag enthalten sein soll[17].

Sieht man das fehlende Rechtsschutzinteresse als Grund dafür an, daß im Falle eines wirksamen Anerkenntnisses kein kontradiktorisches Sachurteil mehr ergehen kann[18], dann bleibt zu prüfen, ob das Rechtsschutzinteresse nicht vielleicht in Ausnahmefällen zu bejahen ist und dem Kläger somit wenigstens in begrenztem Umfang ein Wahlrecht zugestanden werden kann. Dies wird im Schrifttum[19] vereinzelt angenommen. So hält *Kempf*[20] das Rechtsschutzinteresse einmal dann für gegeben, wenn es sich um einen sogenannten Musterprozeß handelt. Hierunter versteht man gemeinhin einen Rechtsstreit, dem die Parteien oder Dritte eine über den konkreten Fall hinausgehende Bedeutung beimessen[21]. Die eigentliche Wirkung des Musterprozesses beziehungsweise Musterurteils besteht in einer rein tatsächlichen Einflußnahme auf andere Streitfälle[22] und setzt deshalb voraus, daß das Urteil tatsächliche und rechtliche Feststellungen enthält. Da bei einem Anerkenntnisurteil aber jegliche Stellungnahme zum eigentlichen Streitstoff unterbleibt[23], hält *Kempf* es für unbillig, dem Kläger nach einem Klageanerkenntnis das Recht auf ein streitmäßiges Urteil bei Musterprozessen zu versagen.

Gegen diese Auffassung müssen jedoch in mehrfacher Hinsicht Bedenken erhoben werden. Zwar läßt sich nicht bestreiten, daß der Musterprozeß in unserer Rechtspraxis eine gewisse Aktualität erlangt hat, wenngleich auch seine Bedeutung vielfach überschätzt wird. Denn einmal gibt es kaum Fälle, die tatsächlich und rechtlich derart gleichgelagert sind, daß sie auch gleich beurteilt werden müssen[24]. Zum an-

---

[17] So BGHZ 10, 333 (336). Kritisch hierzu *Kempf*, ZZP 73, 349 ff. m. w. N.

[18] So BGHZ 10, 333 (336); BGH, JZ 68, 797 (798); LG Stuttgart, ZZP 69, 418 (419); *Rosenberg-Schwab*, § 134 IV 5 b; *Zöller-Degenhart*, Vorbem. vor § 306 Anm. 5; *Ohr*, NJW 55, 251; *Knöpfel*, ZZP 68, 450; *Kempf*, ZZP 73, 354; a. A. vor allem *Bötticher* (JZ 54, 242 f.), der ein kontradiktorisches Urteil aus institutionellen Gründen (Vorrang des Anerkenntnisurteils) als ausgeschlossen ansieht.

[19] So *Kempf* (ZZP 73, 355 ff.) und *Ohr* (NJW 55, 252), während *Knöpfel* (ZZP 68, 451) keine Ausnahmen zuläßt. Der BGH hat diese Frage zunächst offen gelassen (BGHZ 10, 338), später jedoch — wenn auch nicht ausdrücklich — zu erkennen gegeben, daß praktisch kaum Fälle denkbar sind, in denen nicht dem Anerkenntnisurteil der Vorzug gebührt (BGH, JZ 68, 798).

[20] ZZP 73, 346 ff. (355 f.).

[21] Zum Wesen und Begriff des Musterprozesses vgl. *Kempf*, ZZP 73, 342 bis 345.

[22] *Kempf*, ZZP 73, 343.

[23] BGHZ 10, 333 (335).

[24] Auch *Kempf* (ZZP 73, 375) räumt ein, daß bereits geringfügige Abweichungen eine ganz andere rechtliche Beurteilung rechtfertigen können.

deren besteht keine Gewähr dafür, daß die Gerichte einen einmal eingenommenen Rechtsstandpunkt auch in Zukunft beibehalten. Vielmehr können neue und bessere Argumente oder auch nur eine personelle Umbesetzung des entscheidenden Gerichts eine Meinungsänderung bewirken, so daß es sich jedenfalls lohnt, mehrere Entscheidungen zu ein und demselben Rechtsproblem herbeizuführen. Entgegen der Auffassung von *Kempf* ist es jedoch nicht möglich, bereits während eines Rechtsstreits mit Bestimmtheit zu entscheiden, daß ein Musterprozeß vorliegt, um daran prozessuale Folgen zu knüpfen. Die Feststellung, daß nach den tatsächlichen Umständen dem Prozeß eine über den konkreten Fall hinausgehende Bedeutung zukommen könnte[25], kann nicht genügen. Maßgebend muß vielmehr sein, ob dem abschließenden Urteil die spezifische Wirkung eines Musterurteils zukommt. Da diese Wirkung jedoch rein tatsächlicher Natur ist und ihr Eintritt demzufolge anders als bei der Rechtskraftwirkung nicht voraussehbar ist, ist eine Einstufung als Musterprozeß nur bei ex post Betrachtung möglich. Denn ob die Parteien oder Dritte ihr künftiges Handeln an einem bereits entschiedenen Rechtsstreit orientieren und ihm damit die Bedeutung eines Musterprozesses beimessen, stellt sich erst später heraus und hängt in hohem Maße von der Qualität und Überzeugungskraft der Entscheidungsgründe ab. Anders könnte es nur dann sein, wenn sich die Parteien von vornherein darüber einig sind, einen Rechtsstreit als Musterprozeß zu führen. Sollte hier jedoch entgegen der Musterprozeßabrede der Klageanspruch anerkannt werden, dann kann der Kläger im Wege der exceptio doli die Unwirksamkeit des Anerkenntnisses herbeiführen[26]. Hinsichtlich des Rechtsschutzbedürfnisses für den Antrag auf ein streitmäßiges Urteil entstehen insoweit gar keine Probleme.

Selbst wenn man aber mit *Kempf* der Auffassung ist, daß sich der Musterprozeßcharakter bereits während des Verfahrens feststellen läßt, so kann dies im Falle eines Anerkenntnisses nicht zur Bejahung des Rechtsschutzinteresses an einem streitmäßigen Urteil führen. Der Bundesgerichtshof[27] hat mit Recht betont, daß das Rechtsschutzinteresse gerade im Hinblick auf den konkreten Rechtsstreit bestehen muß. Es darf somit nicht daraus hergeleitet werden, daß es in anderen Prozessen auf die gleichen oder ähnliche Gesichtspunkte ankommen kann. Das Gericht könnte sonst zur Entscheidung abstrakter Rechtsfragen gezwungen werden. Gerade dies tut man jedoch, wenn man bei einem

---

[25] So *Kempf*, ZZP 73, 342 ff. (345).

[26] Ebenso *Blomeyer*, ZivilprozeßR, § 62 II 2 a (Fußn. 4); *Stein-Jonas-Schumann/Leipold*, § 307 III 2; vgl. auch BGH, LM Nr. 1 zu § 307 ZPO m. Anm. v. *Johannsen*.

[27] JZ 68, 797 (798).

Musterprozeß den Erlaß eines streitmäßigen Urteils trotz eines Anerkenntnisses für möglich erachtet. Das kontradiktorische Urteil unterscheidet sich vom Anerkenntnisurteil allein dadurch, daß es eine Stellungnahme zum eigentlichen Streitstoff enthält[28]. Infolge des Anerkenntnisses ist eine solche Stellungnahme aber für die Entscheidung des konkreten Rechtsstreits nicht erforderlich. Sie kann also allenfalls für andere Prozesse bedeutsam werden. Mit dem Hinweis auf das Vorliegen eines Musterprozesses läßt sich das Rechtsschutzbedürfnis an einem streitmäßigen Urteil also nicht rechtfertigen. Dieses Ergebnis beruht auch nicht auf einer einseitigen Interessenwertung, wie *Kempf*[29] meint, sondern entspricht den Geboten der Billigkeit. Es ist nämlich nicht einzusehen, warum der Beklagte auf die Vorteile, die ihm das Gesetz im Falle eines Anerkenntnisses gewährt[30], nur deshalb verzichten soll, weil sich der Kläger oder gar Dritte von dem Erlaß eines Musterurteils Vorteile für andere Streitfälle erhoffen.

Eine weitere Ausnahme will *Kempf*[31] zulassen, wenn an dem Verfahren ein Streitgehilfe beteiligt ist, da bei einem Anerkenntnisurteil mangels einer tatsächlichen und rechtlichen Begründung keine Interventionswirkung eintritt[32] und somit der zwischen der Hauptpartei und ihrem Streitgehilfen gegebene Streitstoff nicht in gleichem Umfang wie bei einem streitmäßigen Urteil erledigt wird. So zutreffend diese Begründung für sich genommen auch ist, so wenig vermag sie jedoch im Falle eines Anerkenntnisses den Erlaß eines streitmäßigen Urteils zu rechtfertigen. Die Interventionswirkung kann nämlich immer nur die Folge eines streitmäßigen Urteils sein, niemals aber der alleinige Grund für dessen Erlaß. Im Zivilprozeß bedarf es einer Stellungnahme zu tatsächlichen und rechtlichen Streitfragen immer nur insoweit, als diesen für die Entscheidung des konkreten Falles Bedeutung zukommt. Hieran ändert sich auch im Hinblick auf die Interventionswirkung nichts. Diese darf nicht dazu führen, daß trotz des Anerkenntnisses aufgrund eines Streitverfahrens entschieden wird, nur um auf diese Weise gewisse Präjudizien für einen möglicherweise nachfolgenden Prozeß zwischen dem Kläger und dem ihm beigetretenen Streitgehilfen zu schaffen. Der Interventionswirkung fällt nämlich — ähnlich wie der Rechtskraftwirkung — lediglich die Aufgabe zu, im Interesse der Rechtspflege doppelte oder sich widersprechende Entscheidungen derselben Fragen zu vermeiden[33]. Sie ist also immer

---

[28] Vgl. *Kempf*, ZZP 73, 347.

[29] ZZP 73, 356.

[30] Im Falle eines Anerkenntnisurteils wird keine Urteilsgebühr erhoben (§ 25 Abs. 1 Ziff. 3 GKG), die Verhandlungsgebühren der Anwälte können sich mindern (§ 33 BRAGebO).

[31] ZZP 73, 355.

[32] LG Hamburg, MDR 57, 679.

[33] *Stein-Jonas-Pohle*, § 68 I 2.

nur dort sinnvoll, wo es auf *bereits entschiedene Fragen* in einem späteren Rechtsstreit zwischen dem Kläger und dem Streitgehilfen erneut ankommen kann. Damit wird deutlich, daß die Interventionswirkung die Entscheidungserheblichkeit einer Tat- oder Rechtsfrage voraussetzt und nicht begründet. Hinzu kommt, daß es zu einem Rechtsstreit zwischen dem Kläger und dem Streitgehilfen, in welchem die Interventionswirkung bedeutsam werden könnte, in der Regel gar nicht kommt, wenn der Kläger ein obsiegendes (Anerkenntnis-)Urteil erlangt. Deshalb darf dem Beklagten die Möglichkeit eines Anerkenntnisses auch im Falle einer Nebenintervention nicht genommen werden.

Schließlich kann ein Rechtsschutzinteresse an einem streitmäßigen Urteil auch dann nicht als gegeben angesehen werden, wenn der Kläger auf seine Rechte aus dem Anerkenntnis verzichtet[34]. Das prozessuale Anerkenntnis wirkt sich vornehmlich zugunsten des Beklagten aus. Sieht dieser im Laufe des Prozesses ein, daß die Klage auf jeden Fall zu einer Verurteilung führen wird, so hat er die Möglichkeit, mittels des Anerkenntnisses das für ihn kostspieligere streitmäßige Verfahren und Urteil zu vermeiden. Ein Verzicht des Klägers auf ein Anerkenntnisurteil mit der Maßgabe, daß dann ein streitmäßiges Urteil zu ergehen hat, würde also nicht nur eigene Rechte des Klägers, sondern stets auch solche des Beklagten zum Erlöschen bringen und ist deshalb unzulässig[35]. Darüber hinaus läßt sich die gegenteilige Auffassung auch nicht mit dem Sinn und Zweck des Rechtsschutzinteresses als besonderer Prozeßvoraussetzung vereinbaren. Fehlt das Rechtsschutzinteresse grundsätzlich dann, wenn ein kürzerer, einfacherer und billigerer Weg zum gleichen Ergebnis führen kann[36], so läßt es sich im Einzelfall nicht einfach damit begründen, daß auf die Beschreitung des einfacheren Weges verzichtet wird[37].

Es bleibt somit festzustellen, daß keine Ausnahmefälle ersichtlich sind, in denen das Rechtsschutzbedürfnis an einem streitmäßigen Urteil trotz eines wirksamen Anerkenntnisses des Beklagten begründet sein könnte. Mangels eines auch nur in begrenztem Umfang bestehenden Wahlrechts des Klägers kommt daher in diesen Fällen dem Eventualverhältnis, das durch einen hilfsweise gestellten Prozeßantrag nach § 307 ZPO begründet wird, keine praktische Bedeutung zu.

---

[34] Ebenso *Rosenberg*, ZivilprozeßR, § 131 I 5 b; *Knöpfel*, ZZP 68, 459; a. A. aber *Ohr*, NJW 55, 252.

[35] Mit Recht weist *Kempf* (ZZP 73, 363 f.) darauf hin, daß der „Verzicht" auf die Rechte aus dem Anerkenntnis ohne Bedeutung ist, soweit damit nicht auch der ursprüngliche Klageantrag fallen gelassen wird. In diesem Falle liegt es nahe, hierin eine Erledigungserklärung zu erblicken.

[36] Vgl. *Rosenberg*, ZivilprozeßR, § 85 II 2 b; *Lent-Jauernig*, ZivilprozeßR, § 35 I; BGHZ 10, 333 (336).

[37] *Knöpfel*, ZZP 68, 459.

§ 9 Eventuelles Parteivorbringen

Nicht nur prozessuale Anträge, sondern auch die zur Begründung eines solchen Antrags vorgetragenen tatsächlichen und rechtlichen Behauptungen werden von den Parteien häufig in ein Eventualverhältnis gebracht. Die Fälle, daß sich der Kläger in einem Schadensersatzprozeß nur hilfsweise auf das Bestehen eines Vertragsverhältnisses beruft, der Beklagte die Einrede der Verjährung nur für den Fall erhebt, daß der von ihm in erster Linie geltend gemachte Einwand der Erfüllung nicht durchgreift, oder aber ein vertraglicher Anspruch in erster Linie aus Werkvertrag und nur hilfsweise aus Dienstvertrag zugesprochen werden soll, gehören zur alltäglichen Prozeßpraxis der Gerichte. Dabei ist unzweifelhaft, daß die Parteien nicht etwa „bedingte Behauptungen" aufstellen wollen, die es aus logischen Gründen gar nicht geben kann. Vielmehr wollen die Parteien mit der Eventualstellung erreichen, daß das Gericht das Hilfsvorbringen bei der Urteilsfindung und somit in den Entscheidungsgründen[1] nur dann berücksichtigt, wenn nicht schon das Hauptvorbringen zu dem gewünschten Erfolg führt.

Die Frage der Zulässigkeit solchen Eventualvorbringens hängt also auch hier wiederum davon ab, ob sich das Gericht an die von den Parteien bestimmte Rangfolge der Behauptungen halten muß[2]. Wenn dies erneut hervorgehoben wird, so geschieht das deshalb, weil vielfach die Auffassung vertreten wird, ein Eventualvorbringen sei zwar zulässig, binde das Gericht jedoch — im Gegensatz zu Eventualanträgen — grundsätzlich nicht an die von den Parteien vorgeschriebene Reihenfolge[3]. Dies ist jedoch zumindest insofern unrichtig, als ein „zulässiges Eventualvorbringen ohne Bindungswirkung" einen Widerspruch in sich enthält. Denn wenn man die Eventualstellung zuläßt, dann muß sie sich auch prozessual auswirken[4]. Soweit man also zu dem Ergebnis kommt, daß die von den Parteien gewollte Bindungswirkung mit dem Prozeßrecht nicht vereinbar ist, erweist sich das Eventualvorbringen notwendig als unzulässig. Es stellt sich dann lediglich die Frage, welche Folge die Unzulässigkeit mit sich bringt, das heißt ob in diesem Fall das eventuelle Vorbringen schlechthin oder nur die Eventualstellung als solche vom Gericht nicht zu berücksichtigen ist.

---

[1] Eventuelles tatsächliches Vorbringen wird jedoch in jedem Falle Prozeßstoff und ist — ohne Rücksicht auf die Zulässigkeit der Eventualstellung — schon im Hinblick auf § 314 ZPO in den Tatbestand aufzunehmen.

[2] Daß sich das Gericht an die Reihenfolge halten *kann*, steht außer Zweifel.

[3] So *Baumgärtel*, Prozeßhandlung, S. 135; *Blomeyer*, ZivilprozeßR, § 30 VI 2 und 3; *Lang*, S. 44; *Nikisch*, ZivilprozeßR, § 54 IV 3 (S. 215); *Rosenberg*, ZivilprozeßR, § 61 IV 4.

[4] Vgl. dazu *Lent*, JR 51, 376, sowie die Ausführungen oben § 3 I.

I. Tatsachenbehauptungen

1. Eventuelle Begründungen bei einer Mehrheit von Streitgegenständen

Die Frage nach der Zulässigkeit eventueller Tatsachenbehauptungen läßt sich dann ohne Schwierigkeiten beantworten, wenn die ins Eventualverhältnis gestellten Tatsachen verschiedene Lebenssachverhalte darstellen und man der Auffassung ist, daß mehrere Streitgegenstände auch dann vorliegen, wenn ein Antrag mit verschiedenen Lebenssachverhalten begründet wird[5]. In diesem Fall führt nämlich das Eventualvorbringen zum Vorliegen einer eventuellen objektiven Klagenhäufung. Die Eventualstellung enthält hier also in gleichem Maße eine Disposition über den Streitgegenstand, wie dies bei der Stellung eventueller Sachanträge der Fall ist, und muß daher auch im gleichen Umfang wie diese[6] zulässig sein.

Schwierigkeiten bestehen hier allerdings insofern, als es darum geht festzustellen, ob und gegebenenfalls unter welchen Voraussetzungen bei eventueller Begründung ein und desselben Antrages überhaupt eine objektive Klagenhäufung gegeben ist. Dies ist jedoch ein besonderes Problem der Lehre vom Streitgegenstand, auf das an späterer Stelle noch ausführlicher eingegangen wird.

2. Eventuelle Begründungen bei einheitlichem Streitgegenstand

Streit herrscht darüber, ob eventuelle tatsächliche Begründungen im Rahmen eines einheitlichen Streitgegenstandes zulässig sind[7]. Es bleibt daher zu prüfen, inwieweit die Parteien die Reihenfolge ihrer Behauptungen für das Gericht bindend festlegen können.

a) Zunächst ist zu klären, ob zwischen der hier zu behandelnden Problematik und der sogenannten *Eventualmaxime* ein Zusammenhang besteht. Seit der Einführung des Prinzips der Einheitlichkeit der mündlichen Verhandlung und des Systems der Beweisverbindung in den deutschen Zivilprozeß hat zwar die Eventualmaxime — von Aus-

---

[5] So zum Beispiel *Nikisch* (AcP 154, 284 f.), der in ausdrücklicher Abweichung von seiner früheren Meinung (Streitgegenstand, S. 91) hier von „echter Anspruchskonkurrenz" spricht.

[6] Zur Zulässigkeit eventueller Sachanträge vgl. oben § 5 II, III.

[7] Für eine Bindungswirkung und damit für die Zulässigkeit: *Stein-Jonas-Pohle*, XI 3 g vor § 128; *Baumbach-Lauterbach*, § 260 Anm. 2 und 3 a. E.; *Wieczorek*, § 260 B II b 2 und 3; *Schönke-Kuchinke*, § 31 IV; RG, Warn 1938 Nr. 19; BGH, LM Nr. 2 zu § 96 GWB; a. A. *Hellwig*, System, § 147 III 2 b; *Goldschmidt*, ZivilprozeßR, S. 156; *Baumgärtel*, Prozeßhandlung, S. 135; *Blomeyer*, ZivilprozeßR, § 30 VI 3; *Lang*, S. 44; *Nikisch*, ZivilprozeßR, § 54 IV 3; *Rosenberg-Schwab*, § 65 IV 4; *Schneider*, NJW 58, 536 f.

nahmen abgesehen[8] — keine Gültigkeit mehr[9]; gerade dies könnte jedoch gegen die Zulässigkeit eventueller Behauptungen sprechen.

Will man sich die Bedeutung der Eventualmaxime klar machen, so muß man sie in Verbindung mit dem im gemeinen Prozeß gültigen „Prinzip der gesetzlichen Reihenfolge“ sehen. Danach war das Verfahren nach der Art der Parteitätigkeit in verschiedene, genau einzuhaltende Abschnitte zerlegt, und zwar in solche für die Behauptungen des Klägers, für die Entgegnungen des Beklagten, für alle Beweisantritte und Beweiserhebungen. In jedem Verfahrensabschnitt hatte das gesamte Vorbringen der betreffenden Art zu erfolgen, weiteres Vorbringen wurde mit dem Übergang zum nächsten Prozeßabschnitt ausgeschlossen. Die Parteien waren demnach genötigt, alle Tatsachen und Beweise an der für sie bestimmten Stelle auf einmal vorzubringen, also auch diejenigen, die nur eventuell, das heißt bei Erfolglosigkeit des ersten Vorbringens in Frage kommen konnten (Eventualmaxime). Zweck der Eventualmaxime war es, eine Beschleunigung des Verfahrens herbeizuführen[10]. Damit wird deutlich, daß die Eventualmaxime den Parteien lediglich zeitliche Grenzen für die Zulässigkeit ihres Vorbringens setzte, ihnen jedoch nicht auch das dem Zweck der Prozeßbeschleunigung zuwiderlaufende Recht einräumte, das Gericht bei der Berücksichtigung der vorgetragenen Tatsachen an eine bestimmte Reihenfolge zu binden. Mit dieser Problematik steht die Eventualmaxime in keinem Zusammenhang, so daß sich aus ihrer früheren Geltung keine Anhaltspunkte für oder gegen die Zulässigkeit eventuellen Vorbringens ergeben.

b) Die Eventualstellung bei tatsächlichen Behauptungen hält *Pohle*[11] als Folge der Parteiherrschaft über den Tatsachenstoff im Bereich des Verhandlungsgrundsatzes für zulässig. Dem ist zwar insoweit zuzustimmen, als dem Verhandlungsgrundsatz für die Frage der Zulässigkeit der Eventualstellung ausschlaggebende Bedeutung zukommt. Eine Rechtfertigung der Zulässigkeit kann diesem Grundsatz bei richtiger Würdigung seiner Bedeutung jedoch nicht entnommen werden.

Die Verhandlungsmaxime besagt, daß die Parteien die tatsächlichen Unterlagen für die Entscheidung zu beschaffen haben und für ihre Vollständgikeit verantwortlich sind[12]. Vom Willen der Parteien hängt es also ab, ob Tatsachen in den Prozeß eingebracht oder weggelassen werden. Dagegen ist der Wille der Parteien nicht mehr dafür maß-

---

[8] Vgl. hierzu *Rosenberg*, ZivilprozeßR, § 65 IV 1 (S. 311).

[9] Vgl. statt aller *Rosenberg*, ZivilprozeßR, § 65 IV 1; *Lent-Jauernig*, ZivilprozeßR, § 28 II.

[10] *Lent-Jauernig*, ZivilprozeßR, § 28 II.

[11] *Stein-Jonas-Pohle*, XI g vor § 128. Im übrigen wird die Zulässigkeit oder Unzulässigkeit eventuellen Vorbringens nicht näher begründet.

[12] *Lent-Jauernig*, ZivilprozeßR, § 25 III 2; *Lüke*, JuS 61, 42.

gebend, daß die *vorgetragenen* Tatsachen bei der richterlichen Erkenntnistätigkeit zu berücksichtigen sind. Vielmehr ist dies eine rechtliche Folge, die im Rahmen der Verhandlungsmaxime kraft Gesetzes eintritt[13]. Eine gewisse Bestätigung hierfür findet sich in § 300 Abs. 1 ZPO. Danach hat das Gericht ein Endurteil zu erlassen, sobald der Rechtsstreit zur Entscheidung reif ist; kraft Gesetzes gilt somit das Primat des liquidesten Angriffs- oder Verteidigungsmittels[14]. Ausführungen und Prüfungen, die für die Entscheidung des anhängigen Rechtsstreits letztlich ohne Bedeutung sind, haben zu unterbleiben. Dies läßt sich aber nur dann verwirklichen, wenn das Gericht in der Lage ist, die vorgetragenen Tatsachen jederzeit und ohne Einschränkungen zu berücksichtigen. Das Gericht muß also den Rechtsstreit bereits dann entscheiden, wenn die Entscheidungsreife allein aufgrund eines hilfsweisen Vorbringens eingetreten ist, und braucht sich mit dem Hauptvorbringen nicht mehr zu befassen[15]. Der Verhandlungsmaxime kommt damit in zweifacher Hinsicht Bedeutung zu: Bewirkt sie nämlich einerseits, daß nur die von den Parteien vorgebrachten Tatsachen bei der Urteilsfindung berücksichtigt werden dürfen, so besagt sie andererseits auch, daß das Gericht den vorgetragenen Tatsachenstoff in vollem Umfang dem Urteil zugrunde legen kann[16]. Da die Parteien im Rahmen eines einheitlichen Streitgegenstandes somit keinen Einfluß auf die Berücksichtigung des in den Prozeß eingebrachten Tatsachenstoffes haben, ist die Verhandlungsmaxime nicht nur ungeeignet, um die Zulässigkeit der Eventualstellung zu rechtfertigen, sondern schließt diese sogar grundsätzlich aus.

Freilich darf bei der Heranziehung der Verhandlungsmaxime nicht außer acht gelassen werden, daß die Prozeßmaximen an sich weder

---

[13] Ebenso *Steif*, S. 107.

[14] Vgl. *Goldschmidt*, ZivilprozeßR, S. 156.

[15] Ebenso *Bernhardt* (ZivilprozeßR, § 23 I, S. 134) und *Brauer* (JZ 56, 710) in dem ähnlich gelagerten Fall, daß die Klage jedenfalls nach der Darstellung des Beklagten begründet ist und der Kläger sich diese Darstellung hilfsweise zu eigen macht.

[16] So auch *Steif*, S. 108. Bedenklich ist allerdings die hieraus von *Steif* (S. 105 ff.) gezogene Folgerung, daß die Möglichkeit der „Rücknahme" oder des „Widerrufs" von Tatsachen im Zivilprozeß ausgeschlossen ist. M. E. muß es den Parteien gestattet sein, etwa von irrtümlich aufgestellten Behauptungen wieder Abstand zu nehmen mit der Folge, daß diese dann als niemals aufgestellt anzusehen sind, zumal der Gesetzgeber in § 290 ZPO die Möglichkeit des Widerrufs von Tatsachenbehauptungen grundsätzlich anerkennt (ebenso im Ergebnis *Stein-Jonas-Pohle*, XI 2 d vor § 128; *Rosenberg*, ZivilprozeßR, § 63 II 1). Einer eingehenderen Stellungnahme zu diesem Problem bedarf es hier jedoch nicht, da es mit der Frage der Zulässigkeit eventueller Tatsachenbehauptungen nicht in unmittelbarem Zusammenhang steht: Wer die Zulässigkeit einer Eventualstellung verneint (bzw. bejaht), muß nicht notwendig auch die Möglichkeit des Widerrufs von Tatsachenbehauptungen ausschließen (bzw. zulassen).

„Rechtsnormqualität"[17] besitzen, noch ein „unverbrüchliches Dogma"[18] darstellen. Die Zulässigkeit der Eventualstellung müßte deshalb gleichwohl bejaht werden, falls den Parteien ein schützenswertes Interesse an der Eventualstellung zugebilligt werden kann. Dies ist jedoch regelmäßig nicht der Fall. Ein über die Bindungswirkung hinausgehender Erfolg, der ein solches Interesse begründen könnte, läßt sich im Falle einer zulässigen Eventualstellung nicht erreichen. Insbesondere kann der Kläger auf diese Weise sein Vorbringen in tatsächlicher Hinsicht nicht beschränken, um später denselben Antrag mit den „ausgesparten", das heißt den infolge der Eventualstellung bei der Urteilsfindung nicht berücksichtigten Tatsachen desselben Lebenssachverhalts erneut zur Entscheidung des Gerichts zu bringen. Eine Aufspaltung des auf einem einheitlichen Lebenssachverhalt beruhenden prozessualen Anspruchs in zwei selbständige Streitgegenstände ist nicht möglich[19]. Sie scheitert vor allem an der der Rechtskraft eigenen Präklusionswirkung[20]. Wenn danach alle im Zeitpunkt der letzten mündlichen Verhandlung existenten Tatsachen ausgeschlossen werden, soweit sie sich gegen die festgestellte Rechtsfolge richten, ohne Rücksicht darauf, ob sie von den Parteien vorgetragen worden sind oder ihnen wenigstens bekannt waren, so gilt dies erst recht für vorgetragene Tatsachen, die das Gericht nicht berücksichtigt hat oder im Falle einer zulässigen Eventualstellung nicht berücksichtigen durfte.

Zuzugeben ist allerdings, daß die Parteien in jedem Prozeß ein anzuerkennendes persönliches Interesse daran haben können, bestimmte Streitpunkte möglichst nicht vor Gericht zu bringen[21]. Dieses Interesse läßt sich aber gar nicht mittels der Eventualstellung, sondern allein dadurch wirksam wahrnehmen, daß die fraglichen Tatsachen überhaupt nicht vorgetragen werden. Denn die auch nur hilfsweise aufgestellten Tatsachenbehauptungen sind „vor Gericht" gebracht und müssen jedenfalls im Tatbestand des Urteils berücksichtigt werden[22]. Darüber hinaus steht der Anerkennung eines derartigen Interesses durch Zulassung der Eventualstellung auch entgegen, daß dadurch das Interesse des Prozeßgegners an einer raschen und kostensparenden Entscheidung erheblich beeinträchtigt werden könnte. Dies wird be-

---

[17] *Stein-Jonas-Pohle,* II vor § 128.
[18] *Rosenberg,* ZivilprozeßR, § 63 I (S. 294).
[19] Ebenso — mit eingehender Begründung — *Steif,* S. 78 ff.
[20] Die Präklusionswirkung der Rechtskraft wird heute überwiegend anerkannt, wenngleich auch ihr Umfang nach wie vor umstritten ist sowie hinsichtlich ihrer dogmatischen Rechtfertigung keine Einigkeit besteht. Vgl. *Habscheid,* Streitgegenstand, S. 291 ff.; *Henckel,* Parteilehre, S. 302; *Rosenberg-Schwab,* § 156 II 1; *Lent-Jauernig,* ZivilprozeßR, § 62 IV; *Thomas-Putzo,* § 322 Anm. 7.
[21] So *Stein-Jonas-Pohle,* XI g vor § 128 (S. 675).
[22] Vgl. oben Fußn. 1.

sonders deutlich in dem Fall, daß die Klage sowohl nach dem Haupt- als auch nach dem Hilfsvorbringen schlüssig ist, jedoch allein gegenüber dem Hauptvorbringen erhebliche Einwände geltend gemacht werden. Bei Zulässigkeit der Eventualstellung müßte sich das Gericht zunächst mit dem Hauptvorbringen auseinandersetzen und unter Umständen langwierige Beweisaufnahmen durchführen, obwohl damit im Endergebnis kein anderes Urteil erreicht würde. Ein solches Verfahren ist nicht nur wenig prozeßwirtschaftlich, sondern verursacht zudem auch noch unnötige Kosten[23].

Es bleibt also bei dem Grundsatz, daß eventuelles tatsächliches Vorbringen unzulässig ist. Die Unzulässigkeit bewirkt aber nicht, daß nunmehr die hilfsweise vorgebrachten Tatsachen als Prozeßstoff ausscheiden, sondern führt lediglich zur Unbeachtlichkeit der Eventualstellung[24]. Denn die Partei gibt ohnehin auch mit dem hilfsweisen Vortrag schon zu erkennen, daß diese Tatsachen „im Zweifel" der Urteilsfindung zugrunde gelegt werden sollen.

c) Der soeben aufgezeigte Grundsatz gilt freilich nicht uneingeschränkt. In eng begrenzten Ausnahmefällen ist ein beachtliches rechtliches Interesse an der Eventualstellung sehr wohl gegeben, und zwar dann, wenn den in das Eventualverhältnis gesetzten Begründungen und damit auch dem späteren Urteil, je nachdem mit welcher Begründung es ergeht, eine unterschiedliche rechtliche Tragweite zukommt. Dies ist der Fall, wenn nicht nur dem Urteil als solchem, sondern auch einzelnen Feststellungen in den Entscheidungsgründen kraft Gesetzes eine Tatbestandswirkung beigemessen wird. Sind solche Feststellungen für die Entstehung weiterer Ansprüche oder rechtlicher Folgen maßgeblich, so muß es der Partei gestattet sein, insoweit auf die Entscheidungsgründe einwirken zu können, um die über das konkrete Begehren hinausgehende Rechtsfolge herbeizuführen. Derartige Fallgestaltungen findet man vor allem im Ehescheidungsverfahren. Ob eine Ehe wegen Verschuldens (§§ 42, 43 EheG) oder aus sonstigen Gründen (§§ 44 ff. EheG) geschieden wird, bleibt sich zwar im Hinblick auf die unmittelbar rechtsgestaltende Wirkung des Urteils gleich. Eine auf Verschulden gestützte Entscheidung hat jedoch weitergehende Folgen. So entsteht zum Beispiel gemäß § 58 EheG ein Unterhaltsanspruch nur dann, wenn in dem Scheidungsurteil der andere Ehegatte allein oder überwiegend für schuldig *erklärt* wird[25]. Weiterhin ergeben

---

[23] *Pohle* (in *Stein-Jonas*, XI g vor § 128) hält deshalb in derartigen Fällen die Eventualstellung wenigstens insoweit für unzulässig, als sie sich im Einzelfall als „eindeutiger Mißbrauch der Rechtspflege" qualifizieren läßt.

[24] *Hellwig*, System, § 147 III 2 b; *Stein-Jonas-Pohle*, XI g vor § 128 (S. 675).

[25] Wegen der sonstigen rechtlichen Folgen des Schuldausspruchs vgl. *Palandt-Lauterbach*, Einf. vor § 52 EheG Anm. 2.

sich unterschiedliche Folgen, je nachdem ob die Ehe wegen Ehebruchs oder wegen einer sonstigen Eheverfehlung geschieden wird, da das Eheverbot des § 6 EheG nur eintritt, sofern in dem Scheidungsurteil der Ehebruch als Grund der Scheidung festgestellt ist. Soweit den Scheidungsgründen also eine unterschiedliche Tragweite zukommt[26], ist die Eventualstellung zuzulassen[27], und zwar auch dann, wenn man die Auffassung vertritt, daß wir es im Eheauflösungsverfahren trotz Vorliegens mehrerer Auflösungsgründe mit einem einheitlichen Streitgegenstand[28] zu tun haben[29].

Ähnlich verhält es sich, wenn der Beklagte eine Verurteilung dadurch abzuwenden sucht, daß er mehrere Gegenforderungen im Eventualverhältnis zur Aufrechnung stellt. Da mit der Aufrechnung die Gegenforderung des Beklagten erlischt (§ 389 BGB) und zudem die Entscheidung über die zur Aufrechnung gestellte Forderung kraft der positiven Ausnahmevorschrift des § 322 Abs. 2 ZPO in Rechtskraft erwächst, muß dem Beklagten das Recht eingeräumt werden, die Reihenfolge der zur Aufrechnung gestellten Gegenforderungen dem Gericht bindend vorzuschreiben. Entsprechendes gilt, soweit der Beklagte neben der Eventualaufrechnung in erster Linie eine Einrede des bürgerlichen Rechts geltend macht[30]. Auch hier kommt den Klagabweisungsgründen unterschiedliche Tragweite zu, da allein die auf die Aufrechnung gestützte Klagabweisung das Erlöschen der Gegenforderung bewirkt und damit für den Beklagten auch nachteilige Folgen hat.

Es ist jedoch zu beachten, daß ein rechtliches Interesse an der Eventualstellung nur dann als begründet angesehen werden darf, wenn die

---

[26] Keineswegs läßt sich bei allen Scheidungsgründen eine unterschiedliche Tragweite feststellen. Gleichwertig sind z. B. die Scheidungsgründe der §§ 44 und 45 EheG (BGHZ 50, 261 = NJW 68, 2055), so daß eine Eventualstellung insoweit unzulässig ist und das Gericht nicht bindet.

[27] So im Ergebnis auch *Rosenberg*, ZivilprozeßR, § 61 IV 4; *Stein-Jonas-Schlosser*, § 615 II 6. Hiermit steht es in Einklang, daß bei verschiedenen Tragweiten der Scheidungsgründe der an sich siegreiche Kläger beschwert ist, wenn die Ehe statt aus dem in erster Linie geltend gemachten Grund aus einem anderen hilfsweise geltend gemachten Grund von geringerer Tragweite geschieden wird (*Stein-Jonas-Grunsky*, Allg. Einl. V 3 c m. w. N.). Denn andernfalls bliebe die Bindung an die Eventualstellung ohne praktische Wirkung.

[28] So z. B. *Schwab* (ZZP 65, 111), *Nikisch* (AcP 154, 291 f.), *Arens* (ZPP 76, 434 ff.) und natürlich *Bötticher* (Festg. f. *Rosenberg*, S. 92 ff.), der den Streitgegenstandsbegriff im Eheprozeß am globalsten faßt.

[29] Folgt man dagegen der Lehre, die bei mehreren vorgetragenen Auflösungsnormen oder tatsächlichen Auflösungsgründen eine Mehrheit von Streitgegenständen annimmt (so z. B. BGHZ 45, 329 = NJW 66, 1509; *Jauernig*, Verhandlungsmaxime, S. 61), so sind eventuelle Begründungen im Eheauflösungsprozeß ohne Rücksicht auf ihre Tragweite und somit uneingeschränkt zulässig, vgl. oben § 9 I 1.

[30] In diesem wie in dem zuvor genannten Fall begründet die Hilfsaufrechnung ein echtes Eventualverhältnis, vgl. oben § 3 II 2 a (bei Fußn. 42).

Begründungen *objektiv* von unterschiedlicher Tragweite sind, das heißt, wenn sich diese aus dem Gesetz ergibt. Verlangt der Kläger zum Beispiel die Herausgabe einer Sache in erster Linie mit der Begründung, der Beklagte sei aufgrund einer zwischen den Parteien bestehenden vertraglichen Vereinbarung zur Rückgabe verpflichtet, und behauptet er nur hilfsweise, Eigentümer der Sache zu sein, so kann das auf Vertrag gestützte Urteil für den Kläger durchaus weitergehende Vorteile haben. Möglicherweise lassen sich nämlich infolge dieser Urteilsbegründung nunmehr weitere Ansprüche — etwa Mietzinsforderungen — ohne Schwierigkeiten verwirklichen. Dies ist jedoch nur eine rein tatsächliche Möglichkeit, auf deren Eintritt der Kläger nur im konkreten Fall hoffen kann. Sie rechtfertigt nicht die Annahme, daß dieser Begründung eine weitergehende *rechtliche* Tragweite zukommt, da das auf Vertrag gestützte Herausgabeurteil keinesfalls auch das Bestehen eines Vertrages bindend feststellt. Das Vorliegen einer unterschiedlichen *tatsächlichen* Tragweite der Entscheidungsgründe läßt sich aber im gegenwärtigen Verfahren noch gar nicht mit Sicherheit nachweisen und vermag deshalb auch die Zulässigkeit eventueller Begründungen nicht zu rechtfertigen.

d) Schließlich bleibt zu prüfen, ob die bisherigen Ausführungen auch im Hinblick auf den Beklagten Geltung haben, oder ob nicht diesem uneingeschränkt gestattet werden muß, seine Einwände gegen den Klageanspruch im Eventualverhältnis vorzubringen. Anlaß zu dieser Überlegung gibt die von *Grunsky*[31] vertretene Sondermeinung in bezug auf den Umfang der materiellen Rechtskraft und der Beschwer bei einem klagabweisenden Urteil. Im Anschluß an eine verbreitete Auffassung[32], nach der die Rechtskraft der Erstentscheidung einem neuen Verfahren und Erkenntnis so lange entgegensteht, als in den Punkten, auf die der erste Richter die Klagabweisung gestützt hat, keine tatsächlichen Änderungen eingetreten sind, geht *Grunsky* noch einen Schritt weiter: Infolge der Rechtskraft sollen im zweiten Prozeß auch solche Tatbestandsmerkmale aus der Untersuchung ausscheiden, über deren *Vorliegen* in dem abweisenden Urteil entschieden worden ist und hinsichtlich derer sich in der Zwischenzeit nichts geändert hat[33]. In Anbetracht eines so weit gefaßten Umfangs der Rechtskraft hält *Grunsky* es für zwingend geboten, abweichend von dem herkömmlichen Begriff der Beschwer eine solche schon dann zu bejahen, wenn der Partei in einem neuen Prozeß über denselben Streitgegen-

---

[31] ZZP 76, 165 ff. und *Stein-Jonas-Grunsky*, Allg. Einl. V 2 b vor § 511.

[32] Vgl. *Zeuner*, Grenzen der Rechtskraft, S. 34 f.; *Henckel*, Parteilehre, S. 296, 302; *Arens*, Streitgegenstand, S. 72 ff., 116; *Dietrich*, ZZP 83, 201 f., 210.

[33] *Grunsky*, ZZP 76, 170, 176 f. und ihm folgend *Stein-Jonas-Schumann/Leipold*, § 322 X 4 a. E.

stand ausschließlich von den Urteilsgründen her die Gefahr des Einwandes der Rechtskraft droht[34]. Kann der Beklagte danach ein Rechtsmittel gegen die Klagabweisung allein zu dem Zweck einlegen, um den vom Gericht herangezogenen Abweisungsgrund durch einen anderen ersetzen zu lassen, und wird damit ein schützenswertes Interesse des Beklagten daran anerkannt, die Klage aus einem ganz bestimmten Grund abgewiesen zu sehen[35], so muß ihm aber auch schon in der ersten Instanz zugebilligt werden, das Gericht mittels der Eventualstellung an die Reihenfolge der von ihm vorgetragenen Einwände zu binden.

Gegen die Auffassung von *Grunsky* sind im Schrifttum[36] Bedenken erhoben worden, die sich allerdings nur zum Teil als begründet erweisen. Geht man von der uneingeschränkten Gültigkeit des Grundsatzes aus, daß die Entscheidungsgründe nicht mit in Rechtskraft erwachsen[37], so muß man bereits die Einbeziehung des Klagabweisungsgrundes in den Bereich der Rechtskraft ablehnen, weil dieser sich nicht als Bestandteil der Entscheidung über den Anspruch, sondern lediglich als Element der Entscheidung darstellt[38]. Die hierauf aufbauende Kritik von *J. Blomeyer* geht jedoch am Ziel vorbei, weil *Grunsky*[39] gerade überzeugend nachweist, daß der soeben aufgezeigte Grundsatz eben doch gewissen Einschränkungen unterliegt. Der Grund dafür, daß die Entscheidungsgründe regelmäßig nicht mit in Rechtskraft erwachsen, ist darin zu erblicken, daß den Entscheidungsgründen oftmals eine über den konkreten Prozeß hinausgehende Bedeutung zukommt, die das Gericht bei der zu erlassenden Entscheidung weder berücksichtigen kann noch berücksichtigen muß[40]. Findet der Ausschluß der Entscheidungsgründe von der Rechtskraft seine Rechtfertigung aber nur im Hinblick auf *andere* prozessuale Ansprüche, so ist es durchaus möglich und mit § 322 Abs. 1 ZPO in Einklang zu bringen, daß Entscheidungsgründe insoweit an der Rechtskraft teilhaben, als es sich im zweiten Prozeß um *den-*

---

[34] *Grunsky*, ZZP 76, 172, 183. Dies ist z. B. der Fall, wenn die Klage mangels Fälligkeit abgewiesen wird, die übrigen Anspruchsvoraussetzungen jedoch bejaht werden. Ließe es der Beklagte bei diesem Urteil bewenden, so könnte in einem erneuten Prozeß nur noch über die Fälligkeit gestritten werden.

[35] So ausdrücklich *Stein-Jonas-Grunsky*, Allg. Einl. V 2 b vor § 511.

[36] Vgl. *Rimmelspacher*, S. 126 ff., und neuerdings vor allem J. *Blomeyer*, NJW 69, 587 ff.

[37] *Rosenberg*, ZivilprozeßR, § 150 II 3; *Baumbach-Lauterbach*, § 322 Anm. 2 A und 2 C e; *Jauernig*, Zivilurteil, S. 115 ff.; J. *Blomeyer*, NJW 69, 588; BGH, LM Nr. 6 zu § 511 ZPO.

[38] So mit Recht J. *Blomeyer*, NJW 69, 589.

[39] ZZP 76, 174 f. und *Stein-Jonas-Grunsky*, Allg. Einl. V 2 b vor § 511.

[40] Vgl. *Grunsky*, ZZP 76, 174 f.

selben Streitgegenstand handelt[41]. Im Falle der Erneuerung einer abgewiesenen Klage erweist sich eine so weit gesteckte Abgrenzung der Rechtskraft geradezu als erforderlich, da nur aus den Urteilsgründen erkennbar wird, welche neu eingetretenen Tatsachen zu einer von dem rechtskräftigen Urteil abweichenden Entscheidung über denselben Streitgegenstand berechtigen[42]. Stünde bei einem klagabweisenden Urteil lediglich das Nichtbestehen des geltend gemachten Anspruches, nicht aber auch die hierfür gegebene Begründung rechtskräftig fest, so könnte die Klage bereits dann erneuert werden, wenn irgendeine — also nicht nur die vom Gericht verneinte — Voraussetzung als nachträglich entstanden dargetan und bewiesen würde[43]. Eine auf Zahlung gerichtete Klage, die mangels Vorliegens eines wirksamen Vertrages abgewiesen wurde, könnte demnach erneuert werden, wenn der Kläger nunmehr vorträgt, die Forderung sei zwischenzeitlich fällig geworden. Das Gericht müßte sich also erneut mit der Frage des Vorliegens eines Vertrages befassen und könnte diese sogar abweichend entscheiden, obwohl insoweit keine Veränderung des Tatsachenstoffes eingetreten ist. Ein solches Verfahren ist aber nicht nur „unerträglich"[44], sondern mit dem Zweck der materiellen Rechtskraft, die Entscheidung in ihrem inhaltlichen Bestand zu schützen[45], schlechthin unvereinbar.

Erweist es sich somit als zutreffend, daß im Hinblick auf eine Klageerneuerung auch der Klagabweisungsgrund an der Rechtskraft teilnimmt, so kann der Auffassung von *Grunsky* jedoch insoweit nicht gefolgt werden, als er bei einer Klagabweisung darüber hinaus auch jede positive Feststellung über ein Anspruchserfordernis von der Rechtskraft mitumfaßt wissen möchte. Dient die Rechtskraft dem Bestandschutz einer Entscheidung, dann ergibt sich hieraus zwingend, daß allenfalls die *tragenden* Entscheidungsgründe in den Rechtskraftbereich einzubeziehen sind, nicht aber auch solche, die für die konkrete Entscheidung bedeutungslos sind und sich als überflüssiges obiter dictum

---

[41] Hierzu im einzelnen *Grunsky*, ZZP 76, 174 f., 176, 177. Der Einwand von *Rimmelspacher* (S. 127), daß damit der Umfang der materiellen Rechtskraft letztlich unterschiedlich bestimmt werden müßte, je nachdem, ob Identität oder Präjudizialität des Streitgegenstandes in Frage steht, greift nicht durch. Es ist kein Grund ersichtlich, der eine solche Unterscheidung als mit dem Prozeßrecht unverträglich erscheinen ließe. — Zur Unterscheidung hinsichtlich der Rechtskraft der Gründe im absoluten und relativen Sinn vgl. auch *Bader* (S. 81 ff.) m. w. N.

[42] *Götz*, JZ 59, 686; *Zeuner*, Grenzen der Rechtskraft, S. 35; *Stein-Jonas-Schumann/Leipold*, § 322 X 4.

[43] Diese Auffassung wird in der Tat von J. *Blomeyer* (NJW 69, 588, 593) vertreten. Hiergegen mit Recht *Dietrich*, ZZP 83, 208 f.

[44] So *Grunsky*, ZZP 76, 179.

[45] *Lent-Jauernig*, ZivilprozeßR, § 62 I.

darstellen[46]. Wird in einem klagabweisenden Urteil festgestellt, daß ein Anspruchsgrund zwar gegeben, die Forderung aber bereits verjährt sei, so kann eine spätere abweichende Beurteilung über das Vorliegen des Anspruchsgrundes die abweisende Entscheidung in ihrem inhaltlichen Bestand gar nicht beeinträchtigen und braucht deshalb auch nicht im Wege der Rechtskraft verhindert zu werden[47]. Die Auffassung von *Grunsky*[48] beruht auf einer falschen Schlußfolgerung. Wenn nur solche Tatsachen eine neue Entscheidung rechtfertigen, die sich auf das im Vorprozeß verneinte Tatbestandsmerkmal beziehen, so folgt hieraus nämlich nicht, daß Tatbestandsmerkmale, zu deren Vorliegen die Vorentscheidung Stellung genommen hat, aus der Untersuchung auszuscheiden haben. Die einzig mögliche Schlußfolgerung ist vielmehr die, daß neue Tatsachen, die sich nur auf ein anderes als das verneinte Tatbestandsmerkmal beziehen, keine neue Entscheidung rechtfertigen, weil infolge der Rechtskraft eine abweichende Beurteilung des verneinten Tatbestandsmerkmals aufgrund des insoweit unveränderten Streitstoffes nicht möglich ist. Sobald aber die Sperrwirkung hinsichtlich der im Vorprozeß verneinten Anspruchsvoraussetzung beseitigt ist, steht einer völlig neuen Verhandlung und Entscheidung des gesamten Komplexes nichts im Wege[49].

Die soeben gewonnene Erkenntnis bewirkt nun aber auch, daß die Frage der Rechtsmittelbeschwer einer von der Auffassung *Grunskys* abweichenden Beurteilung unterliegt. Die Forderung von *Grunsky*, bei der Klagabweisung ein Rechtsmittel schon dann zuzulassen, wenn damit lediglich eine Abänderung der Urteilsgründe erstrebt wird[50], erscheint nämlich allein unter der Voraussetzung gerechtfertigt, daß auch die positiven Urteilsfeststellungen an der Rechtskraft teilhaben. In diesem Falle hätten wir es im Grunde genommen mit gar keiner reinen, die Klage abweisenden Entscheidung zu tun; vielmehr würde dem Beklagten mit der rechtskräftigen Feststellung einzelner Anspruchserfordernisse zugleich etwas unwiderbringlich versagt und da-

---

[46] Vgl. J. *Blomeyer*, NJW 69, S. 591 (Fußn. 33); *Dietrich*, ZZP 83, 211 f.

[47] Für einen so weit gefaßten Umfang der Rechtskraft besteht auch keine praktische Notwendigkeit. Sicherlich könnte auf diese Weise wertvolle Entscheidungssubstanz (z. B. die Beweisaufnahme zum Anspruchsgrund) für einen späteren Prozeß erhalten werden. Aber einmal ist der Streitstoff stets in demjenigen Prozeß zu bereinigen, in dem es wirklich auf ihn ankommt. Zum anderen ist dies auch ohne Rechtskraft in gewisser Weise möglich, etwa durch Verwertung der erhobenen Beweise im Wege des Urkundenbeweises. Vgl. hierzu auch J. *Blomeyer*, NJW 69, 593.

[48] ZZP 76, 170.

[49] So wohl auch *Zeuner*, Grenzen der Rechtskraft, S. 36 f.; *Schwab*, Festschrift für *Bötticher*, S. 334 f.

[50] *Grunsky*, ZZP 76, 183.

mit der Klage wenigstens qualitativ zum Teil stattgegeben[51]. Dem Beklagten müßte hier die Möglichkeit gegeben sein, derartige Feststellungen ohne Rücksicht auf den Urteilstenor im Rechtsmittelwege anzugreifen und es schiene in der Tat „zwingend geboten", von dem herkömmlichen Begriff der Beschwer abzuweichen. Anders verhält es sich jedoch, wenn allein der Klagabweisungsgrund mit in Rechtskraft erwächst. Hier ist die Zulassung eines auf Auswechslung des Abweisungsgrundes gerichteten Rechtsmittels des Beklagten weder gerechtfertigt, noch entspricht sie einer praktischen Notwendigkeit[52]. Wenn für das Vorliegen einer Beschwer auch der rechtskräftige Inhalt der Entscheidung maßgeblich ist[53], so bedeutet dies noch nicht, daß die Möglichkeit einer Überprüfung der Entscheidung im Rechtsmittelweg im gleichen Umfang gegeben sein muß, wie die Rechtskraftwirkung dieser Entscheidung reicht. Eine Beschwer liegt vielmehr nur dann vor, wenn die rechtskräftige Entscheidung der Partei im konkreten Verfahren *nachteilig* ist[54]. Bei einer Klagabweisung — ganz gleich auf welchen Klagabweisungsgrund sie gestützt wird — ist dies für den Beklagten jedoch niemals der Fall, da er mehr als die Abweisung der Klage gar nicht erreichen kann. Freilich mag im Hinblick auf eine mögliche Erneuerung der Klage der eine oder andere Abweisungsgrund für den Beklagten günstiger sein, obwohl sich dies — wie *Grunsky*[55] selbst einräumt — häufig gar nicht im voraus feststellen läßt. Daraus ergibt sich jedoch für den Beklagten kein Nachteil, der eine Überprüfung der konkreten Entscheidung rechtfertigt, da der Beklagte in einem erneuten Verfahren nicht gehindert ist, das Vorliegen weiterer Abweisungsgründe darzutun[56].

Mangels Beschwer ist somit dem Beklagten ein auf Auswechslung der Klagabweisungsgründe gerichtetes Rechtsmittel zu versagen. Damit wird zugleich deutlich, daß das erstinstanzliche Gericht gemäß § 300 Abs. 1 ZPO die Klagabweisung auf irgendeinen Klagabweisungsgrund stützen kann[57] und der Beklagte keinen Anspruch darauf hat, daß die Klage nur aus Gründen abgewiesen wird, die ihm genehm erscheinen[58]. Ein *schützenswertes* Interesse des Beklagten an einer Eventualstellung seiner Einwände läßt sich nicht generell bejahen.

---

[51] Man denke nur an den Fall, daß im Urteil der Anspruchsgrund in vollem Umfang bejaht, die Klage aber mangels Fälligkeit abgewiesen wird. Hier wäre die Klagabweisung für den Kläger gleichwohl ein Erfolg, weil er mit Eintritt der Fälligkeit seines Anspruchs sicher sein könnte.

[52] Ebenso, mit eingehender Begründung, J. *Blomeyer*, NJW 69, 591 ff.

[53] *Stein-Jonas-Grunsky*, Allg. Einl. V 2 vor § 511 m. w. N.

[54] *Thomas-Putzo*, Vorbem. IV 2 a vor § 511.

[55] ZZP 76, 173.

[56] So auch *Schwab*, Festschr. f. *Bötticher*, S. 338.

[57] Vgl. hierzu auch J. *Blomeyer*, NJW 69, 589 f.

[58] *Rimmelspacher*, S. 201; J. *Blomeyer*, NJW 69, 592.

Hinsichtlich der Zulässigkeit eventueller Begründungen des Beklagten bestehen somit keine Besonderheiten[59].

II. Rechtsausführungen (Rechtsbehauptungen)

Die Rechtsausführungen der Parteien, mit denen sie auf den Erlaß eines ihnen günstigen Urteils hinwirken wollen, stehen mit den vorgetragenen Tatsachen vielfach in einem engen und unlösbaren Zusammenhang. Soweit also eine bestimmte Rechtsauffassung einen besonderen Tatsachenvortrag erfordert[60], soweit muß auch die Zulässigkeit einer Eventualstellung einer einheitlichen Beurteilung unterliegen. Das bedeutet, daß eventuelle Rechtsausführungen nur in dem Umfang zulässig sind, wie dies auch hinsichtlich der ihnen zugrunde liegenden Tatsachen der Fall ist. Damit ist die Problematik eventueller Rechtsausführungen jedoch noch nicht abschließend behandelt. Vielmehr gibt es durchaus auch Fälle, bei denen ein einheitlicher Lebensvorgang unter mehreren rechtlichen Gesichtspunkten beurteilt werden kann. Zu denken ist an einen Verkehrsunfall, bei dem der Fahrgast einer Straßenbahn verletzt wird und zu Schaden kommt. Dem Fahrgast können hier aufgrund ein und desselben Vorgangs Ansprüche aus Vertrag, Delikt sowie aus dem Haftpflichtgesetz zustehen. Fraglich bleibt daher, ob in solchen Fällen eventuelle Rechtsausführungen dergestalt möglich sind, daß das Gericht bei der Prüfung der einzelnen Anspruchsgrundlagen an die von dem Kläger aufgestellte Reihenfolge gebunden ist.

1. Die gewillkürte Beschränkung der Rechtsanwendung durch die Partei

Für die Zulassung eventueller Rechtsausführungen könnte zunächst die Auffassung sprechen, wonach dem Kläger das Recht eingeräumt wird, die freie Rechtsanwendung mit verbindlicher Wirkung für das Gericht dadurch einzuschränken, daß er entweder das Klagebegehren

---

[59] Entgegen *Baumbach-Lauterbach* (§ 300 Anm. 3 E) ist das Gericht auch in dem Fall, daß der Beklagte das Bestehen einer Forderung bestreitet und hilfsweise den Einwand der Erfüllung erhebt, an die Eventualstellung nicht gebunden. Die Rechtskraft des Urteils, das das Bestehen der Forderung dahinstehen läßt und die Klage wegen Erfüllung abweist, steht einer späteren gegen den Kläger gerichteten Klage auf Rückzahlung nicht entgegen, „nimmt" dem Beklagten also keineswegs sein „Rückforderungsrecht". So im Ergebnis auch *Rosenberg-Schwab*, § 65 IV 4.

[60] Z. B. sind vertragliche Ansprüche neben solchen aus unerlaubter Handlung nur dann denkbar, wenn das Bestehen eines Vertragsverhältnisses ausdrücklich vorgetragen wird. Besonders aber im Ehescheidungsprozeß wird der Tatsachenvortrag oftmals im Hinblick auf einen bestimmten, gesetzlich normierten Scheidungsgrund ausgewählt und begrenzt.

von vornherein auf ein bestimmtes materielles Recht begrenzt, oder aber einzelne rechtliche Gesichtspunkte von der gerichtlichen Beurteilung ausschließt[61]. Wenn *Lüke* auch mit Recht davon ausgeht, daß eine solche Beschränkung auf den Umfang des Streitgegenstandes keinen Einfluß hat, diesen also weder beschneidet noch nach einzelnen materiellen Rechten aufspalten kann[62], so will er gleichwohl die Zulässigkeit dieser Beschränkung aus der Dispositionsmaxime herleiten. Dies erweist sich jedoch als unzutreffend. Daß die Parteien nach der Dispositionsmaxime Gang und Inhalt des Verfahrens bestimmen können, folgt aus der Verfügungsfreiheit der Parteien über den Streitgegenstand[63]. Haben etwaige Rechtsausführungen aber auf den Streitgegenstand keinen Einfluß, so können sie auch nicht dem Bereich der Dispositionsmaxime zugeordnet werden. Für Rechtsausführungen gilt vielmehr der allgemein anerkannte Grundsatz, daß das Gericht für die Rechtsanwendung allein verantwortlich ist (iura novit curia)[64] und folglich den zur Entscheidung gestellten Lebensvorgang im Rahmen der Anträge selbständig unter jedem nur möglichen rechtlichen Gesichtspunkt zu prüfen hat[65], ohne an die Rechtsausführungen der Parteien gebunden zu sein[66]. Diese umfassende Prüfungspflicht des Gerichts besteht also nicht nur dann, wenn die Parteien überhaupt keine rechtlichen Gesichtspunkte anführen, sondern auch in dem Fall, daß der Kläger einen bestimmten materiellen Anspruch der richterlichen Beurteilung ausdrücklich nicht unterstellen will[67]. Ein Verzicht auf diese Prüfungspflicht ist nicht möglich, da sie nicht nur dem Schutz der rechtsunkundigen Partei dient, sondern zugleich das Gericht vor willkürlicher Erschwerung der Subsumtionstätigkeit schützen soll[68]. Die freie Rechtsanwendung des Gerichts kann somit durch die Parteien nicht eingeschränkt werden[69].

---

[61] So vor allem *Lüke*, JuS 61, 46; *Blomeyer*, ZivilprozeßR, § 40 V 1 b; *Thomas-Putzo*, § 308 Anm. 1 c; RGZ 96, 198 (200).

[62] *Lüke*, JuS 61, 46; ebenso *Henckel*, Parteilehre, S. 272 ff. und neuerdings *Steif*, S. 7 ff. (76 f.), mit eingehender Begründung. A. A. *Habscheid*, Streitgegenstand, S. 167 ff.

[63] *Rosenberg*, ZivilprozeßR, § 63 II (S. 294).

[64] *Blomeyer*, ZivilprozeßR, § 18 II; *Lent-Jauernig*, ZivilprozeßR, § 25 I (S. 63); *Stein-Jonas-Pohle*, IV 2 e vor § 128.

[65] RGZ 126, 28 (29).

[66] *Bernhardt*, ZivilprozeßR, § 23 I (S. 135).

[67] Vgl. *Rosenberg*, ZivilprozeßR, § 88 II 1 c (S. 418); *Schwab*, Streitgegenstand, S. 18 f.; *Brauer*, NJW 56, 1190 und JZ 56, 712.

[68] *Bader*, S. 110.

[69] Ebenso *Steif* (S. 110 ff., 120) mit weiterer Begründung.

2. *Die Teilhabe des Subsumtionsanschlusses an der Rechtskraft*

Ist es nicht möglich, einzelne rechtliche Gesichtspunkte der Beurteilung des Gerichts zu entziehen, so folgt hieraus doch nicht zwingend, daß es auch untersagt sein muß, dem Gericht bei der Prüfung der Anspruchsgrundlagen eine bestimmte Reihenfolge bindend vorzuschreiben. Die Eventualstellung müßte vielmehr zulässig sein, sofern hieran ein rechtliches Interesse besteht. Ob dies der Fall ist, läßt sich aber nur beurteilen, wenn man sich zuvor klarmacht, welche Wirkung der rechtlichen Einordnung, dem Subsumtionsschluß, bei einem der Klage stattgebenden Urteil[70] zukommt.

Nach herrschender Meinung erwächst der sich aus dem Tatbestand und der Rechtsanwendung ergebende Subsumtionsschluß als Ganzes in Rechtskraft[71] und bindet das Gericht in einem künftigen Rechtsstreit. Die rechtliche Einordnung als solche gewinnt damit erheblich an Bedeutung: Wird eine Schadensersatzforderung wegen *vorsätzlicher* unerlaubter Handlung zuerkannt, so ist ein späteres Gericht im Hinblick auf § 393 BGB hieran gebunden und darf nicht etwa nur Fahrlässigkeit anstelle von Vorsatz für gegeben erachten[72]. Desgleichen könnte sich der Kläger, dem das Gericht eine Werklohnforderung zuspricht, später nicht mehr mit Erfolg darauf berufen, daß seine Forderung als Dienstlohn zu qualifizieren sei und ihm deshalb das Konkursvorrecht nach § 61 Nr. 1 KO zustehe[73].

Weiterhin ist zu beachten, daß die Rechtskraft der rechtlichen Einordnung nicht ohne Einfluß auf das Rechtsmittelverfahren bleiben kann, weil zwischen dem Umfang der Rechtskraft und dem Umfang der Beschwer eine gewisse Wechselbeziehung besteht. Bewirkt die

---

[70] Diese Wirkung (zulässiger) eventueller Rechtsausführungen kann letztlich allein bei einem der Klage stattgebenden Urteil zum Tragen kommen, da sich hier das Gericht mit der Prüfung und Bejahung *einer* von mehreren möglichen Anspruchsgrundlagen begnügen könnte. Dagegen müßten bei einer Klagabweisung ohnehin *alle* in Betracht kommenden Anspruchsgrundlagen verneint werden, so daß insoweit die Bestimmung einer Reihenfolge für die Subsumtionstätigkeit belanglos ist.

[71] So BGH (GSZ) 13, 265 (278); *Rosenberg*, ZivilprozeßR, § 150 II 1; *Thomas-Putzo*, § 322 Anm. 5; *Schwab*, Streitgegenstand, S. 146; *Habscheid*, Streitgegenstand, S. 123; *Götz*, JZ 59, 685; a. A. *Nikisch*, Streitgegenstand, S. 148 ff.; *Jauernig*, Zivilurteil, S. 115 ff., 132; J. *Blomeyer*, NJW 69, 591 (Fußn. 26 a. E.); einschränkend *Bader*, S. 98 ff., 105; *Stein-Jonas-Schumann/Leipold*, § 322 VI 6 b.

[72] *Götz*, JZ 59, 685; a. A. wohl *Arens* (Streitgegenstand, S. 29), der im Anschluß an RGZ 126, 234 (237) unter der rechtlichen Einordnung nur den „typischen Entstehungsgrund" versteht, so daß nur die Einordnung als unerlaubte Handlung, nicht aber auch die vorsätzliche Begehungsform in Rechtskraft erwächst. So auch BGH, LM Nr. 2 zu § 322 ZPO.

[73] Wegen weiterer Problemfälle vgl. *Bader*, 25 ff.

Rechtskraft, daß dem Kläger allein durch die rechtliche Einordnung eines Anspruchs unwiderbringliche Nachteile entstehen, so muß ihm auch ein Rechtsmittel zugebilligt werden, das lediglich die Änderung der rechtlichen Gründe erstrebt[74]. Zugleich wird damit aber auch ein rechtliches Interesse des Klägers an einer bestimmten rechtlichen Einordnung anerkannt. Gerade diese notwendigen Auswirkungen auf das Rechtsmittelverfahren und die Zulässigkeit der Eventualstellung sind es jedoch, die Bedenken gegenüber der herrschenden Meinung aufkommen lassen.

Ein Rechtsmittel, das lediglich die Abänderung der rechtlichen Einordnung eines zuerkannten Anspruchs herbeiführen soll, läßt sich weder mit dem Gesetz, noch mit dem Sinn und Zweck des Rechtsmittelsverfahrens vereinbaren. Dies ergibt sich vor allem aus § 563 ZPO. Nach dieser Bestimmung ist die Revision zurückzuweisen, wenn die Entscheidungsgründe zwar eine Gesetzesverletzung ergeben, die Entscheidung selbst sich aber aus anderen Gründen als richtig erweist. Gleiches gilt hinsichtlich der rechtlichen Einordnung. Der Gesetzgeber bringt damit eindeutig zum Audruck, daß ein Rechtsmittel[75], mit dem lediglich eine Abänderung oder ein Austausch der Gründe erstrebt wird, niemals Erfolg haben kann und deshalb bereits unzulässig sein muß[76]. Zweck des Rechtsmittelverfahrens ist es, das inhaltliche *Ergebnis* der angefochtenen Entscheidung auf seine Richtigkeit hin zu überprüfen. Das Rechtsmittelverfahren ist aber nicht dazu da, allein solche Streitpunkte zu klären, die niemals für die konkrete Entscheidung, sondern allenfalls für mögliche andere Rechtsstreitigkeiten von präjudizieller Bedeutung sein können.

Freilich sind die Bedenken gegen eine derartige Rechtsmittelzulassung nicht verborgen geblieben. *Götz*[77] versucht sie einmal dadurch aus dem Weg zu räumen, daß er den § 563 ZPO nur insoweit anwenden will, als die auswechselbaren Entscheidungsgründe nicht von unterschiedlicher Tragweite sind. Eine solche einschränkende Auslegung läßt sich dem Gesetz aber nicht entnehmen. Dieses geht vielmehr zu Recht davon aus, daß auswechselbare Entscheidungsgründe für die

---

[74] Mit Recht hält *Götz* (JZ 59, 686) dieses Ergebnis für „die unerläßliche Konsequenz des Grundsatzes, daß der Subsumtionsschluß als Ganzes in Rechtskraft erwächst". Ebenso *Bader,* S. 91 f.; *Stein-Jonas-Schumann/Leipold,* § 322 VI 6 b.

[75] Das Berufungsverfahren weist insoweit gegenüber dem Revisionsverfahren keinen Unterschied auf. Zwar fehlt eine dem § 563 ZPO entsprechende Vorschrift. Es ist jedoch bisher nicht angezweifelt worden, daß die Berufung zurückzuweisen ist, wenn das Ergebnis des Erstgerichts sich als richtig erweist, das Berufungsgericht aber einen anderen rechtlichen Gesichtspunkt für ausschlaggebend erachtet. Vgl. *Bader,* S. 101 f.

[76] *Bader,* S. 100.

[77] JZ 59, 686 f.

konkrete Entscheidung — und allein auf diese kommt es an — gar keine unterschiedliche Tragweite haben können. Zum anderen will *Götz* ein auf Austausch der Entscheidungsgründe gerichtetes Rechtsmittel auch nicht in jedem Fall zulassen. Vielmehr hält er eine Beschwer nur dann für gegeben, „wenn spätestens im Zeitpunkt der Entscheidung über das Rechtsmittel ein substantieller Nachteil aus der rechtlichen Charakterisierung des zu- oder aberkannten Anspruchs erkennbar ist"[78]. Damit werden die Bedenken gegen die Zulassung eines „Austauschrechtsmittels" aber keineswegs beseitigt, sondern allenfalls noch augenfälliger gemacht. Denn abgesehen davon, daß eine solche Beschränkung willkürlich ist, weil es für die Erkennbarkeit eines späteren Nachteils aus der rechtlichen Einordnung keine hinreichenden Kriterien gibt und somit sogar weitere Unzuträglichkeiten entstehen können[79], gibt *Götz* zu erkennen, daß eine unbeschränkte Zulassung solcher Rechtsmittel, die im Hinblick auf die für notwendig erachtete Übereinstimmung zwischen dem Umfang der Rechtskraft und der Möglichkeit eines Rechtsmittels die einzig konsequente Lösung wäre[80], mit der gegenwärtigen Regelung der Rechtsmittelverfahren unvereinbar ist.

Sicherlich bleibt es ein denkbarer Lösungsweg, in Anbetracht des weiten Umfangs der Rechtskraft auch Rechtsmittel im weiteren Umfang zuzulassen, als dies das Gesetz vorsieht[81]. Näherliegend erscheint es jedoch, zunächst einmal zu überprüfen, ob für die Einbeziehung des Subsumtionsschlusses in den Bindungsgegenstand der materiellen Rechtskraft überhaupt eine Notwendigkeit besteht. Geht man davon aus, daß die Rechtskraft allein die Aufgabe hat, im Hinblick auf Rechtsfrieden und Rechtssicherheit den inhaltlichen Bestand der konkreten Entscheidung zu sichern, so muß man dies verneinen. Wird einer Schadensersatzklage in vollem Umfang stattgegeben, so wird der Bestand dieser Entscheidung bereits dadurch hinreichend gesichert, daß in künftigen Prozessen nicht mehr angezweifelt werden darf, daß dem Kläger aufgrund eines bestimmten Lebensvorganges ein Schadensersatzanspruch in gewisser Höhe gegen den Beklagten zusteht. Ob dieser Anspruch nun aus Vertrag oder Delikt oder gar aus vorsätzlich oder fahrlässig begangener unerlaubter Handlung herzuleiten ist, berührt den Bestand der Entscheidung grundsätzlich nicht. Das wird besonders deutlich in den Fällen, in denen das Gericht einer Klage stattgibt, ohne eine bestimmte rechtliche Einordnung vorzunehmen, wenn es also im Urteil dahingestellt sein läßt, ob sich der Vergütungsanspruch aus Werk- oder Dienstvertrag ergibt, oder ob der Beklagte den

---

78 *Götz*, JZ 59, 686.
79 Vgl. *Bader*, S. 97 f.
80 Vgl. oben bei Fußn. 74.
81 So *Stein-Jonas-Grunsky*, Allg. Einl. V 2 b aa vor § 511 und § 563 I 2.

Schaden nicht nur fahrlässig, sondern sogar vorsätzlich verursacht hat. Hier wird auch von den Vertretern der herrschenden Auffassung niemand bezweifeln, daß die Rechtskraft solcher Entscheidungen keinen geringeren Bestandsschutz bewirkt, als wenn die mehr oder weniger zufällige Feststellung des Vorliegens eines „Dienstvertrages" oder einer „fahrlässigen Handlung" getroffen worden wäre. Selbst wenn aber der rechtlichen Einordnung für die Entscheidung des konkreten Falles ausschlaggebende Bedeutung zukommt, so kann sich dies doch nur dahingehend auswirken, daß der Klage bei einer anderen rechtlichen Einordnung überhaupt nicht oder jedenfalls nicht in gleichem Umfang stattgegeben werden könnte. Eine spätere abweichende rechtliche Beurteilung des gleichen Falles würde also notwendig auch den inhaltlichen Bestand der Vorentscheidung negieren und damit gegen die Rechtskraft verstoßen, ohne daß hierfür der Subsumtionsschluß als Ganzes von der Rechtskraft mitumfaßt zu werden braucht[82].

Läßt man dagegen die rechtliche Einordnung an der Rechtskraft teilnehmen, so werden letztlich Fragen wie zum Beispiel die Aufrechnungsfestigkeit oder das Bestehen eines Konkursvorrechts rechtskräftig entschieden, obwohl es auf diese Fragen in dem konkreten Prozeß, in dem allein über das Bestehen des behaupteten Anspruchs zu befinden ist, gar nicht ankommt. Dies ist um so bedenklicher, als es in Fällen, in denen die rechtliche Einordnung für den konkreten Rechtsstreit keine Bedeutung hat, höchst zweifelhaft ist, ob das Gericht bei einer gleichwohl vorgenommenen rechtlichen Qualifizierung des Anspruchs mit ausreichender Sorgfalt und im Bewußtsein der späteren Bedeutung dieser Einordnung vorgegangen ist. In jedem Verfahren sind stets nur die Fragen zu klären, die für die Entscheidung erheblich sind. Ist der Partei an einer bestimmten rechtlichen Einordnung im Hinblick auf ein späteres Verfahren gelegen, so muß sie diese — soweit möglich[83] — zu einem selbständigen Streitgegenstand erheben (§§ 256, 280 ZPO). Durch Ausdehnung des Umfangs der materiellen Rechtskraft auf den Subsumtionsschluß darf einem Prozeß eben keine größere Bedeutung beigemessen werden, als ihm tatsächlich zukommt.

Sicherlich ist es verlockend, den Umfang der materiellen Rechtskraft so weit auszudehnen, daß auf diese Weise bereits viele mit der Ent-

[82] Abweichend insoweit *Bader* (S. 102), der in den Fällen, in denen der Ausgang des Rechtsstreits mit einer bestimmten Art des Anspruchs steht und fällt, die rechtliche Einordnung an der Rechtskraft teilnehmen läßt. Diese Auffassung führt zwar hinsichtlich der Bindungswirkung der Rechtskraft praktisch zum gleichen Ergebnis wie die im Text vertretene Meinung. Sie hat jedoch dieser gegenüber den Nachteil, daß sie die Möglichkeit eines Rechtsmittels allein wegen der Entscheidung über die Art des Anspruchs nicht ganz auszuschließen vermag (so selbst *Bader*, S. 102 f.).

[83] Vgl. hierzu *Bader*, S. 108 f., 110 ff.

scheidung im Zusammenhang stehende Fragen als geklärt angesehen werden können und somit dem Entstehen späterer Streitigkeiten weitgehend vorgebeugt wird[84]. Zu beachten ist aber immer, ob auch die damit verbundenen Auswirkungen auf das gegenwärtige Verfahren tragbar sind. Im Falle der Teilhabe des Subsumtionsschlusses an der Rechtskraft müßte nicht nur contra legem ein Rechtsmittelverfahren allein zur Überprüfung der rechtlichen Einordnung gewährt werden, auch das erstinstanzliche Verfahren würde wegen keineswegs sicherer zukünftiger Auswirkungen mit unnötigem Streitstoff belastet. Denn einmal dürfte das Gericht wegen der unterschiedlichen Rechtskraftwirkung die genaue rechtliche Einordnung nicht mehr dahingestellt sein lassen, sondern müßte den zugesprochenen Anspruch in jedem Falle auch rechtlich eindeutig qualifizieren. Zum anderen könnte das Gericht bei einem rechtlich mehrdeutigen Sachverwalt nicht immer den rechtlichen Gesichtspunkt wählen, der am schnellsten zum Erfolg führt, sofern der Kläger nämlich durch eine nunmehr zulässige Eventualstellung die Reihenfolge der Prüfung bindend festgelegt hat. Die sich damit notwendig ergebende Aufblähung und Verzögerung der Prozesse ist aber keineswegs wünschenswert und steht sogar in offenem Widerspruch zu den jüngsten Bestrebungen nach einer Beschleunigung und Straffung des zivilprozessualen Verfahrens und der Entlastung der Rechtsmittelgerichte[85].

Nach alledem ist die Einbeziehung des Subsumtionsschlusses in den Bindungsgegenstand der Rechtskraft abzulehnen. Damit entfällt auch ein rechtliches Interesse der Partei an einer bestimmten rechtlichen Einordnung des Klageanspruchs. Eventuelle Rechtsausführungen sind daher unzulässig und haben für das Gericht keine bindende Wirkung[86].

§ 10 Eventuelle Bewirkungshandlungen

Bewirkungshandlungen enthalten häufig Willenserklärungen, die auf unmittelbare Herbeiführung prozessualer Rechtswirkungen gerichtet sind. Die Hinzufügung einer Bedingung ist also durchaus denkbar. Gleichwohl werden aber gerade Bewirkungshandlungen vielfach als schlechthin bedingungsfeindlich angesehen[1]. Es wird angenommen, daß eventuelle Bewirkungshandlungen stets zu einem Schwebezustand

[84] Vgl. vor allem *Zeuner* (Grenzen der Rechtskraft, S. 80 ff.), der eine besonders weite Rechtskraftwirkung im Rahmen von „Sinnzusammenhängen" annimmt.

[85] Vgl. z. B. den auf Empfehlungen der beim Bundesminister der Justiz gebildeten Kommission für das Zivilprozeßrecht beruhenden Entwurf eines Gesetzes zur Änderung der ZPO (BT-Drucks. V/4211).

[86] So auch *Lent*, ZZP 65, 332; *Thomas-Putzo*, § 200 GVG Anm. 1.

[1] So *Stein*, DJZ 13, 35 f.; *Nikisch*, ZivilprozeßR, § 54 IV 3 (S. 214); *Lent-Jauernig*, ZivilprozeßR, § 29 VI 6.

führen, der mit dem ordnungsgemäßen Fortgang des Verfahrens nicht zu vereinbaren ist. In vielen Fällen ist dies sicherlich auch zutreffend. Es erscheint jedoch zweifelhaft, ob in Anbetracht der Vielfalt der Bewirkungshandlungen und der Tatsache, daß die Bedingungen einen unterschiedlichen Inhalt haben können, überhaupt eine generelle Aussage zur Zulässigkeit oder Unzulässigkeit eventueller Bewirkungshandlungen möglich ist. Im folgenden sollen einige besonders wichtige Bewirkungshandlungen überprüft werden

I. Anerkenntnis, Verzicht[2]) und Klagerücknahme

Die eventuelle Erklärung von Anerkenntnis, Verzicht oder Klagerücknahme kann einmal bei dem Vorliegen einer eventuellen objektiven Klagenhäufung praktisch bedeutsam werden, nämlich dann, wenn sich diese Erklärung allein auf den Hilfsantrag des Klägers bezieht. Durch die Eventualstellung wird die bedingte Prozeßhandlung in Abhängigkeit zu der Entscheidung über den Hauptantrag gebracht. Wenn zum Beispiel der Beklagte den Hilfsantrag nur für den Fall anerkennt, daß der Hauptantrag des Klägers abgewiesen wird, so kann er hierfür gute Gründe haben: Einmal erlangt der Beklagte mit dem sofortigen Anerkenntnis möglicherweise Kostenvorteile nach § 93 ZPO. Zum anderen erreicht er mit der Eventualstellung, daß es zu einem Anerkenntnisurteil nur im Zusammenhang mit einem kontradiktorischen Urteil über den Hauptantrag kommt, der Kläger also nicht etwa im Hinblick auf das Anerkenntnis von der eventuellen Klagenhäufung Abstand nehmen kann. Ähnlich läßt sich die Eventualstellung auch beim Verzicht oder bei der Klagerücknahme konstruieren und begründen.

Durch eine solche Eventualstellung wird der Eintritt der Rechtswirkungen dieser Prozeßhandlungen zwar aufschiebend bedingt, dies steht jedoch einem ordnungsgemäßen Fortgang des Verfahrens nicht entgegen. Da das Gericht infolge der eventuellen objektiven Klagenhäufung über den Hilfsantrag ohnehin erst dann entscheiden kann, wenn es sich über die Unzulässigkeit oder Unbegründetheit des Hauptantrages im klaren ist, besteht in diesem Zeitpunkt stets auch Gewißheit über den Eintritt oder Ausfall der in bezug auf die Bewirkungshandlung gesetzten Bedingung. Bei dieser Art der Bedingung wird also kein unerträglicher Schwebezustand geschaffen. Anerkenntnis,

---

[2] Ob Anerkenntnis und Verzicht zu den Erwirkungshandlungen (so z. B. *Blomeyer*, ZivilprozeßR, § 30 II 1 b) oder zu den Bewirkungshandlungen (so z. B. *Stein-Jonas-Pohle*, XI 2 b vor § 128) zu rechnen sind, bedarf keiner näheren Stellungnahme, da allein aus der formellen Einordnung ohnehin keine Schlußfolgerungen auf die Zulässigkeit oder Unzulässigkeit einer Eventualstellung gezogen werden sollen.

Verzicht und Klagerücknahme sind daher auch insoweit als eventuelle Prozeßhandlungen unbedenklich zuzulassen[3].

Anders verhält es sich dagegen, wenn diese Bewirkungshandlungen von einer bestimmten Beurteilung des Klageantrages abhängig gemacht werden, auf den sie sich selbst beziehen, also zum Beispiel der Beklagte nur für den Fall anerkennt, daß das Gericht den Klageantrag für begründet erachtet. An einer solchen Eventualstellung könnte der Partei deshalb gelegen sein, weil sowohl das Anerkenntnis- oder Verzichtsurteil als auch die Klagerücknahme kostenmäßig günstiger sind als ein entsprechendes kontradiktorisches Urteil. Dennoch vermag dies die Zulässigkeit dieser Eventualstellung nicht zu rechtfertigen. Die Institute des Anerkenntnisses, des Verzichts und der Klagerücknahme haben gemeinsam, daß das Gericht im Falle ihrer wirksamen Vornahme jeglicher weiteren Prüfung des Bestehens eines materiellen Anspruchs enthoben wird und alle bisherigen Verhandlungen und Beweisaufnahmen bedeutungslos werden. Mit dem Wesen dieser Bewirkungshandlungen ist es daher unvereinbar, daß ihre Wirksamkeit im Wege einer Bedingung von solchen Beurteilungen abhängig gemacht wird, die dem Gericht im Falle der Wirksamkeit dieser Prozeßhandlungen gerade erspart bleiben sollen.

II. Die eventuelle Einlegung von Rechtsmitteln[4])

Zu den Rechtsmitteln zählt die ZPO nicht alle Rechtsbehelfe, die den Parteien oder Dritten zur Abwendung prozessualer Nachteile zu Gebote stehen, sondern nur diejenigen, die eine nachteilige Entscheidung vor Eintritt der formellen Rechtskraft im Wege der Nachprüfung durch ein höheres Gericht beseitigen sollen. Rechtsmittel sind demnach nur die Berufung, die Revision und die Beschwerde. Sie sind im Gegensatz zu den sonstigen Rechtsbehelfen dadurch gekennzeichnet, daß sie sowohl den Eintritt der formellen Rechtskraft hemmen (Suspensiveffekt, § 705 ZPO) als auch die Anhängigkeit des Verfahrens in der höheren Instanz bewirken (Devolutiveffekt). Nun weist allerdings *Grunsky*[5] mit Recht darauf hin, daß allein der Klassifizierung eines

---

[3] Ähnlich bereits *Goldschmidt* (Prozeß als Rechtslage, S. 494), wenn er die Vornahme von Bewirkungshandlungen für den Fall einer bestimmten Gestaltung der Prozeßlage zuläßt. Für die Zulässigkeit einer bedingten Klagerücknahme, im Einzelfall auch *Lent*, ZZP 57, 74; a. A. *Blomeyer*, ZivilprozeßR, § 30 VI 1.

[4] Der Auffassung von *Lent-Jauernig* (ZivilprozeßR, § 29 III, S. 84) und *Stein-Jonas-Pohle* (XI 2 b vor § 128), wonach die Einlegung eines Rechtsmittels als Bewirkungshandlung anzusehen ist, wird hier ohne weiteres gefolgt, da der rechtlichen Einordnung der Prozeßhandlungen im Rahmen dieser Arbeit ohnehin nur Ordnungsfunktion zukommt.

[5] *Stein-Jonas-Grunsky*, Allg. Einl. II 2 vor § 511.

Rechtsbehelfs als Rechtsmittel keine praktische Bedeutung beigemessen werden darf. Vielmehr ist grundsätzlich bei jeder Einzelfrage zu prüfen, ob der betreffende Rechtsbehelf nicht ebenso zu behandeln ist wie ein Rechtsmittel. Um jedoch eine Vielzahl sich wiederholender und überschneidender Einzeluntersuchungen zu ersparen, werden sich die folgenden Ausführungen gleichwohl nur mit den Rechtsmitteln im Sinne der ZPO befassen. Dies erscheint auch gerechtfertigt, weil jedenfalls die maßgeblichen prozessualen Gesichtspunkte dargelegt werden, anhand derer die Frage der Zulässigkeit sonstiger eventueller Rechtsbehelfe ohne weiteres entschieden werden kann.

1. Berufung und Revision

Das Prozeßrechtsverhältnis ist „ein einziges und einheitliches Rechtsverhältnis“[6] und umfaßt den gesamten Instanzenzug. Mit der Berufung oder Revision wird somit zwar eine neue Instanz eröffnet, nicht aber auch ein neues Prozeßrechtsverhältnis begründet. Die Einlegung der Berufung oder Revision hat jedoch entscheidenden Einfluß auf den Fortbestand des Prozeßrechtsverhältnisses, da dieses ohne die Rechtsmitteleinlegung seitens einer Partei mit dem Eintritt der formellen Rechtskraft des die Instanz abschließenden Endurteils erlöschen würde. Dies gilt auch hinsichtlich der Anfechtung eines Teil(end)urteils. Zwar bleibt das Prozeßrechtsverhältnis ein einheitliches, auch wenn mit dem Erlaß des Teilurteils das Verfahren in zwei voneinander unabhängige Teile gespalten wird[7]; es endet also niemals vor der rechtskräftigen Entscheidung über den verbleibenden Teil. Allein die Möglichkeit, daß über den verbliebenen Teil rechtskräftig entschieden werden könnte, bevor der Instanzenzug hinsichtlich des angefochtenen Teilurteils erschöpft ist, macht jedoch deutlich, daß auch in diesem Fall allein das eingelegte Rechtsmittel die Aufrechterhaltung des Prozeßrechtsverhältnisses bewirken kann. Wird daher ein Rechtsmittel nur eventualiter eingelegt[8], so ist damit auch der weitere Bestand des Prozeßrechtsverhältnisses von dem Eintritt oder Ausfall der Bedingung abhängig. Dieser Schwebezustand ist mit dem ordnungsgemäßen Fortgang des Verfahrens nicht vereinbar. Es muß im Interesse des jeweiligen Gegners sichergestellt sein, daß das Prozeßrechtsverhältnis und damit jede einmal eröffnete Instanz nicht mittels einer von der anderen Partei

---

[6] *Rosenberg-Schwab*, § 2 V.

[7] Vgl. hierzu *Rosenberg-Schwab*, § 58 II 2 a. E.; *Thomas-Putzo*, § 301 Anm. 3.

[8] Beispiel: Der Kläger ist säumig, die Klage wird wegen Mangels einer Prozeßvoraussetzung abgewiesen. Hiergegen legt der Kläger in erster Linie Einspruch, hilfsweise Berufung ein.

einseitig gesetzten Bedingung wieder beendet werden kann[9]. Daher ist die bedingte Einlegung[10] einer Berufung oder Revision grundsätzlich unzulässig[11].

Bis zum Ablauf der hierfür maßgeblichen Fristen können die Parteien nun aber unabhängig voneinander die Rechtsmittel der Berufung oder Revision einlegen, sofern das Urteil seinem Inhalt nach beide beschwert. Auch in diesem Falle liegt aber nur ein einheitliches Rechtsmittelverfahren vor[12]. Die Eöffnung der höheren Instanz wird also allein durch das zeitlich früher eingelegte Rechtsmittel bewirkt. Das spätere Rechtsmittel hat dagegen auf die Eröffnung der Instanz und somit auch auf den Fortbestand des Prozeßrechtsverhältnisses grundsätzlich keinen Einfluß, es sei denn, daß das zuerst eingelegte Rechtsmittel zurückgenommen oder vorzeitig durch Teilurteil erledigt würde. Mithin bestehen aber auch keine Bedenken, innerhalb eines unbedingt eröffneten Rechtsmittelzuges ein eventuelles Rechtsmittel zuzulassen[13], sofern die innerprozessuale Bedingung derart beschaffen ist, daß auch bei einer vorzeitigen Erledigung des unbedingten Rechtsmittels der Fortgang des Verfahrens nicht in der Schwebe bleibt. Der Berufungsbeklagte kann also in erster Linie die Zurückweisung der Berufung beantragen und hilfsweise selbständig Berufung einlegen. Seine Berufung ist dann auflösend[14] bedingt durch die Erfolglosigkeit der Hauptberufung. Wird diese verworfen, zurückgewiesen oder zurückgenommen, so wird auch die hilfsweise eingelegte Berufung infolge des Bedingungseintritts gegenstandlos.

---

[9] Vgl. hierzu die obigen Ausführungen (§ 5 III 5) über die Unzulässigkeit einer bedingten Klage.

[10] Für die Frage, ob im Rahmen einer unbedingt eröffneten Rechtsmittelinstanz *eventuelle Rechtsmittelanträge* gestellt werden dürfen, gelten die Ausführungen über die Zulässigkeit eventueller Sachanträge (oben § 5 II 3, III) entsprechend. Vgl. insoweit auch *Fenn*, Anschlußbeschwerde, S. 142 ff.; *Stein-Jonas-Grunsky*, § 521 I 4.

[11] BGHZ 4, 54 = NJW 52, 102; BAG, NJW 69, 446; BVerwG, NJW 54, 365; OLG München, ZZP 64, 85 (86) mit insoweit zust. Anm. v. *Rosenberg; Baumgärtel*, Prozeßhandlung, S. 131; *Baumbach-Lauterbach*, § 518 Anm. 2 B b; *Bernhardt*, ZivilprozeßR, § 50 II; *Fenn*, Anschlußbeschwerde, S. 141; *Fischer*, S. 93; *Lang*, S. 27; *Stein-Jonas-Pohle*, XI 3 g vor § 128; *Schönke-Schröder-Niese*, § 84 II 1 e; *Thomas-Putzo*, § 518 Anm. 2; *Zöller-Karch*, § 518 Anm. 1; a. A. *Blomeyer*, ZivilprozeßR, § 30 VI 2.

[12] RGZ 144, 116 (118); *Stein-Jonas-Grunsky*, § 521 I.

[13] So wohl auch RGZ 110, 427 (429); *Lang*, S. 78 f.; *Rosenberg-Schwab*, § 65 IV 3 d, während die h. M. (Fußn. 11) Rechtsmittel ohne Differenzierung als bedingungsfeindlich ansieht.

[14] Es kommt nur eine *auflösende* Bedingung in Betracht, weil das Gesetz die Eröffnung des Rechtsmittelverfahrens an einen tatsächlichen Akt knüpft, nämlich die Einreichung der Berufungs- bzw. Revisionsschrift (§§ 518 Abs. 1, 553 Abs. 1 ZPO), der gar nicht bedingt vorgenommen werden kann. Bei einer eventuellen Rechtsmitteleinlegung ist somit allenfalls der Fortgang des Verfahrens (auflösend) bedingt. Vgl. hierzu auch die Ausführungen oben § 5 III 2 (nach Fußn. 63).

Neuerdings setzt sich *Grunsky*[15] dafür ein, eine bedingte Rechtsmitteleinlegung *schlechthin* zuzulassen, sofern das bedingende Ereignis in einem innerprozessualen Vorgang liegt. Dementsprechend soll die Zulässigkeit vor allem in den Fällen zu bejahen sein, in denen die Berufung oder Revision von der Bewilligung des Armenrechts oder der Gewährung der Wiedereinsetzung in den vorigen Stand abhängig gemacht wird. *Grunsky* meint, die besseren Gründe dürften für diese Ansicht sprechen. Welche Gründe dies sind, wird jedoch nicht näher dargelegt und bleibt auch unerfindlich. Besteht somit grundsätzlich keine Veranlassung, von der hier in Übereinstimmung mit der herrschenden Meinung[16] vertretenen Auffassung abzugehen, so bleibt jedoch zu überprüfen, ob nicht wenigstens in den vorgenannten Einzelfällen die bedingte Rechtsmitteleinlegung ausnahmsweise zugelassen werden muß[17].

a) Betrachten wir zunächst das für den Fall der Bewilligung des Armenrechts eingelegte Rechtsmittel. Der Grund für die Eventualstellung liegt hier auf der Hand: Der Rechtsmittelkläger möchte keinerlei Kostenrisiko eingehen. Bei Ablehnung seines Armenrechtsgesuchs will er so gestellt sein, als ob er niemals ein Rechtsmittel eingelegt hätte. Diese Zielsetzung muß zweifellos als legitim angesehen werden, zeigt doch die Regelung des Armenrechtsverfahrens (§§ 118, 118 a ZPO), daß niemand genötigt sein soll, auf eigene Kosten ein Rechtsmittel einzulegen, solange er seinen Armenrechtsanspruch verfolgt. Für den Rechtsmittelkläger kann es daher keine befriedigende Lösung darstellen, wenn die Gerichte in derartigen Fällen zwar keine bedingte und somit unzulässige Rechtsmitteleinlegung erblicken, aber davon ausgehen, mit der Eventualstellung werde lediglich zum Ausdruck gebracht, daß zunächst eine Entscheidung über das Armenrechtsgesuch ergehen und für den Fall der Ablehnung die Rücknahme des Rechtsmittels vorbehalten bleiben soll[18]. Mag dies auch die einzig mögliche Konstruktion sein, um den Rechtsmittelkläger vor der für ihn ungünstigen Folge — nämlich der Abweisung des Rechtsmittels als unzulässig — zu bewahren, so stellt sie ihn aber im Hinblick auf die §§ 515 Abs. 3, 566 ZPO auch nicht von jeglichem Kostenrisiko frei. Dieses Ziel scheint sich also tatsächlich allenfalls im Wege eines be-

---

[15] *Stein-Jonas-Grunsky*, § 518 II 2.

[16] Siehe oben Fußn. 11.

[17] So *Wieczorek*, § 518 B II b 2.

[18] BAG, AP Nr. 31 zu § 72 ArbGG; BGH, LM Nr. 2 zu § 518 ZPO = NJW 52, 880. Entgegen *Stein-Jonas-Grunsky* (§ 518 II 2, Fußn. 32) kann die Entscheidung des BAG nicht dahingehend verstanden werden, daß sie eine bedingte Rechtsmitteleinlegung zulassen. Vielmehr gibt das BAG ausdrücklich zu verstehen, daß es die „Einlegung der Revision für den Fall der Armenrechtsbewilligung ... nicht ... als bedingte Revisionseinlegung" auffaßt.

dingten Rechtsmittels erreichen zu lassen. Fraglich bleibt jedoch, ob hierfür überhaupt eine Notwendigkeit besteht, das heißt, ob das Rechtsmittel zugleich mit dem Armenrechtsgesuch eingelegt werden muß. Beschränkt sich eine Partei darauf, zunächst allein das Armenrecht für ein Rechtsmittel zu beantragen, so wird sie zwar in der Mehrzahl der Fälle die Rechtsmittelfrist versäumen, da die oberen Gerichte über das Armenrecht regelmäßig erst nach Ablauf der Rechtsmittelfrist entscheiden[19]. Hieraus erwachsen der armen Partei jedoch keine Nachteile. Wird ihr nämlich das Armenrecht verspätet gewährt, so hat sie einen allgemein anerkannten Anspruch auf Wiedereinsetzung in den vorigen Stand[20], und zwar selbst dann, wenn im Einzelfall die Frist des § 234 Abs. 3 ZPO infolge der Dauer des Armenrechtsverfahrens überschritten wird[21]. Ist somit eine vorsorgliche Rechtsmitteleinlegung wegen der Möglichkeit der Wiedereinsetzung in den vorigen Stand[22] nicht erforderlich, um die Rechtsmittelfrist zu wahren, so besteht auch keinerlei praktisches Bedürfnis für die Zulassung eines von der Bewilligung des Armenrechts abhängig gemachten Rechtsmittels im Hinblick auf das Kostenrisiko. Die arme Partei kann das Kostenrisiko mit Sicherheit ausschließen, indem sie das Rechtsmittel erst nach Ablauf des Armenrechtsverfahrens einlegt.

Etwas anders verhält es sich, wenn die Bedingung in der Gewährung der Wiedereinsetzung in den vorigen Stand besteht. Hier hat die Einlegung des Rechtsmittels spätestens gleichzeitig mit der Stellung des Wiedereinsetzungsantrages zu erfolgen (§ 236 Ziff. 3 ZPO). Geschieht dies nicht oder wird das Rechtsmittel nur unzulässig bedingt eingelegt, so besteht die Gefahr, daß das Gericht die versäumte Prozeßhandlung als nicht rechtzeitig nachgeholt ansieht und deshalb den

---

[19] *Lüderitz*, ZZP 78, 135.

[20] BGHZ 16, 1 = NJW 55, 345; BAG, NJW 69, 446; *Blomeyer*, ZivilprozeßR, § 27 II 3; *Lent-Jauernig*, ZivilprozeßR, § 31 II; *Thomas-Putzo*, § 233 Anm. 5 b gg; vgl. auch die kritische Abhandlung von *Lüderitz*, ZZP 78, 131 ff. Ob die Wiedereinsetzung auch bei Ablehnung des Armenrechtsgesuchs zu gewähren ist (vgl. hierzu *Lüderitz*, ZZP 78, 140 ff. m. w. N.; *Zöller-Stephan*, § 233 Anm. C 4 b), spielt hier keine Rolle, da in diesem Fall das (bedingte) Rechtsmittel ohnehin als nicht eingelegt angesehen werden soll.

[21] OLG Braunschweig, NJW 62, 1823; *Thomas-Putzo*, § 234 Anm. 3 d; *Zöller-Stephan* § 234 Anm. 4.

[22] Nun vertritt allerdings *Lüderitz* (ZZP 78, 134 ff.) die Auffassung, daß die Wiedereinsetzung aus dogmatischen und rechtspolitischen Gründen nicht geeignet ist, die im Zusammenhang mit Armensachen entstehenden Aufgaben befriedigend zu lösen. Aber auch seine Lösung, nach der das Armenrechtsgesuch in Analogie zu den §§ 239 ff. ZPO die Rechtsmittelfrist unterbrechen soll, erscheint in Anbetracht der Unzuträglichkeiten, zu denen eine bedingte Rechtsmitteleinlegung führt, als der bessere Weg und macht somit deutlich, daß es der Zulassung eines bedingt eingelegten Rechtsmittels nicht bedarf.

Wiedereinsetzungsantrag zurückweist[23]. Fraglich erscheint jedoch, ob im vorliegenden Fall die Rechtsmitteleinlegung überhaupt von einer echten Bedingung abhängig gemacht wird. Die Wiedereinsetzung ist eine Entscheidung, durch die eine versäumte und nachgeholte Prozeßhandlung als rechtzeitig fingiert wird. Damit entscheidet sich zugleich auch, ob eine Zulässigkeitsvoraussetzung für das Rechtsmittel erfüllt ist. Die Rechtsmitteleinlegung wird also letztlich von einem Umstand abhängig gemacht, der ohnehin kraft Gesetzes gegeben sein muß, damit es zu der gewünschten Sachentscheidung über das Rechtsmittel kommen kann. Es läßt sich daher ohne weiteres die Auffassung vertreten, daß es sich bei der Abhängigkeit des Rechtsmittels von der Wiedereinsetzung lediglich um eine *Rechtsbedingung* handelt[24]. Folglich stellt sich hier das Problem der Zulässigkeit eines bedingten Rechtsmittels überhaupt nicht[25]. Es handelt sich vielmehr um ein unbedingt eingelegtes Rechtsmittel, so daß sich im Falle der Abweisung des Wiedereinsetzungsantrages die Entscheidung über die nachgeholte und nunmehr unzulässige Rechtsmitteleinlegung keineswegs erübrigt. Die Hervorhebung der Rechtsbedingung durch den Rechtsmittelkläger kann nur als Anregung an das Gericht aufgefaßt werden, das Verfahren gemäß § 238 Abs. 1 Satz 2 ZPO zunächst auf die Verhandlung und Entscheidung über den Wiedereinsetzungsantrag zu beschränken, um auf diese Weise dem Rechtsmittelkläger die Möglichkeit der einseitigen Rechtsmittelrücknahme offen zu halten. Daß damit der Rechtsmittelkläger auf jeden Fall die mit der Verwerfung oder Zurücknahme des Rechtsmittels verbundenen Kosten zu tragen hat, rechtfertigt keine andere Beurteilung und schon gar nicht die Zulassung einer bedingten Rechtsmitteleinlegung. Der Gesetzgeber bürdet dem Rechtsmittelkläger dieses Risiko bewußt auf, indem er von ihm die Einlegung des Rechtsmittels — Nachholung der versäumten Prozeßhandlung — verlangt, bevor es zu einer Entscheidung über den Wiedereinsetzungsantrag kommt.

Es besteht somit kein hinreichender Grund, in Armensachen oder im Fall eines notwendigen Wiedereinsetzungsverfahrens eine bedingte Rechtsmitteleinlegung auch nur ausnahmsweise zuzulassen.

---

[23] Vgl. *Käufer*, NJW 62, 572 m. w. N.

[24] So auch *Käufer*, NJW 62, 573.

[25] Dies wird von *Käufer* (NJW 62, 573) nicht genügend beachtet, wenn er dennoch nachzuweisen versucht, daß das von der Wiedereinsetzung abhängig gemachte Rechtsmittel den von *Rosenberg* (ZivilprozeßR, § 61 IV 2) für die Zulässigkeit bedingter Parteihandlungen aufgestellten Voraussetzungen entspricht. Zudem verkennt er, daß es sich bei dem Wiedereinsetzungs- und dem Rechtsmittelverfahren um zwei verschiedene Verfahren handelt (arg. e § 238 ZPO), so daß der Wiedereinsetzungsantrag nicht als die spätestens gleichzeitig mit der bedingten vorzunehmende unbedingte Parteihandlung im Rahmen des Rechtsmittelverfahrens angesehen werden darf.

b) Auch bei Vorliegen von ihrer Art nach zweifelhaften oder inkorrekten Entscheidungen kann eine eventuelle Rechtsmitteleinlegung nicht zugelassen werden. Entgegen der Auffassung von *Baumgärtel*[26] besteht hierfür keine Notwendigkeit. Nach dem heute ganz überwiegend vertretenen Grundsatz der Meistbegünstigung[27] darf ein Fehler oder eine Unklarheit des Gerichts keinesfalls zu Lasten der Parteien gehen, so daß sowohl das Rechtsmittel zuzulassen ist, welches der vom Gericht gewollten Entscheidung entspricht, als auch dasjenige, welches gegen die richtige Entscheidung gegeben ist. Mit der Einräumung einer solchen Wahlbefugnis wird die beschwerte Partei vor Nachteilen bewahrt, ohne daß es hierfür einer eventuellen Rechtsmitteleinlegung bedarf, für die darüber hinaus sogar nur dann Raum sein könnte, wenn man der Partei mit dem Prinzip der Meistbegünstigung nicht nur die Wahl des Rechtsmittels erleichtern, sondern ihr außerdem auch eine gleichzeitige Einlegung mehrerer Rechtsmittel ermöglichen wollte[28].

Eine eventuelle subjektive Rechtsmittelhäufung ist unzulässig[29], sofern man das gleiche für die entsprechende Klagenhäufung annimmt. Vielfach hat man es jedoch nur mit einer scheinbaren eventuellen subjektiven Rechtsmittelhäufung zu tun, und zwar dann, wenn die Eventualstellung durch Ungewißheit über die Person des Rechtsmittelklägers oder -beklagten veranlaßt wird. Eine solche Ungewißheit entsteht zum Beispiel, wenn aus einem Urteil nicht eindeutig zu ersehen ist, ob es zugunsten des Kaufmannes A oder der Firma A, deren Inhaber die Ehefrau A ist, lautet[30]. In derartigen Fällen ist überhaupt keine Rechtsmittelhäufung gegeben. Vielmehr liegt hier ein einziges Rechtsmittel vor, das lediglich insofern einen Mangel aufweist, als es nicht mit der erforderlichen Bestimmtheit zu erkennen gibt, für und gegen wen das Rechtsmittel eingelegt werden soll[31]. Da es jedoch Sache des Richters ist, in der Entscheidung die Person, die Partei ist, so eindeutig zu bestimmen, daß keine Zweifel darüber aufkommen können, wer zur Einlegung des Rechtsmittels befugt ist, kann dieser Mangel den Parteien nicht angelastet werden. Das Gericht hat demnach sofort und

---

[26] Prozeßhandlung, S. 133.

[27] Vgl. statt vieler *Rosenberg-Schwab,* § 136 II 2; *Stein-Jonas-Grunsky,* Allg. Einl. III 1 a vor § 511 mit umfassenden Nachweisen.

[28] Für die Zulassung einer gleichzeitigen Einlegung mehrerer Rechtsmittel z. B. *Lent-Jauernig,* ZivilprozeßR, § 72 IX; *Thomas-Putzo,* Vorbem. § 511 Anm. II 2; a. A. aber wohl mit Recht *Stein-Jonas-Grunsky,* Allg. Einl. III 1 a vor § 511.

[29] A. A. *Baumgärtel* (Prozeßhandlung, S. 134), der allerdings auch eine eventuelle subjektive Klagenhäufung in gewissem Umfang für zulässig hält.

[30] Vgl. OLG Karlsruhe, OLGRspr. 11, 77.

[31] Zum Erfordernis der Bestimmtheit vgl. BGHZ 21, 168; *Stein-Jonas-Grunsky,* § 518 II 2.

allein über das Rechtsmittel unter den legitimierten Parteien zu entscheiden. Gegen die Zulässigkeit dieser bloß scheinbaren Eventualhäufung bestehen also keine Bedenken[32].

2. *Die Beschwerde*

Die Entscheidungen, die nach § 567 ZPO der Beschwerde unterworfen sind, lassen sich wegen der Mannigfaltigkeit der Fälle schwerlich in eine Formel zusammenfassen. Vielfach handelt es sich jedoch um Beschlüsse und Verfügungen innerhalb eines anhängigen Verfahrens. Damit wird deutlich, daß die Beschwerde im Gegensatz zur Berufung oder Revision den Fortbestand des Prozeßrechtsverhältnisses hinsichtlich des eigentlichen Rechtsstreits grundsätzlich nicht beeinflußt. Es erscheint vielmehr naheliegend, mit der Einlegung der Beschwerde die Begründung eines selbständigen Prozeßrechtsverhältnisses anzunehmen, zumal im Beschwerdeverfahren auch oder sogar ausschließlich an dem Rechtsstreit als Dritte beteiligte Personen die Parteistellung erlangen können[33]. In jedem Fall wird aber ein eigenständiger Beschwerderechtszug eröffnet, dessen Bestand ebensowenig wie der eines Prozeßrechtsverhältnisses durch eine von einer Partei gesetzte Bedingung nachträglich in Frage gestellt werden darf. Zu Recht wird daher einhellig die Auffassung vertreten, daß die Beschwerde nicht bedingt eingelegt werden darf[34].

Eine Ausnahme soll gelten, wenn die Abänderung einer Entscheidung des beauftragten oder ersuchten Richters, des Urkundsbeamten der Geschäftsstelle oder des Rechtspflegers verlangt wird. Hier lasse das Gesetz in den §§ 577 Abs. 4 ZPO, 10 Abs. 4 RPflG eine mit einer unbedingten Erinnerung verbundene „Eventualbeschwerde" sogar ausdrücklich zu[35]. Dieser Auffassung kann jedoch nicht zugestimmt werden, da es insoweit bereits am Vorliegen einer Rechtsmittelhäufung mangelt. Der Antragsteller legt nämlich gar nicht sowohl Erinnerung als auch Beschwerde ein, sondern macht nur einen einzigen unbedingten Rechtsbehelf geltend. Hierbei handelt es sich zunächst um eine auf dem für eine Beschwerde vorgeschriebenen Weg eingelegte Erinnerung. Hält das Gericht die angegriffene Entscheidung für begründet, so hat es hierüber jedoch keinen förmlichen Beschluß zu erlassen. Viel-

---

[32] So bereits OLG Karlsruhe, OLGRspr. 11, 77; *Goldschmidt*, Prozeß als Rechtslage, S. 486; ebenso im Ergebnis *Baumgärtel* (Prozeßhandlung, S. 134), der aber offenbar vom Vorliegen einer *echten* Eventualhäufung ausgeht.

[33] Vgl. hierzu *Stein-Jonas-Grunsky*, vor § 567 I 1.

[34] KG, JR 50, 732; *Baumbach-Lauterbach*, § 569 Anm. 2 B c; *Baumgärtel*, Prozeßhandlung, S. 131; *Fenn*, Anschlußbeschwerde, S. 235; *Stein-Jonas-Grunsky*, § 569 II 2.

[35] So *Fenn*, Anschlußbeschwerde, S. 235; *Baumbach-Lauterbach*, § 577 Anm. 5 A; *Thomas-Putzo*, § 577 Anm. 5.

mehr ist *derselbe* Rechtsbehelf von nun an nicht mehr als Erinnerung, sondern *kraft Gesetzes*[36] als Beschwerde anzusehen und dementsprechend dem höheren Gericht vorzulegen. Zwischen der Erinnerung und der Beschwerde besteht somit auch kein echtes, auf dem Parteiwillen beruhendes Eventualverhältnis. Im Endergebnis wird immer nur eine förmliche Entscheidung über den Rechtsbehelf als Erinnerung *oder* Beschwerde ergehen, so daß man in derartigen Fällen auch besser von einer gesetzlich zulässigen Alternativ-Beschwerde sprechen sollte.

3. *Die Anschlußrechtsmittel*

Im Zivilprozeß ist es nach wie vor umstritten, ob Anschlußberufung, Anschlußrevision und Anschlußbeschwerde[37] als Rechtsmittel im Sinne der ZPO anzusehen sind oder nicht[38]. Diese Streitfrage, deren praktische Bedeutung zumindest zweifelhaft erscheint[39], bedarf jedoch keiner Entscheidung. Denn ganz gleich, welcher Auffassung man den Vorzug gibt, so läßt sich nicht leugnen, daß die Anschlußrechtsmittel gegenüber den selbständigen Rechtsmitteln jedenfalls eine Besonderheit aufweisen, der für die hier zu entscheidende Problematik ausschlaggebende Bedeutung zukommt. Das Anschlußrechtsmittel eröffnet niemals ein neues Verfahren vor der höheren Instanz, sondern ist stets nur dann zulässig, wenn ein vom Gegner in Gang gesetztes Rechtsmittelverfahren bereits anhängig und noch nicht beendet ist[40]. Durch die Anschließung wird somit das Fortbestehen des Prozeßrechtsverhältnisses beziehungsweise des Rechtsmittelverfahrens grundsätzlich[41] nicht beeinflußt, so daß gegen die Zulässigkeit einer eventuellen Einlegung, etwa für den Fall eines gegnerischen Rechtsmittelerfolges[42] oder der Unzulässigkeit eines eigenen (Haupt-)Rechtsmittels[43], keine Bedenken bestehen. Dies gilt uneingeschränkt für das *unselbständige*

---

[36] *Stein-Jonas-Grunsky*, § 577 V 3.

[37] Die Zulässigkeit einer Anschlußbeschwerde, die im Gegensatz zur Anschlußberufung (§ 521 ZPO) und Anschlußrevision (§ 556 ZPO) keine gesetzliche Regelung gefunden hat, steht heute außer Zweifel. Vgl. hierzu statt aller die überzeugenden Ausführungen von *Fenn*, Anschlußbeschwerde, S. 145—210.

[38] Zum Meinungsstand vgl. *Fenn* (Anschlußbeschwerde, S. 76 ff.) und *Stein-Jonas-Grunsky* (§ 521 I), jeweils mit weiteren Rechtsprechungs- und Schrifttumsnachweisen.

[39] Vgl. *Stein-Jonas-Grunsky*, § 521 I und Allg. Einl. I 2 vor § 511.

[40] *Fenn*, Anschlußbeschwerde, S. 79; *Blomeyer*, ZivilprozeßR, § 100 I 1; *Rosenberg*, ZivilprozeßR, § 135 V 2.

[41] Eine Ausnahme gilt für den Fall des § 522 Abs. 2 ZPO. Vgl. hierzu die folgenden Ausführungen.

[42] RGZ 168, 284 (285); BSG, JZ 66, 532.

[43] RGZ 17, 45 (47).

Anschlußrechtsmittel[44], das im Falle der Verwerfung oder Rücknahme des Hauptrechtsmittels seine Wirkung verliert (§§ 522 Abs. 1, 556 Abs. 2 Satz 3 ZPO).

Fraglich bleibt, ob auch die eventuelle Einlegung eines *selbständigen* Anschlußrechtsmittels zulässig ist. Hierunter versteht man eine innerhalb der Rechtsmittelfrist erfolgte Anschließung. Sie unterscheidet sich von der gewöhnlichen Anschließung erst dann, wenn das Hauptrechtsmittel zurückgenommen oder verworfen wird[45]. In diesem Fall verliert die selbständige Anschließung nämlich nicht ihre Wirkung, sondern wird als ein selbständig eingelegtes Rechtsmittel angesehen (§ 522 Abs. 2 ZPO). Die Rechtsmittelinstanz hat nunmehr allein die Anschließung zum Gegenstand, so daß das Anschlußrechtsmittel jetzt auch für die Aufrechterhaltung des Verfahrens vor der höheren Instanz maßgebend ist. Daraus ergibt sich zwar eine Beschränkung für die Zulässigkeit einer bedingten selbständigen Anschließung: Nur eine solche Bedingung kann zugelassen werden, deren Eintritt oder Ausfall spätestens mit der Rücknahme oder Verwerfung des Hauptrechtsmittels feststeht. Denn wenn die Anschließung auch nach diesem Zeitpunkt noch bedingt wäre, so würde damit ein mit dem ordnungsgemäßen Fortgang des Verfahrens unvereinbarer Schwebezustand geschaffen. Es ist jedoch auch hier als zulässig anzusehen, wenn die selbständige Anschließung von einer Entscheidung über den Erfolg des Hauptrechtsmittels abhängig gemacht wird[46]. Damit wird nämlich die Wirkung des Anschlußrechtsmittels auf den Bestand des Verfahrens gar nicht bedingt, sondern es wird verhindert, daß der Anschließung jemals eine solche Wirkung zukommt. Eine derartig bedingte selbständige Anschließung bleibt also stets eine gewöhnliche Anschließung. Da dies aber praktisch auch die einzigen Fälle sind, bei denen sich eine von einem innerprozessualen Ereignis abhängige Anschließung als sinnvoll und zweckmäßig erweist, kann die Zulässigkeit eines eventuellen selbständigen Anschlußrechtsmittels grundsätzlich bejaht werden[47].

---

[44] So bereits RGZ 168, 284 (285); BGH, LM Nr. 3 zu § 556 ZPO; BAG, AP Nr. 2 zu § 556 ZPO; BSG, JZ 66, 532; *Sydow-Busch*, § 521 Anm. 1; *Fischer*, S. 94; *Baumbach-Lauterbach*, § 521 Anm. 1 A b; *Rosenberg*, ZivilprozeßR, § 61 IV 3 d; *Fenn*, Anschlußbeschwerde, S. 142; *Stein-Jonas-Grunsky*, § 521 I 4.

[45] Vgl. BSG, JZ 66, 532; *Stein-Jonas-Grunsky*, § 522 II.

[46] Damit wird der Tatsache Rechnung getragen, daß auch die selbständige Anschließung bis zum Zeitpunkt der Rücknahme oder Verwerfung des Hauptrechtsmittels eine gewöhnliche Anschließung ist.

[47] So *Lang* (S. 80 f.), *Rosenberg* (ZivilprozeßR, § 61 IV 3 d), *Stein-Jonas-Grunsky* (§ 521 I 4) und der Sache nach auch *Fenn* (Anschlußbeschwerde, S. 144). Zumindest mißverständlich dagegen *Seuffert-Walsmann* (§ 522 Anm. 2 a), *Sydow-Busch* (§ 521 Anm. 1), *Fischer* (S. 95) und *Baumbach-Lauterbach* (§ 521 Anm. 1 A b), die die selbständige Anschließung schlechthin als bedingungsfeindlich bezeichnen.

III. Ergebnis

Die vorangegangenen Untersuchungen haben gezeigt, daß die Frage nach der Zulässigkeit eventueller Bewirkungshandlungen nicht einheitlich bejaht oder verneint werden kann. Vielmehr hängt die Beantwortung dieser Frage im Einzelfall davon ab, ob die Beifügung einer Bedingung mit dem Wesen der betreffenden Prozeßhandlung und den Wesenseigentümlichkeiten des Zivilprozesses zu vereinbaren ist[48].

---

[48] Vgl. *Stein-Jonas-Pohle*, XI 3 g vor § 128.

Dritter Teil

Mehrheit von Streitgegenständen bei Eventualverhältnissen (eventuelle objektive Klagenhäufung)

Im Rahmen dieser Arbeit ist das Vorliegen einer eventuellen objektiven Klagenhäufung in zweifacher Hinsicht von Bedeutung: Einmal hängt hiervon — wie wir bereits gesehen haben — die Zulässigkeit eventueller Tatsachenbehauptungen ab; zum anderen ergeben sich bei der eventuellen objektiven Klagenhäufung besondere, über die Frage der Zulässigkeit hinausreichende Probleme der prozessualen Behandlung, auf die im letzten Teil dieser Arbeit noch einzugehen ist. Es ist deshalb im folgenden zu untersuchen, wann wir es bei Eventualverhältnissen mit einer solchen Klagenhäufung, das heißt mit einer Mehrheit von Streitgegenständen zu tun haben. Damit werden zugleich die gängigen Definitionen des Streitgegenstandes auf ihre praktische Brauchbarkeit hin überprüft.

§ 11 Objektive Klagenhäufung bei mehreren Klageanträgen

So umstritten die Lehre vom Streitgegenstand nach wie vor auch ist[1], so besteht doch wenigstens insoweit Einigkeit, als der Klageantrag als ein wesentliches Element für die Bestimmung und Abgrenzung des Streitgegenstandes angesehen wird. Sind daher die Anträge verschieden, und sei es nur im Hinblick auf die gewährte Rechtsschutzform (Leistung, Feststellung oder Gestaltung), so haben wir es auch mit unterschiedlichen Streitgegenständen zu tun[2]. Die Feststellung, ob nun tatsächlich mehrere selbständige Anträge vorliegen oder nicht, ist in Zweifelsfällen eine Frage der Auslegung. Ihr muß besonders im Zusammenhang mit Eventualverhältnissen Beachtung geschenkt werden, weil es hier zum Teil vorkommt, daß die äußere Form der Antragstellung das Vorliegen oder Fehlen einer Klagenhäufung nicht ohne weiteres erkennen läßt und somit zu Fehlentscheidungen verleitet.

---

[1] Vgl. die Übersicht über die einzelnen Auffassungen bei *Schwab*, Streitgegenstand, S. 7 ff. und JuS 65, 81 ff.; *Habscheid*, Streitgegenstand, S. 20 ff.; *Rosenberg-Schwab*, § 96 III.

[2] *Lent-Jauernig*, ZivilprozeßR, § 37 II 1 m. w. N.

I. „Äußerlich" mehrere Anträge

Betrachten wir zunächst einige Zweifelsfälle, bei denen zumindest rein äußerlich mehrere Anträge vorliegen. Besonders anschaulich ist hierfür ein Sachverhalt, über den das Bundesarbeitsgericht[3] zu entscheiden hatte. In dem Rechtsstreit ging es um die Vergütung eines bei den Stadtwerken beschäftigten technischen Angestellten, der bisher nach der Vergütungsgruppe VI a TOA bezahlt wurde. Der klagende Arbeitnehmer beantragte festzustellen, „daß die Beklagte verpflichtet sei, ihn ab 1. 5. 1956 in die Vergütungsgruppe V a TOA einzugruppieren, hilfsweise, daß sie ihm ab 1. 5. 1956 den Unterschiedsbetrag zwischen den Vergütungsgruppen V a und VI a zu vergüten habe". Er stützte sein Begehren sowohl auf den geltenden Tarifvertrag als auch auf den mit der Beklagten abgeschlossenen Dienstvertrag. Die Vorinstanzen gingen bei ihren Entscheidungen übereinstimmend davon aus, daß es sich hier um einen echten Haupt- und Hilfsantrag und somit auch um verschiedene Streitgegenstände handelte. Demgegenüber hat das Bundesarbeitsgericht das Vorliegen einer objektiven Klagenhäufung zu Recht verneint. Die Auslegung der beiden Anträge ergibt nämlich, daß der Kläger mit ihnen in Wahrheit die Feststellung nur eines Rechtsverhältnisses, und zwar die Verpflichtung zur Zahlung des Unterschiedsbetrages, begehrte. Der Kläger hatte dieses Begehren nur unterschiedlich formuliert, um damit den verschiedenen materiellen Rechtsgründen (Tarifvertrag und Einzelvereinbarung) bereits im Antrag Rechnung zu tragen. Allein die Formulierung eines Antrages vermag diesen aber nicht hinreichend von anderen Anträgen abzugrenzen. Maßgebend dafür, ob mehrere selbständige Anträge vorliegen, ist vielmehr stets das mit dem einzelnen Antrag zum Ausdruck gebrachte Begehren. Weichen also die ins Eventualverhältnis gestellten Anträge lediglich in der Formulierung voneinander ab, so müssen sie aus der Sicht der prozessualen Streitgegenstandstheorie als *ein* Antrag aufgefaßt werden[4]. Es handelt sich dann nur um einen Streitgegenstand, über den einheitlich zu entscheiden ist, so daß im Falle der Klagestattgabe die Verneinung eines einzelnen rechtlichen Gesichtspunktes (zum Beispiel Tarifvertrag) nur in den Entscheidungsgründen, nicht aber auch in der Urteilsformel durch Abweisung der Klage „im übrigen" zum Ausdruck gebracht werden darf[5].

Ähnlich scheinen die Fälle zu liegen, in denen als Schadensersatz Naturalherstellung, hilfsweise Geldersatz (§§ 249, 251 BGB)[6], wegen

---

[3] BAG, AP Nr. 1 zu § 537 ZPO m. Anm. v. *Baumgärtel.*

[4] Ebenso *Baumgärtel,* AP Nr. 1 zu § 537 ZPO; *Brox,* C. Heymanns Festschrift, S. 123.

[5] Vgl. BAG, AP Nr. 1 zu § 537 ZPO.

[6] Vgl. RGZ 126, 401 (403 f.). Hier wurde auf Geldersatz geklagt, nachdem eine auf Naturalrestitution gerichtete Klage abgewiesen worden war.

einer Körperverletzung eine Kapitalabfindung, hilfsweise eine Rente (§ 843 Abs. 3, 1 BGB)[7] oder die Rückzahlung einer Fremdwährungsschuld in deutscher, hilfsweise in der ausländischen Währung (§ 244 Abs. 1 BGB) verlangt wird. All diesen Fällen ist gemeinsam, daß die jeweils geltend gemachten Ansprüche materiellrechtlich auf ein und demselben Anspruchsgrund beruhen[8], so daß der Kläger im Endergebnis den verlangten Schadensersatz und den Geldbetrag, ganz gleich, in welcher Form und Währung, nur einmal bekommen darf. Dies könnte zu der Annahme verleiten, daß wir es in derartigen Prozessen auch nur mit einem einzigen Streitgegenstand zu tun haben. Dieser Auffassung ist vor allem *Blomeyer*, soweit es sich um den Naturalersatzanspruch nach § 249 Satz 1 BGB und den Geldersatzanspruch nach § 249 Satz 2 BGB handelt[9]. Er meint, die Voraussetzungen dieser Ansprüche seien in jeder Hinsicht dieselben und es sei deshalb ausgeschlossen, den einen Anspruch zu verneinen und den anderen gleichzeitig zu bejahen. Diese materiellrechtliche Existenzverknüpfung führe derart zur Einheit des Anspruchs, daß die Abweisung des einen Anspruchs stets auch den anderen rechtskräftig verneint. Daher müsse in diesem Ausnahmefall die äußere Verschiedenheit der Sachanträge ignoriert werden[10].

Der Auffassung von *Blomeyer* kann jedoch nicht zugestimmt werden. Materiellrechtlichen Erwägungen kann bei der Bestimmung des Streitgegenstandes keine entscheidende Bedeutung zukommen, da der Streitgegenstand als eine Erscheinung des Verfahrensrechts unabhängig vom materiellen Recht nach prozessualen Gesichtspunkten zu bestimmen ist[11]. Die Verschiedenartigkeit der Anträge, die hier keinesfalls eine bloße Frage der Formulierung ist, bringt unterschiedliche Begehren zum Ausdruck. Das wird besonders deutlich, wenn jeweils nur ein Antrag gestellt wird, der Kläger also nur eine Rente, Naturalherstellung oder Zahlung in deutscher Währung begehrt. Erweist sich gerade ein solcher Anspruch als nicht begründet, so darf das Gericht ohne eine Antragsänderung nicht etwa eine Kapitalabfindung, Geldersatz oder eine Forderung in ausländischer Währung zusprechen. Denn damit würde es nach einhelliger Auffassung gegen § 308 Abs. 1 ZPO verstoßen[12]. Bei den hier behandelten Beispielsfällen liegen also

---

[7] Vgl. RGZ 77, 213 ff.

[8] So *Henckel* (JZ 62, 337) für den Fall Kapitalabfindung/Rente, während es sich nach Auffassung des Reichsgerichts (RGZ 77, 213 ff.) um zwei ververschiedene Formen der Befriedigung desselben Anspruchs handeln soll.

[9] *Blomeyer*, Festschrift für *Lent*, S. 82 ff., im Anschluß an RGZ 126, 401 (403 f.).

[10] *Blomeyer*, Festschrift für *Lent*, S. 84 f.

[11] Vgl. *Habscheid*, Streitgegenstand, S. 105 ff.

[12] *Thomas-Putzo*, § 308 Anm. 1 a; *Zöller-Degenhart*, § 308 Anm. 2 a; für den Fall Kapitalabfindung/Rente auch RGZ 136, 374 (375); *Henckel*, JZ 62,

mehrere ins Eventualverhältnis gesetzte Streitgegenstände vor[13], über die in der vom Kläger bestimmten Reihenfolge zu entscheiden ist. Folglich steht auch — selbst in dem von *Blomeyer* angeführten Fall des § 249 Satz 1 und 2 BGB — die Rechtskraft der Entscheidung über einen der beiden Streitgegenstände der späteren Geltendmachung des materiellen Anspruchs in einer anderen Form nicht entgegen[14].

II. Der „äußerlich" einheitliche Antrag

Andererseits bietet aber auch die äußere Einheitlichkeit des Antrages nicht immer die Gewähr dafür, daß wirklich nur ein Antrag vorliegt. Dies gilt vor allem, wenn der Antrag auf Zahlung einer Geldsumme gerichtet ist. Zu denken ist einmal an den Fall, daß der Kläger die Zahlung von DM 1000,— verlangt und sich zur Begründung darauf stützt, ihm stehe dieser Betrag aufgrund eines Kaufvertrages zu, hilfsweise aber auch aufgrund eines dem Beklagten bereits früher gewährten Darlehens[15]. Sicherlich gibt der Kläger hier mittels der Eventualstellung eindeutig zu erkennen, daß ihm lediglich an *einem* Titel über DM 1000,— gelegen ist. Gleichwohl berühmt er sich zweier unabhängiger Forderungen von je DM 1000,— und stellt beide Forderungen auch zur Entscheidung des Gerichts. Dies wird besonders deutlich, wenn es zu einer Klagabweisung kommt, das Gericht also weder einen Anspruch aus Kauf noch einen solchen aus Darlehen für gegeben hält. Es kann also keinem Zweifel unterliegen, daß wir es in diesem Fall mit einer eventuellen objektiven Klagenhäufung zu tun haben. Dies gilt unabhängig davon, ob es für die Bestimmung des Streitgegenstandes allein auf den Klageantrag oder auch auf den Tatsachenstoff ankommt; denn in Wirklichkeit sind hier bereits verschiedene Sachanträge gegeben. Das ist auf den ersten Blick nur deshalb nicht zu erkennen, weil die geforderten Beträge sich der Höhe nach zufällig decken und der Kläger daher von einer gleichlautenden zweifachen Antragstellung abgesehen und die Eventualstellung nur bei der Klage-

---

337. — Der Fall der Fremdwährungsschuld wird zwar nicht ausdrücklich erwähnt, doch kann hier nichts anderes gelten. Es besteht kein Zweifel, daß eine Forderung in ausländischer Währung der Art nach etwas anderes ist als eine Forderung in deutscher Währung. Denn nur bei einer im Inlande zu zahlenden Fremdwährungsschuld hat der Schuldner nach § 244 Abs. 1 BGB im Zweifel die Befugnis, auch in Inlandswährung zu zahlen.

[13] So mit Recht bereits *Rosenberg*, Festgabe für R. *Schmidt*, S. 267, 269.

[14] Im Falle des § 249 BGB kann der Beklagte der späteren Geltendmachung eines Anspruchs auf Geldersatz nach vorheriger Abweisung des Anspruchs auf Naturalherstellung jedoch gleichwohl unbesorgt entgegensehen, da der Kläger von der ihm zustehenden Wahlbefugnis im ersten Prozeß bereits *bindend* Gebrauch gemacht hat (vgl. OLG Celle, NJW 49, 223 f.) und somit die spätere Klage ohne näheres Eingehen auf die sonstigen Anspruchsvoraussetzungen bereits aus diesem Grund als unbegründet abzuweisen ist.

[15] Vgl. auch die gleichgelagerte Fallgestaltung in RGZ 144, 71.

begründung zum Ausdruck gebracht hat. Der Sache nach handelt es sich also nicht um eventuelle Begründungen ein und desselben Antrages, sondern um auf verschiedene Lebenssachverhalte gestützte eventuelle Sachanträge[16]: Der Kläger begehrt DM 1000,— aus Kauf, hilfsweise DM 1000,— aus Darlehen.

Ein einheitlicher Antrag liegt der Form nach aber auch dann vor, wenn der Kläger aufgrund eines von dem Beklagten schuldhaft verursachten Verkehrsunfalles einen Schadensersatzanspruch in Höhe von DM 5000,— geltend macht, der sich im einzelnen aus bezifferten Teilbeträgen für Sachschaden, Heilungskosten und Schmerzensgeld zusammensetzt. Im Gegensatz zu dem zuvor erwähnten Fall kann hier zwar davon ausgegangen werden, daß die Schadensersatzklage auf einen einheitlichen Sachverhalt gestützt wird. Aber auch hier liegen in Wahrheit mehrere selbständige Anträge vor, die lediglich durch Addition der einzelnen Klagesummen äußerlich zu einem einheitlichen Antrag zusammengefaßt worden sind. Ein Gesamtschaden setzt sich eben oftmals aus mehreren Schadensposten zusammen, die nicht nur materiellrechtlich an unterschiedliche Voraussetzungen geknüpft sind[17], sondern in jedem Falle als selbständige prozessuale Ansprüche anerkannt werden müssen. Bei dem angeführten Beispiel handelt es sich also trotz einheitlicher Klagesumme um eine objektive Klagenhäufung[18]. Dies wird auch dadurch verdeutlicht, daß der Schaden keineswegs nur in Form von Geldzahlungen ausgeglichen werden muß. Verlangt der Kläger, der bei einem Unfall einen Körperschaden von DM 3000,— und einen Sachschaden an seinem Kraftfahrzeug in Höhe von DM 2000,— erlitten hat, hinsichtlich des Sachschadens Naturalherstellung, so liegen schon rein äußerlich verschiedene Anträge vor. Es wäre daher recht willkürlich, wollte man das Vorliegen einer objektiven Klagenhäufung in diesem Falle bejahen, es jedoch bei einem auf die entsprechenden Geldbeträge gerichteten Begehren verneinen.

Nun wird es allerdings bei Geltendmachung des gesamten Schadens meistens keine Rolle spielen, ob man von einem umfassenden Streitgegenstand oder mehreren einzelnen Streitgegenständen ausgeht, die bei Addition dem umfassenden wertmäßig entsprechen. Für die prozessuale Behandlung ergeben sich insoweit keine wesentlichen Unter-

---

[16] Dies verkennt *Brox* (C. Heymanns Festschrift, S. 123), der ausdrücklich von *einem* Klageantrag ausgeht und allein im Hinblick auf die unterschiedlichen Begründungen die eventuelle objektive Klagenhäufung bejaht. Zutreffend *Stein-Jonas-Schumann/Leipold*, § 260 II A 2.

[17] So ist z. B. ein Schmerzensgeldanspruch nicht bei jeder Schadenszufügung, sondern nur unter den Voraussetzungen des § 847 BGB gegeben.

[18] RGZ 158, 34 (36); *Rosenberg*, ZivilprozeßR, § 88 II 3 a β; *Zöller-Degenhart*, Einl. IV 4 c (1); *Thomas-Putzo*, Einl. II 6 a, bb; *Berg*, JR 67, 326; a. A. RGRK, § 842 Anm. 5.

schiede. Bedeutungsvoll wird dies jedoch im Falle einer Teilklage. Macht der Kläger in dem anfangs angeführten Beispiel nur einen Teilbetrag von DM 1000,— geltend, so ist infolge des Vorliegens mehrerer einzelner Streitgegenstände nicht mehr ohne weiteres zu erkennen, wie der eingeklagte Betrag auf diese Streitgegenstände zu verteilen ist. Um aber dem in § 253 Abs. 2 Ziff. 2 ZPO aufgestellten Erfordernis der Bestimmtheit des einzelnen Streitgegenstandes zu genügen, verlangt der Bundesgerichtshof[19], daß der Kläger den Teilbetrag auf die einzelnen (prozessualen) Ansprüche genau verteilen oder diese in ein bestimmtes Eventualverhältnis stellen muß. Will der Kläger die Eventualstellung, verlangt er zum Beispiel die DM 1000,— in erster Linie als Heilungskosten, hilfsweise als Schmerzensgeld, so haben wir es auch hier wieder — wie bei dem Kaufpreis-Darlehen-Fall — mit verschiedenen, bloß ziffernmäßig übereinstimmenden Anträgen zu tun. Die Unterschiedlichkeit der Anträge wird mit Hilfe der Begründungen erkennbar und bewirkt das Vorliegen einer eventuellen objektiven Klagenhäufung mit allen sich hieraus ergebenden Konsequenzen für die prozessuale Behandlung, vor allem für die Sach- und Kostenentscheidung.

§ 12 Objektive Klagenhäufung bei einem auf mehrere Sachverhalte gestützten Klageantrag

(Der Kaufpreis-Wechsel-Fall)

Der Streitgegenstand ist eine Zentralfigur des Zivilprozesses. Er hat auf so wichtige Institute wie die Klagenhäufung, die Klageänderung, die Rechtshängigkeit und die Rechtskraft entscheidenden Einfluß[1] und muß sich wiederum gerade bei diesen Instituten in der Praxis bewähren. Es ist deshalb nicht verwunderlich, daß die Lehre vom Streitgegenstand im Zivilprozeßrecht eine so große Bedeutung erlangt hat. Dabei zeigt zwar die fast unüberschaubare Vielfalt der vertretenen Lehrmeinungen, von denen kaum eine mit der anderen im vollen Umfang übereinstimmt[2], daß der Begriff des Streitgegenstandes in vieler Hinsicht umstritten ist. Der eigentliche, vor allem für die Praxis bedeutsame Streit geht jedoch darum, wie der Streitgegenstand genauer abzugrenzen ist, das heißt, ob und gegebenenfalls in welchem Umfang der Sachverhalt neben dem Antrag für die Bestimmung des Streit-

---

[19] BGHZ 11, 192 (194); 20, 219 (220); vgl. hierzu *Pawlowski*, ZZP 78, 307 ff.; *Berg*, JR 67, 326 ff.

[1] Vgl. *Schwab*, JuS 65, 81.

[2] Zum Stand der Lehre vom Streitgegenstand vgl. *Habscheid*, Streitgegenstand, S. 20 ff.; *Schwab*, JuS 65, 81 ff.

gegenstandes von Bedeutung ist[3]. Von der Lösung dieses Problems hängt die Beantwortung der Frage ab, ob bei ein und demselben, jedoch auf verschiedene Sachverhalte gestützten Klageantrag[4] mehrere Streitgegenstände vorliegen oder nicht. Im folgenden sollen daher die wesentlichen Auffassungen vom Streitgegenstand allein im Hinblick auf die sich für diese spezielle Fallgestaltung ergebenden Konsequenzen einer näheren Betrachtung unterzogen werden.

Bei der nachfolgenden Untersuchung wird als typisches Beispiel der Fall zugrunde gelegt, daß der Kläger die Zahlung von DM 1000,— begehrt und dies in erster Linie mit dem Abschluß eines Kaufvertrages, hilfsweise mit der Hingabe eines zur Absicherung dieser Kaufpreisforderung ausgestellten Wechsels begründet wird (Kaufpreis-Wechsel-Fall). Hier kann einmal mit Sicherheit davon ausgegangen werden, daß — im Gegensatz zum Kauf-Darlehen-Fall[5] — wirklich nur ein Antrag vorliegt, beziehungsweise bei getrennter Geltendmachung von Kaufpreis- und Wechselforderung die Anträge identisch sind. Denn der Kläger berühmt sich immer nur einer einzigen, niemals aber mehrerer addierbarer Forderungen gegen den Beklagten. Zum anderen hat gerade dieser Fall den Vorteil, daß die höchstumstrittene Problematik der Sachverhaltsabgrenzung, die mit der hier interessierenden Frage nach der Zugehörigkeit des Sachverhalts zum Streitgegenstand nichts zu tun hat, keiner weiteren Erörterung bedarf. Denn ganz gleich, wie die Abgrenzung generell zu erfolgen hat, ob die Grenzen zum Beispiel durch den „Lebenssachverhalt"[6] zu ziehen sind, oder ob die Abgrenzung mit „Hilfe des materiellen Rechts" oder unter Rückgriff auf die „Anschauung des Lebens" vorzunehmen ist[7], so ist man sich jedenfalls im Ergebnis darüber einig, daß im Kaufpreis-Wechsel-Fall selbst dann verschiedene Sachverhalte vorliegen, wenn der Abschluß des Kaufvertrages und die Wechselbegebung nicht zu verschiedenen Zeitpunkten, sondern gleichzeitig erfolgt sind[8].

---

[3] So mit Recht *Stein-Jonas-Pohle*, Einl. E III 2; vgl. auch *Lent-Jauernig*, ZivilprozeßR, § 37 I.

[4] Auch *Schwab* (JuS 65, 83 ff.) sieht hierin den eigentlichen Problemfall der Streitgegenstandslehren.

[5] Vgl. oben § 11 II bei Fußn. 15.

[6] *Habscheid*, Streitgegenstand, S. 206 ff. (210); *Thomas-Putzo*, Einl. II 7 c dd; vgl. auch *Lüke*, JZ 60, 204.

[7] *Jauernig*, Verhandlungsmaxime, S. 48, 51, 63. Die Abgrenzung des Sachverhalts nach materiellrechtlichen Gesichtspunkten fordert auch *Mühl* (NJW 54, 1666 ff.) mit zahlreichen Belegen aus der RG-Rechtsprechung.

[8] *Nikisch*, AcP 154, 284; *Blomeyer*, Festschrift für *Lent*, S. 73 ff.; *Habscheid*, Streitgegenstand, S. 215; *Schwab*, JuS 65, 83; *Jauernig*, Verhandlungsmaxime, S. 51.

I. Der zweigliedrige Streitgegenstandsbegriff

Soweit die Bedeutung des Sachverhalts für den Begriff des Streitgegenstandes in Frage steht, lassen sich — trotz der zahlreichen Differenzierungen im einzelnen — letztlich zwei Grundauffassungen gegenüberstellen. Die eine dieser beiden Auffassungen, die zunächst überprüft werden soll, sieht den Sachverhalt neben dem Antrag stets[9] oder wenigstens in gewissen Fällen — vor allem bei Leistungsklagen — aus Gründen der Individualisierung oder im Hinblick auf die Verhandlungsmaxime[10] als gleichwertiges Bestimmungsmerkmal des Streitgegenstandes an. Folgerichtig müßten die Vertreter eines zweigliedrigen Streitgegenstandsbegriffes im Kaufpreis-Wechsel-Fall das Vorliegen mehrerer Streitgegenstände bejahen[11]. Hiergegen läßt sich — weder vom System noch vom Ergebnis her — sicherlich nichts einwenden, soweit beide Ansprüche in getrennten Prozessen geltend gemacht werden. Es besteht keinerlei Veranlassung, getrennt laufende Prozesse aus prozessualen Gründen auszuschließen, etwa wegen Fehlens eines Rechtsschutzbedürfnisses[12]. Dies wird deutlich, wenn sich zum Beispiel die Kaufpreisklage infolge einer notwendig werdenden Beweisaufnahme verzögert, dem Kläger jedoch in Anbetracht der sich verschlechternden Vermögenslage des Beklagten an der alsbaldigen Erlangung eines vollstreckbaren Titels gelegen ist. Wenn der Kläger nunmehr versucht, im Wechselprozeß (§ 602 ZPO) schneller einen Titel zu bekommen, so muß man ihm hierfür ein rechtlich schutzwürdiges Interesse zuerkennen. Sicherlich besteht bei Annahme mehrerer prozessualer Ansprüche die Möglichkeit, daß der Beklagte zweimal zu der wirtschaftlich gleichen Leistung verurteilt wird. Daraus entstehen aber keine unannehmbaren Folgen für den Beklagten; denn eine doppelte Verurteilung besagt noch nicht, daß damit im Endergebnis auch der

---

[9] *Habscheid*, Streitgegenstand, S. 221 f.; *Arens*, Streitgegenstand, S. 23; *Schönke-Schröder-Niese*, § 47 I; *Schönke-Kuchinke*, § 39 I; *Thomas-Putzo*, Einl. II 7 a; *Lüke*, JZ 60, 204; *Donau*, JR 60, 206; RG (RGZ 26, 250, 253; 160, 347) in ständiger Rechtsprechung, vgl. hierzu *Mühl*, NJW 54, 1666.

[10] So neuerdings *Jauernig*, Verhandlungsmaxime, S. 7 ff.; *Lent-Jauernig*, ZivilprozeßR, § 37 VIII und IX; aber auch *Nikisch*, Streitgegenstand, S. 14 ff. (31 ff.) und ZivilprozeßR, § 42 III 2, 3; *Henckel*, Parteilehre, S. 278; *Blomeyer*, ZivilprozeßR, § 40 V 1; *Bernhardt*, ZivilprozeßR, § 29 IV 1 (S. 184). Die letztgenannten Autoren, die den Streitgegenstand übrigens weitgehend am materiellen Recht orientieren (vgl. hierzu *Schwab*, JuS 65, 84 ff.), rechnen den Sachverhalt allerdings — im Gegensatz zu *Jauernig* — allein aus Gründen der Individualisierung zum Streitgegenstand.

[11] So auch ausdrücklich *Habscheid*, Streitgegenstand, S. 250; *Henckel*, Parteilehre, S. 289; *Jauernig*, Verhandlungsmaxime, S. 50; *Nikisch*, AcP 154, 184; *Blomeyer*, Festschrift für *Lent*, S. 73.

[12] Ebenso *Henckel*, Parteilehre, S. 289 (Fußn. 130); a. A. *Habscheid*, Streitgegenstand, S. 280.

zweifache Betrag zu zahlen ist[13]. Vielmehr läßt sich eine Doppelzahlung stets im Wege einer Vollstreckungsgegenklage (§ 767 ZPO) abwenden.

Schwierigkeiten entstehen jedoch, wenn der Kläger beide Ansprüche in einer Klage geltend macht. Hält man an der Gleichwertigkeit von Antrag und Sachverhalt fest, dann führt dies notwendig zur Annahme einer objektiven Klagenhäufung[14], so daß — unter Umständen auch im Falle einer Eventualstellung — über beide Ansprüche zu entscheiden ist. Damit ergeben sich aber in der Tat praktisch bedenkliche Ergebnisse[15], die nicht mehr allein mit dem Hinweis auf die mögliche Abwendung einer Doppelzahlung zu rechtfertigen sind[16]. Das zeigt sich vor allem, wenn der Anspruch beispielsweise allein aus Kauf, nicht aber auch aus dem Wechsel begründet ist. Das Gericht müßte dann den Beklagten zur Zahlung von DM 1000,— verurteilen und die Klage „im übrigen" abweisen. Der Kläger müßte also auch gemäß § 92 Abs. 1 ZPO einen Teil der Kosten tragen, obwohl er mit der Klage letztlich alles erreicht hat, was er erreichen wollte. Denn aus der Antragstellung ergibt sich deutlich, daß es dem Kläger allein darum ging, einen einzigen Titel über DM 1000,— zu bekommen.

Um diese bedenklichen Ergebnisse zu vermeiden, zugleich aber auch weiterhin einen dogmatisch einwandfreien und einheitlichen Begriff des Streitgegenstandes zu haben, meint vor allem *Habscheid*[17] im Anschluß an *Nikisch*[18], es liege hier eine zulässige *alternative* Klagenhäufung vor. Das bedeutet, daß zwar beide Ansprüche rechtshängig werden, das Gericht jedoch im Endergebnis nur über denjenigen zu entscheiden hat, den es für begründet erachtet[19]. Die Rechtshängigkeit der alternativ erhobenen Ansprüche wird beseitigt durch die Entscheidung, die nur einem der Ansprüche stattgibt[20]. Hält also das Gericht nach eingehender Prüfung beider Ansprüche nur denjenigen aus dem Kaufvertrag für begründet, so muß es der Klage uneingeschränkt stattgeben. Die Rechtskraft dieser Entscheidung steht also einer erneuten Erhebung der Wechselklage nicht entgegen.

---

[13] Vgl. *Nikisch*, AcP 154, 285.

[14] Inkonsequent insoweit das Reichsgericht (vgl. *Mühl*, NJW 54, 1666 f. mit entsprechenden Nachweisen) und *Blomeyer* (ZivilprozeßR, § 42 IV 1), die in diesem Fall eine Klagenhäufung verneinen.

[15] Vgl. auch *Nikisch*, AcP 154, 285 f.; *Habscheid*, Streitgegenstand, S. 251; *Schwab*, JuS 65, 82, 83.

[16] So aber *Grunsky*, JZ 68, 639.

[17] Streitgegenstand, S. 252 ff. (259); ebenso *Bernhardt*, ZivilprozeßR, § 29 IV 1 b; *Henckel*, Parteilehre, S. 291; *Thomas-Putzo*, § 260 Anm. 1 b; *Jauernig*, Verhandlungsmaxime, S. 50 (Fußn. 109); *Donau*, JR 60, 206 und im Ergebnis bei Teilklagen auch BGH, JZ 60, 28 (m. abl. Anm. v. *Baumgärtel*); *Pawlowski*, ZZP 78, 315 ff.

[18] AcP 154, 286 f.

[19] Vgl. *Nikisch*, AcP 154, 288.

[20] *Henckel*, Parteilehre, S. 291.

Gegen diese Art der Klagenhäufung bestehen aber erhebliche Bedenken. Zwar läßt sich die Zulässigkeit dieser Klagenhäufung nicht allein mit dem Hinweis auf das Fehlen eines bestimmten Antrags verneinen[21]. Mit Recht weist *Henckel*[22] darauf hin, daß der Antrag ausreichend bestimmt sei, weil sich die Alternative allein auf den Klagegrund beziehe. Er übersieht jedoch, daß bei einem zweigliedrigen Streitgegenstandsbegriff der Klagegrund als gleichwertiges Element des Streitgegenstandes angesehen wird. Es mangelt also nicht an einem bestimmten Antrag, gleichwohl aber an einem bestimmten Streitgegenstand. Dieser Mangel ist prozessual erheblich, denn der Kläger ist zur Bestimmung des Streitgegenstandes nach der Dispositionsmaxime nicht nur berechtigt, sondern auch verpflichtet. Er darf die Wahl des Streitgegenstandes nicht dem Gericht überlassen. Dies wird in § 253 Abs. 2 Ziff. 2 ZPO eindeutig bestätigt, wenn dort nicht nur ein bestimmter Antrag, sondern auch die bestimmte Angabe des Gegenstandes und des Grundes des erhobenen Anspruchs verlangt wird. Darüber hinaus bestehen gegen die alternative Klagenhäufung auch von der Konstruktion her schwere Bedenken, auf die bereits *Schwab*[23] eingehend hingewiesen hat. Vor allem scheitert die alternative Klagenhäufung dann, wenn sich beide Ansprüche als unbegründet erweisen[24]. Bedarf es auch hier einer Entscheidung, um die Rechtshängigkeit beider Ansprüche zum Erlöschen zu bringen, so können nur beide Ansprüche abgewiesen werden. Im Falle der Klagabweisung haben wir es dann also doch wieder mit einer kumulativen Klagenhäufung zu tun, was im Kaufpreis-Wechsel-Fall doch gerade vermieden werden sollte. Die Zulässigkeit einer alternativen Klagenhäufung im Sinne *Habscheids* ist daher zu verneinen[25].

Es zeigt sich somit, daß ein Streitgegenstandsbegriff, der Antrag und Sachverhalt als *gleichwertige* Bestandteile des Streitgegenstandes auffaßt, den Kaufpreis-Wechsel-Fall nicht befriedigend zu lösen vermag.

---

[21] So aber vor allem *Rosenberg*, ZivilprozeßR, § 93 III 2 b.

[22] Parteilehre, S. 291.

[23] Streitgegenstand, S. 85. Mit der Kritik von *Schwab* hat sich *Habscheid* (Streitgegenstand, S. 252 ff.) zwar auseinandergesetzt, er hat sie jedoch nicht überzeugend widerlegen können. Wenn *Habscheid* (a.a.O., S. 255) meint, daß Mängel der Konstruktion im Hinblick auf die Interessenlage zurückstehen müßten, so berücksichtigt er allein das Interesse des Klägers, der mit der Zulassung einer alternativen Klagenhäufung von dem Risiko einer Klagabweisung wenigstens zum Teil befreit wird. Daß aber auch der Beklagte daran interessiert ist, sich nicht womöglich zweimal gegen denselben Anspruch verteidigen zu müssen, obwohl das Gericht diesen bereits einmal für unbegründet erachtet hat, läßt *Habscheid* außer acht.

[24] *Schwab*, Streitgegenstand, S. 85 f.

[25] *Schwab*, Streitgegenstand, S. 86 ff. und JuS 65, 83; *Rosenberg*, ZivilprozeßR, § 93 III 2 b; *Stein-Jonas-Schumann/Leipold*, § 260 II B 1; *Baumgärtel*, JZ 60, 28 f.; *Berg*, JR 67, 327.

II. Der eingliedrige Streitgegenstandsbegriff

Gerade die Ergebnisse, zu denen ein zweigliedriger Streitgegenstandsbegriff bei konsequenter Anwendung im Kaufpreis-Wechsel-Fall gelangen muß, veranlaßten vor allem *Schwab*[26], den prozessualen Anspruch vom Sachverhalt, der der Klage zugrunde liegt, zu lösen. Nach ihm ist der Sachverhalt kein Bestandteil des Streitgegenstandes und muß deshalb auch bei seiner Definition außer Betracht bleiben. Der Streitgegenstand wird somit allein durch den Klageantrag bestimmt[27]. Diese Auffassung vermeidet die aufgezeigten Schwierigkeiten, die beim Kaufpreis-Wechsel-Fall entstehen, wenn die Klage auf beide Sachverhalte gestützt wird: Das Vorliegen *eines* Klageantrages genügt, um auch nur *einen* Streitgegenstand anzunehmen[28]. Wendet man den eingliedrigen Streitgegenstandsbegriff folgerichtig an, so ergibt dies einmal, daß der Übergang von einem zum anderen Sachverhalt keine Klageänderung darstellt[29]. Zum anderen aber müßte einer auf den Sachverhalt „Kauf" gestützten Klage die Rechtshängigkeit entgegenstehen, wenn der Kläger sich bereits in einem anderen Prozeß auf den Sachverhalt „Wechsel" beruft; desgleichen müßte bei einem Nacheinander der Prozesse die Rechtskraft eingreifen. Diese Konsequenzen führen aber nicht nur zu praktisch unerwünschten Ergebnissen[30], sondern werden von *Schwab* auch nicht gezogen. So soll die Einrede der Rechtshängigkeit nicht durchgreifen, wenn der Anspruch aus dem Wechsel im Wechselprozeß eingeklagt wird, weil der Kläger insoweit nur durch Urkunden zu beweisende Tatsachen vortragen kann[31]. Auch die Rechtskraft soll einer späteren Klage nicht entgegenstehen, soweit die erste Klage nicht auf denselben Sachverhalt gestützt wurde[32]. Damit aber wird deutlich, daß der streng eingliedrige Streitgegenstandsbegriff — wenn er zu praktisch brauchbaren Ergebnissen führen soll — an den „vier klassischen Bewährungspunkten" nicht kompromißlos angewendet werden kann, sondern letztlich doch wieder auf den Sachverhalt zurückgreifen muß[33].

---

[26] Streitgegenstand, S. 86 ff. und JuS 65, 83.

[27] *Schwab*, Streitgegenstand, S. 183 ff. (190 f.). Ebenso bereits *Bötticher*, Festg. f. *Rosenberg*, S. 84, 85 f., 94 (für den Eheprozeß) und nunmehr auch *Rosenberg*, ZivilprozeßR, § 88 II 2; *Zöller-Degenhart*, Einl. IV 4 c; BGHZ 9, 22 (27).

[28] *Schwab*, Streitgegenstand, S. 86, 91; *Rosenberg*, ZivilprozeßR, § 88 II 3 a; BGHZ 9, 22 (27); a. A., und daher inkonsequent, *Zöller-Degenhart*, Einl. IV 4 c (1).

[29] *Schwab*, Streitgegenstand, S. 113.

[30] Vgl. oben nach Fußn. 11.

[31] *Schwab*, Streitgegenstand, S. 127.

[32] *Schwab*, Streitgegenstand, S. 172 f.; *Rosenberg*, ZivilprozeßR, § 150 I 3 b.

[33] *Lüke*, JZ 60, 203 f.; *Arens*, Streitgegenstand, S. 21 f.; *Lent-Jauernig*, ZivilprozeßR, § 37 V; kritisch auch *Jauernig*, Verhandlungsmaxime, S. 18 ff., vor allem im Hinblick auf die Geltung der Verhandlungs- und Inquisitions-

Die extreme Streitgegenstandsauffassung von *Schwab* muß daher als in sich widersprüchlich abgelehnt werden.

III. Die Bestimmung des Streitgegenstandsbegriffs

1. Der Sachverhalt als Bestandteil des Streitgegenstandes

Die kritische Auseinandersetzung mit dem eingliedrigen Streitgegenstandsbegriff hat bereits den Beweis erbracht, daß der zivilprozessuale Streitgegenstandsbegriff ohne die Einbeziehung des Sachverhalts als der tatsächlichen Urteilsgrundlage nicht leistungsfähig ist. Der Sachverhalt hat aber nicht nur den Zweck, zur Individualisierung äußerlich gleichlautender Anträge beizutragen[34]. Vielmehr wird durch ihn auch in den Fällen, in denen der Antrag die Abgrenzung in sich trägt[35], das Streitprogramm in tatsächlicher Hinsicht abgegrenzt und damit der Umfang des Streitstoffes festgelegt, über den zu verhandeln und zu entscheiden ist[36]. Es ist daher zunächst einmal davon auszugehen, daß der Sachverhalt bei allen Klagearten neben dem Klageantrag als wesentlicher Bestandteil des Streitgegenstandes angesehen werden muß[37].

Hiergegen hat zwar neuestens *Jauernig* Stellung bezogen. Er meint, der Streitgegenstand im Zivilprozeß könne nicht einheitlich, sondern nur von Fall zu Fall bestimmt werden, wobei es unter anderem entscheidend darauf ankomme, ob der jeweilige Prozeß dem Verhandlungs- oder Inquisitionsgrundsatz folge[38]. So soll vor allem bei selbstabgegrenzten Anträgen im Inquisitionsprozeß für die Bestimmung des Streitgegenstandes *allein* der Antrag maßgebend sein[39]. Die Ausführungen von *Jauernig* können jedoch, soweit sie die abstrakte Bestimmung des Streitgegenstandes betreffen, nicht überzeugen.

Mit dem Verhandlungs- und Inquisitionsgrundsatz wird nur die Frage geregelt, wer für die Beschaffung der tatsächlichen Urteilsgrundlage verantwortlich ist, das heißt, ob das Gericht an den Vortrag der Parteien gebunden ist oder auch von Amts wegen Tatsachen ermitteln darf. Diese Verfahrensmaximen greifen jedoch nur in dem

---

maxime. Demgegenüber meint *Schwab* (Streitgegenstand, S. 91, 185), der Sachverhalt sei nur zur Auslegung des Antrags heranzuziehen.

[34] So aber *Nikisch*, Streitgegenstand, S. 14 ff., 72 ff. und AcP 154, 281; vgl. auch *Jauernig*, Verhandlungsmaxime, S. 23, 49 ff.

[35] *Jauernig* (Verhandlungsmaxime, S. 23) bezeichnet diese als „selbstabgegrenzte" und die übrigen als „fremdabgegrenzte Anträge".

[36] *Habscheid*, Streitgegenstand, S. 191 ff.; *Arens*, Streitgegenstand, S. 21.

[37] *Lüke*, JZ 60, 204; *Arens*, Streitgegenstand, S. 22.

[38] *Jauernig*, Verhandlungsmaxime, S. 6, 73; *Lent-Jauernig*, ZivilprozeßR, § 37 VIII.

[39] *Jauernig*, Verhandlungsmaxime, S. 23 ff., 55 ff., 68 f.

allein vom Kläger durch die Bestimmung des Streitgegenstandes abgesteckten Rahmen ein, sie können deshalb den Streitgegenstandsbegriff als solchen gar nicht beeinflussen[40]. Dies verkennt *Jauernig* vor allem deshalb, weil er der Inquisitionsmaxime eine zu weitreichende Bedeutung beimißt. Er meint, im Bereich der Inquisitionsmaxime gäbe es keine Abgrenzung verschiedener Sachverhalte, sondern alle Tatsachen, die für die mit dem Klageantrag begehrte Rechtsfolge überhaupt nur relevant sein könnten, bildeten notwendig einen einheitlichen Sachverhalt[41]. Das Gericht sei daher verpflichtet, zum Beispiel im Ehenichtigkeitsprozeß, einem der wenigen Fälle des Zivilprozesses, in dem die reine Inquisitionsmaxime gilt (§ 622 Abs. 1 ZPO)[42], ohne Rücksicht auf den konkret angegebenen Klagegrund „jeden Nichtigkeitsgrund nachzuprüfen, für den sich auch nur der Schatten eines Verdachts ergibt"[43]. Trifft dies zu, so ist es allerdings folgerichtig, den Sachverhalt mangels eigener Abgrenzbarkeit auch bei der Bestimmung des Streitgegenstandes außer acht zu lassen. Hiergegen ist aber zunächst einzuwenden, daß kein vernünftiger Grund ersichtlich ist, warum die Unterscheidung verschiedener Sachverhalte im Inquisitionsprozeß aufgegeben werden müßte. Die Abgrenzung hat vielmehr nach den gleichen Kriterien wie in einem Verfahren mit Verhandlungsmaxime zu erfolgen und ist unabhängig davon, wer für die Ermittlung der einzelnen, den Sachverhalt ausfüllenden Tatsachen verantwortlich ist. Zum anderen läßt sich — zumindest im Bereich des Zivilprozesses — eine so umfassende Ermittlungspflicht des Gerichts aus der Inquisitionsmaxime nicht herleiten. Abgesehen davon, daß die Zivilgerichte zu einer völlig unabhängigen Ermittlungstätigkeit gar nicht in der Lage sind, stellt § 622 Abs. 1 ZPO die Berücksichtigung nicht vorgetragener Tatsachen lediglich in das Ermessen des Gerichts[44]. Damit ergibt sich zugleich, daß auch die Parteien bei der Beschaffung des tatsächlichen Prozeßstoffes mitwirken müssen[45]. Der Kläger muß, wie § 253 Abs. 2 Ziff. 2 ZPO[46] deutlich zeigt, wenigstens ein Minimum an Tatsachen vortragen, damit der Klagegrund (Sachverhalt) hinreichend bestimmt ist und dem Gericht eine sinnvolle Ermittlungstätigkeit möglich wird. Tut er dies nicht, so wird seine Klage mangels bestimmter Angabe des Klagegrundes abgewiesen, was aber bei Bestehen einer

---

[40] So mit Recht *Lüke*, JuS 61, 43; *Stein-Jonas-Schlosser*, vor § 614 IV 1; vgl. auch *Steif*, S. 82 f.; *Rosenberg-Schwab*, § 96 IV 3.

[41] *Jauernig*, Verhandlungsmaxime, S. 24.

[42] Vgl. im übrigen die §§ 640 Abs. 1, 670 ZPO, die den § 622 Abs. 1 ZPO für entsprechend anwendbar erklären, sowie § 653 Abs. 1 ZPO.

[43] *Jauernig*, Verhandlungsmaxime, S. 55.

[44] Ganz h. M., vgl. *Stein-Jonas-Schlosser*, § 622 III 1.

[45] Ebenso *Lüke* (JuS 61, 43) im Hinblick auf den Verwaltungsprozeß.

[46] Die Anwendbarkeit dieser Vorschrift im Inquisitionsprozeß wird auch von *Jauernig* (Verhandlungsmaxime, S. 71) nicht in Zweifel gezogen.

umfassenden Ermittlungspflicht des Gerichts unverständlich wäre. Aus den §§ 622 Abs. 1, 253 Abs. 2 Ziff. 2 ZPO ergibt sich also eindeutig, daß auch der Inquisitionsmaxime Grenzen gesetzt sind. Eine Ermittlungstätigkeit des Gerichts ist nur in dem Rahmen möglich, den der Kläger durch die Angabe von Antrag und Klagegrund und damit durch die Bestimmung des Streitgegenstandes setzt[47]. Auch im Ehenichtigkeitsprozeß sind also nur diejenigen Nichtigkeitsgründe von Amts wegen zu überprüfen, für die der vom Kläger zum Gegenstand des Verfahrens gemachte Sachverhalt Anlaß gibt[48].

Jauernig[49] rechnet außerdem aber auch bei selbstabgegrenzten Anträgen im Feststellungsprozeß mit Verhandlungsmaxime den Sachverhalt nicht zum Streitgegenstand, obgleich er bei entsprechenden Fällen im Leistungs- und Gestaltungsprozeß gerade aufgrund der Verhandlungsmaxime zum gegenteiligen Ergebnis kommt[50]. Damit gibt er immerhin zu, daß den Verfahrensmaximen bei der Bestimmung des Streitgegenstandsbegriffs letztlich doch keine entscheidende Bedeutung zukommt. Gleichwohl kann aber auch seiner Streitgegenstandsbestimmung bei der Feststellungsklage nicht gefolgt werden. Bei der Feststellungsklage soll der Sachverhalt für den Streitgegenstand keine Rolle spielen, weil der Kläger, der die Feststellung seines Eigentums begehrt, trotz einer möglichen Vielzahl von Erwerbsgründen stets nur *ein* Eigentum an der Sache erworben haben kann[51]. Sicherlich trifft dies zu, es hat jedoch für die Frage der Zugehörigkeit des Sachverhalts zum Streitgegenstand keine Bedeutung, zumal insoweit auch kein entscheidender Unterschied zur Gestaltungsklage besteht. Denn auch die Gestaltung kann nur einmal erfolgen, ganz gleich, wie viele Gestaltungsgründe sich aus den vorgetragenen Sachverhalten ergeben. Es ist daher nicht einzusehen, warum dem Kläger, dessen Eigentumsfeststellungsklage aus dem Sachverhalt „Erbrecht" abgewiesen worden ist, eine erneute, nunmehr auf den Sachverhalt „Ersitzung" gestützte Klage verwehrt sein soll. Die Auffassung *Habscheids*[52], daß der Sachverhalt ausnahmslos als Bestandteil des Streitgegenstandes anzusehen ist, verdient also auch bei Feststellungsklagen[53] sowie im Inquisitionsprozeß Zustimmung.

---

[47] *Stein-Jonas-Schlosser*, § 622 III 3; *Lüke*, JuS 61, 43.

[48] Dies bestätigt auch die Auffassung von *Lüke* (JuS 61, 43), daß die praktischen Unterschiede zwischen der Inquisitionsmaxime und der durch die richterliche Frage- und Aufklärungspflicht sowie die Konzentrationsmaxime abgeschwächten Verhandlungsmaxime nur gering sind.

[49] Verhandlungsmaxime, S. 70 ff.

[50] *Jauernig*, Verhandlungsmaxime, S. 43 ff., 59 ff.

[51] *Jauernig*, Verhandlungsmaxime, S. 70 f.

[52] Streitgegenstand, S. 191 ff. (195, 199).

[53] Entgegen *Jauernig* (Verhandlungsmaxime, S. 71 f.) zeigt die Begründung aus § 253 Abs. 2 Ziff. 2 ZPO keineswegs die Unhaltbarkeit der Lehre

2. Der Vorrang des Klageantrags

Allein die Feststellung, daß sowohl der Klageantrag als auch der Sachverhalt zu den Bestandteilen des Streitgegenstandes zu rechnen sind, enthält noch keine befriedigende Begriffsbestimmung. Es bedarf vielmehr noch der Entscheidung, in welchem Verhältnis Antrag und Sachverhalt zueinander stehen. Die Lehre, die Sachverhalt und Antrag als gleichwertige Elemente des Streitgegenstandes behandelt, führt — wie wir bereits gesehen haben — gerade bei dem problematischen Kaufpreis-Wechsel-Fall zu praktisch unbefriedigenden Ergebnissen. Die Gleichwertigkeit von Antrag und Sachverhalt ist deshalb zu verneinen. Für das Verhältnis der beiden Streitgegenstandselemente zueinander hat aber die Lehre *Schwabs* den richtigen Weg gewiesen, wenngleich sie mit der völligen Ausklammerung des Sachverhalts bei der Begriffsbestimmung des Streitgegenstandes sicherlich einen Schritt zu weit gegangen ist: Von den beiden bestimmenden Elementen des Streitgegenstandes muß dem Klageantrag gegenüber dem Sachverhalt vorrangige Bedeutung beigemessen werden[54]. Dies äußert sich dahingehend, daß der Kläger mittels ein und desselben Antrags mehrere selbständige Sachverhalte zu einem einheitlichen Streitgegenstand zusammenfassen kann und ist somit vor allem für die Frage nach dem Vorliegen einer objektiven Klagenhäufung von Bedeutung. Der Streitgegenstandsbegriff läßt sich daher wie folgt definieren:

Streitgegenstand ist das auf rechtskräftige Feststellung einer Rechtsfolge gerichtete Begehren, das durch den gestellten Antrag und den zu seiner Begründung vorgetragenen Sachverhalt gekennzeichnet wird[55]; werden mehrere selbständige Sachverhalte vorgetragen, so kommt dem Antrag vorrangige Bedeutung zu.

Habscheids. Denn die Prämisse *Jauernigs,* daß der Sachverhalt für den Streitgegenstand im Inquisitionsprozeß keine Bedeutung hat, obwohl auch hier der § 253 Abs. 2 Ziff. 2 ZPO Anwendung findet, ist unrichtig. Auch das von *Jauernig* hierfür ins Feld geführte Beispiel einer Feststellungsklage im Eheverfahren erbringt keinen Gegenbeweis. Sicherlich wird in diesem Beispielsfall die Rechtskraft des ersten Urteils einer erneuten Klage auf Feststellung des Bestehens der Ehe entgegenstehen. Die Identität der Streitgegenstände beruht aber nicht darauf, daß dem Sachverhalt keine Bedeutung zukommt. Vielmehr wird man entweder die Eheschließung vor dem Geistlichen und dem Standesbeamten als einheitlichen Lebensvorgang ansehen müssen. Lehnt man dies aber ab, so kommt man nicht umhin, in der Behauptung, die Ehe sei nur vor dem Geistlichen geschlossen worden, zumindest konkludent die Verneinung der Eheschließung vor dem Standesbeamten zu erblicken. Dann waren aber auch „beide Sachverhalte" bereits Gegenstand der ersten Klage.

54 Vgl. *Schwab* (JuS 65, 83 f.), der das „Schwergewicht" auf den Antrag verlegt, ohne damit jedoch die bestimmende Funktion des Sachverhalts für den Streitgegenstand anzuerkennen. Auch *Jauernig* (Verhandlungsmaxime, S. 50) betont die „überragende Bedeutung des Antrags".

55 Bis hierhin deckt sich die Definition mit der von *Arens,* Streitgegenstand, S. 23.

Diese Auffassung steht — im Gegensatz zur Lehre von *Schwab* — nicht im Widerspruch zum Gesetz, da die Bestimmung des § 253 Abs. 2 Ziff. 2 ZPO, die die Angabe des Klagegrundes fordert und somit den Sachverhalt zum notwendigen Inhalt des Streitgegenstandes macht[56], über das Verhältnis des Klageantrags zum Sachverhalt nichts aussagt. Zu prüfen bleibt allerdings, ob diese Begriffsbestimmung zu praktisch brauchbaren und billigenswerten Ergebnissen führt, denn nur dann gebührt ihr gegenüber dem eingliedrigen und dem zweigliedrigen Streitgegenstandsbegriff in der bisherigen Fassung der Vorzug.

Betrachten wir zunächst, welche Auswirkungen sich bei konsequenter Anwendung dieses Streitgegenstandsbegriffs für den Leistungsprozeß im Kaufpreis-Wechsel-Fall ergeben. Stützt der Kläger seine Klage auf die Sachverhalte „Kauf" und „Wechsel", so ist im Hinblick auf den Vorrang des Klageantrags nur ein Streitgegenstand gegeben, das heißt, es ist auch nur eine einheitliche klagabweisende oder klagstattgebende Entscheidung möglich[57]. Einer gleichzeitigen Klage aus einem dieser Sachverhalte, etwa einer Klage im Wechselprozeß, steht die Einrede der Rechtshängigkeit entgegen, weil der gleiche Antrag sowie der Sachverhalt „Wechsel" bereits Gegenstand eines anderen Prozesses sind. Auch eine nachfolgende Klage aus nur einem Sachverhalt ist infolge der Rechtskraft der vorangegangenen Entscheidung nicht mehr möglich, ganz gleich, wie diese Entscheidung ausgegangen ist und ob darin zu beiden oder nur zu einem Sachverhalt Stellung genommen worden ist[58]. Stützt der Kläger seine Klage dagegen nur auf einen Sachverhalt, so liegt eine Klageänderung vor, wenn der Kläger im Laufe des Prozesses von dem einen zum anderen Sachverhalt übergeht. Macht der Kläger den anderen Sachverhalt aber zur Grundlage eines zweiten gleichzeitigen Prozesses, dann haben wir es mit zwei Streitgegenständen zu tun, so daß die Einrede der Rechtshängigkeit nicht durchgreift[59]. Denn obgleich die Klageanträge identisch sind, liegen

---

[56] *Habscheid*, Streitgegenstand, S. 195; *Arens*, Streitgegenstand, S. 21; *Lüke*, JZ 60, 204. Der Einwand von *Jauernig* (*Lent-Jauernig*, ZivilprozeßR, § 37 IX), daß dem Sachverhalt nur Bedeutung für die Klageschrift, nicht aber auch für den Streitgegenstand zukomme, ist ein Scheinargument, da gerade mittels der Klageschrift der Streitgegenstand zu bestimmen ist.

[57] Auf die Brauchbarkeit dieses Ergebnisses bzw. die sich bei Annahme einer Klagenhäufung ergebenden Unbilligkeiten wurde bereits bei der Behandlung des zweigliedrigen Streitgegenstandsbegriffs hingewiesen. Vgl. oben bei Fußn. 14.

[58] Anders *Schwab* (Streitgegenstand, S. 157), weil er den Umfang des Streit- und des Entscheidungsgegenstandes unterschiedlich bestimmt. Hiergegen zu Recht *Arens*, Streitgegenstand, S. 22; *Steif*, S. 42 ff. m. w. N.

[59] *Schwab* (Streitgegenstand, S. 125 f.) gelangt auch hier zu einem abweichenden Ergebnis, weil er infolge der Loslösung des Sachverhalts vom Streitgegenstand auch dann einen „globalen" Streitgegenstand annehmen muß, wenn der Kläger nur *einen* Sachverhalt vorträgt. Vgl. *Jauernig*, Verhandlungsmaxime, S. 18 f.

den beiden Prozessen doch verschiedene Sachverhalte zugrunde. Zu einem entsprechenen Ergebnis gelangt man auch bei einem Nacheinander der Prozesse. Hier steht die Rechtskraft dem zweiten Prozeß selbst dann nicht entgegen, wenn der Kläger mit der ersten Klage bereits Erfolg hatte. Allerdings wird in diesem Falle der zweiten Klage wohl in der Regel das Rechtsschutzinteresse fehlen, weil der Kläger dann ja bereits im Besitz eines vollstreckbaren Titels ist. Es zeigt sich also, daß der hier zugrunde gelegte Streitgegenstandsbegriff im Kaufpreis-Wechsel-Fall die wünschenswerten Ergebnisse bringt, die sich bei konsequenter Anwendung des eingliedrigen oder des zweigliedrigen, Antrag und Sachverhalt als gleichwertig behandelnden Streitgegenstandsbegriff nicht erreichen lassen. Die gefundene Definition kann zugleich bei den „Bewährungspunkten" des Streitgegenstandes kompromißlos beibehalten werden und führt auch insoweit zu einheitlichen Lösungen.

Darüber hinaus ist dieser Streitgegenstandsbegriff nicht nur im Leistungsprozeß, sondern auch im Feststellungs- und Gestaltungsprozeß ohne weiteres zu gebrauchen. Begehrt der Kläger die Feststellung seines Eigentums und stützt er sich hierbei auf mehrere mögliche Erwerbsgründe, so liegt, auch wenn die einzelnen Erwerbsgründe als jeweils selbständige Sachverhalte aufzufassen sind, nur ein Streitgegenstand vor[60]. Der Kläger wird auch in der Regel alle ihm bekannten Sachverhalte, die seine Eigentümerstellung rechtfertigen könnten, auf einmal vortragen, um eine Klagabweisung nach Möglichkeit zu vermeiden. Sollte jedoch der Fall eintreten, daß der Kläger sich zunächst auf die Geltendmachung eines Sachverhalts beschränkt und wird diese Klage abgewiesen, so steht nach der hier vertretenen Auffassung die Rechtskraft dieser Entscheidung einer erneuten, nunmehr auf einen anderen Sachverhalt gestützten Klageerhebung nicht entgegen. Die Präklusionswirkung der Rechtskraft greift nicht ein, da sie sich nur auf nicht vorgetragene Tatsachen des den Streitgegenstand bestimmenden Sachverhalts bezieht. Sicherlich können auf diese Weise äußerlich „sich widersprechende" Entscheidungen zustande kommen. Dieser „Widerspruch" ist aber durchaus zu ertragen, vor allem bei richtigem Verständnis der materiellen Rechtskraft klagabweisender Entscheidungen. Das Eigentum des Klägers wird nämlich in dem ersten Prozeß nicht schlechthin, sondern allein aus dem die Entscheidung tragenden Gesichtspunkt verneint, so daß die Bejahung des Eigentums aus einem anderen Grund — selbst in einem neuen Verfahren — sich

---

[60] Ebenso im Ergebnis zwar *Henckel* (Parteilehre, S. 282 ff.), *Jauernig* (Verhandlungsmaxime, S. 71) und *Stein-Jonas-Pohle* (Einl. E III 2 d a. E.), jedoch ohne Rücksicht darauf, welche Sachverhalte der Kläger wirklich vorgetragen hat. Dies führt notwendig zu abweichenden, praktisch aber keineswegs zwingend gebotenen Ergebnissen bei Fragen der Rechtshängigkeit und der Rechtskraft.

der Sache nach gar nicht als Widerspruch darstellt. Vielmehr liegt darin letztlich nur eine Bestätigung dafür, daß sowohl der Streitgegenstand als auch die materielle Rechtskraft rein prozessualer, das heißt vom materiellen Recht unabhängiger Natur sind.

Entsprechendes gilt auch für Gestaltungsklagen. Vor allem lassen sich mit diesem Streitgegenstandsbegriff auch im Eheprozeß befriedigende Ergebnisse erzielen, so daß es entgegen einer vielfach vertretenen Auffassung insoweit keines besonderen, von der allgemeinen Begriffsbestimmung abweichenden Streitgegenstandes bedarf[61]. — Wird eine Scheidungs- oder Aufhebungsklage auf mehrere Auflösungsgründe aus verschiedenen Sachverhalten gestützt, dann liegt gleichwohl nur *ein* Streitgegenstand vor; die nicht zum Zuge kommenden Gründe müssen also entgegen der Befürchtung von *Schwab*[62] nicht eigens aberkannt werden[63]. — Weitere Auflösungsgründe, die sich aus *nicht vorgetragenen* Sachverhalten herleiten lassen, werden von der Rechtshängigkeit nicht erfaßt. Ein Nebeneinander oder Nacheinander mehrerer Eheauflösungsklagen ist daher nicht infolge der Rechtshängigkeit oder Rechtskraft ausgeschlossen, scheitert jedoch an der rechtskraftfremden Präklusionswirkung des § 616 ZPO[64]. Diese Bestimmung erfaßt zwar ihrem Wortlaut nach nur das Nacheinander mehrerer Scheidungs- oder Aufhebungsklagen. Dennoch kann es keinem ernsthaften Zweifel unterliegen, daß diese Vorschrift auch der maßgebliche Grund für das Verbot mehrerer gleichzeitiger Klagen ist, da die Zulässigkeit mehrerer gleichzeitiger oder nachfolgender Klagen — ebenso wie Fragen der Rechtshängigkeit und der Rechtskraft — stets einheitlich zu entscheiden ist[65]. Anders verhält es sich dagegen bei der Ehenichtigkeitsklage. Hier ist es durchaus möglich, eine erneute Klage auf einen in dem früheren Verfahren zwar bereits gegebenen, aber nicht vorgetragenen Sachverhalt zu stützen, da § 616 ZPO in diesem Falle nicht eingreift. Die Unanwendbarkeit des § 616 ZPO läßt es auch nicht als zwingend geboten erscheinen, den Streitgegenstand im Ehenichtigkeitsprozeß ohne Rücksicht auf den Vortrag des Klägers auf alle denkbaren Nichtigkeitsgründe zu erstrecken[66]. Vielmehr spiegelt gerade das Fehlen einer dem § 616 ZPO entsprechenden Vorschrift, wie *Schlosser*[67] mit Recht hervorhebt, das allgemeine öffentliche Interesse

---

[61] Zum Meinungsstand hinsichtlich des Streitgegenstandes im Eheprozeß vgl. *Stein-Jonas-Schlosser* (vor § 614 I) mit zahlreichen Nachweisen aus Literatur und Rechtsprechung.

[62] ZZP 65, 108.

[63] Ebenso im Ergebnis *Stein-Jonas-Schlosser* (vor § 614 II 4), allerdings infolge der abzulehnenden Konstruktion einer *alternativen* Klagenhäufung.

[64] *Stein-Jonas-Schlosser,* § 616 I; *Jauernig,* Verhandlungsmaxime, S. 65 f.

[65] Vgl. *Henckel,* Parteilehre, S. 290.

[66] So aber *Jauernig,* Verhandlungsmaxime, S. 55 ff.

[67] *Stein-Jonas-Schlosser,* vor § 614 IV.

an der Realisierung von Ehenichtigkeitsgründen wieder, so daß von einer Präklusion solcher Nichtigkeitsgründe, die der richterlichen Kognition gar nicht unterlagen, bewußt abgesehen wird.

Zusammenfassend läßt sich also festhalten, daß der im dargelegten Sinne modifizierte zweigliedrige Streitgegenstandsbegriff den Aufgaben des Streitgegenstandes im Zivilprozeß vollauf gerecht wird und deshalb keine Notwendigkeit besteht, die Idee eines einheitlichen Streitgegenstandes aufzugeben[68]. Zugleich ergibt sich nach der hier vertretenen Auffassung vom Streitgegenstand, daß bei einem auf mehrere Sachverhalte gestützten Antrag keine Klagenhäufung vorliegt, so daß die Frage nach der Zulässigkeit eventueller Begründungen im Kaufpreis-Wechsel-Fall eindeutig zu verneinen ist[69]. Das Gericht kann sich also den Klagegrund aussuchen, der mit dem geringsten Aufwand an Arbeit und Kosten die Klage trägt, ohne an die vom Kläger mit der Eventualstellung vorgeschlagene Reihenfolge gebunden zu sein.

---

[68] Anders *Jauernig*, Verhandlungsmaxime, S. 73.
[69] Vgl. oben § 9 I.

Vierter Teil

Die prozessuale Behandlung von Eventualverhältnissen im Zivilprozeß

Die bisherigen Erörterungen haben gezeigt, daß alle echten Eventualverhältnisse — soweit sie zulässig sind — das Gericht bei seinen Entscheidungen an die mit der Eventualstellung festgelegte Reihenfolge binden. Hieraus ergeben sich für das praktisch bedeutsamste Eventualverhältnis, die eventuelle objektive Klagenhäufung, im Laufe des Verfahrens aber weitere Konsequenzen und prozessuale Besonderheiten, auf die im folgenden näher eingegangen werden soll.

§ 13 Das Verfahren bis zum Urteil

I. Eintritt und Erlöschen der Rechtshängigkeit des Hilfsanspruchs

Wie wir bereits früher festgestellt haben[1], ist die Rechtshängigkeit des Hilfsanspruchs auflösend bedingt. Hieraus folgt, daß auch der Hilfsanspruch bereits mit der Klageerhebung rechtshängig wird. Sofern es zu keiner Entscheidung über den Hilfsanspruch kommt, erlischt die Rechtshängigkeit mit dem Eintritt der Bedingung. Der genaue Zeitpunkt des Erlöschens bedarf aber noch einer näheren Konkretisierung. Dies ist vor allem im Hinblick auf das Fortbestehen der Einrede der Rechtshängigkeit (§ 263 Abs. 2 Ziff. 1 ZPO) von Bedeutung. Denkbar wäre es, daß die Rechtshängigkeit des Hilfsanspruchs bereits mit dem tatsächlichen Erlaß der von der Partei zur Bedingung erhobenen Entscheidung über den Hauptanspruch endet. Dies führt aber zu Schwierigkeiten, wenn die Entscheidung über den Hauptanspruch im Rechtsmittelwege abgeändert wird, weil nunmehr infolge der Eventualstellung über den Hilfsanspruch zu entscheiden ist und somit die bereits erloschene Rechtshängigkeit erst wieder neu begründet werden müßte. Richtig ist es deshalb, den Eintritt der formellen Rechtskraft der Entscheidung über den Hauptanspruch als maßgeblichen Zeitpunkt für das Erlöschen der Rechtshängigkeit des Hilfsanspruchs anzusehen[2].

---

[1] Vgl. oben § 5 III 3.

[2] *Stein-Jonas-Schumann/Leipold*, § 263 I 1; *Rosenberg*, ZivilprozeßR, § 61 IV 3 a; zumindest mißverständlich dagegen BGHZ 21, 13 (16); *Blomeyer*, ZivilprozeßR, § 30 VI 2 (S. 142); *Schönke-Kuchinke*, § 31 IV und § 46 II.

Fraglich bleibt weiterhin, ob die auflösende Bedingung im Prozeßrecht die gleiche Wirkung erzeugt wie im Zivilrecht, das heißt, ob die Rechtshängigkeit mit dem Bedingungseintritt ex nunc oder ex tunc erlischt.

Während *Stein*[3] und wohl auch *Nikisch*[4] ein Erlöschen der Rechtshängigkeit ex nunc annehmen und somit der Bedingung die gleiche Wirkung beimessen, die gemäß § 158 Abs. 2 BGB einer auflösenden Bedingung im Zivilrecht zukommt, wird ganz überwiegend die Auffassung vertreten, daß die Rechtshängigkeit bei Bedingungseintritt rückwirkend erlischt[5]. Vor allem *Rosenberg*[6] betont ausdrücklich, daß es sich „selbstverständlich" um keine auflösende Bedingung im Sinne des § 158 Abs. 2 BGB handele, ohne dies allerdings näher zu begründen. Einen solchen Versuch unternimmt allein *Baumgärtel.* Er hält es mit dem auf das Urteil als Endziel gerichteten Verfahren nicht für vereinbar, nach Eintritt der auflösenden Bedingung den Bestand der Rechtshängigkeit des Eventualantrages bis zu diesem Zeitpunkt anzunehmen, da ein einmal eingeleitetes Verfahren nicht einfach als beendet angesehen werden könnte, sondern mit justizförmigen Mitteln beendet werden müßte. Es entspreche daher dem Wesen des Prozeßrechts, in entsprechender Anwendung des § 271 ZPO das rückwirkende Erlöschen der Rechtshängigkeit anzunehmen[7]. Ist im Ergebnis auch *Baumgärtel* und der herrschenden Auffassung zuzustimmen, so vermag jedoch die Begründung nicht zu überzeugen.

Wenn es mit dem Verfahrensrecht überhaupt vereinbar ist, daß die Rechtshängigkeit infolge des Eintritts einer von der Partei gesetzten Bedingung erlöschen kann, so liegt eine Beendigung des Verfahrens mit „justizförmigen Mitteln" vor, ohne daß dem Zeitpunkt des Erlöschens der Rechtshängigkeit entscheidende Bedeutung zukommt. Bei der Bestimmung des Zeitpunkts für das Erlöschen der Rechtshängigkeit handelt es sich vielmehr um eine Frage der Zweckmäßigkeit, die entschieden werden kann, ohne daß dadurch — ganz gleich, wie die Entscheidung ausfällt — das „Wesen des Prozeßrechts" berührt wird. So erlischt die Rechtshängigkeit eines versehentlich im Urteil übergangenen Anspruchs mit Versäumung der in § 321 Abs. 2 ZPO bestimmten Antragsfrist[8], also ex nunc, während im Falle einer Klagerücknahme fingiert wird, daß der Rechtsstreit insoweit niemals rechts-

---

[3] DJZ 13, 36.
[4] ZivilprozeßR, § 45 III 3.
[5] Vgl. die Nachweise oben § 5 III 2 Fußn. 58 (mit Ausnahme von *Nikisch).*
[6] ZivilprozeßR, § 61 IV 3 a.
[7] *Baumgärtel,* Prozeßhandlung, S. 138.
[8] BGH, LM Nr. 54 zu § 322 ZPO a. E.; OLG Braunschweig, OLGRspr. 17, 17 (18 f.); *Baumbach-Lauterbach,* § 321 Anm. 3 A; *Rosenberg,* ZivilprozeßR, § 57 I 3 c; *Thomas-Putzo,* § 263 Anm. 1 b.

hängig geworden ist (§ 271 Abs. 3 Satz 1 ZPO). In beiden Fällen kann der betreffende Anspruch erneut im Wege einer Klage geltend gemacht werden. Der Grund für das rückwirkende Erlöschen der Rechtshängigkeit bei der Klagerücknahme ist darin zu erblicken, daß auch die materiellrechtlichen Folgen der Rechtshängigkeit als nie eingetreten gelten sollen[9]. Der Kläger soll, wenn er bewußt auf eine Entscheidung verzichtet, nicht mehr die materiellrechtlichen Vorteile für sich beanspruchen können, die mit der Klageerhebung zunächst entstanden waren; insbesondere gelten die Unterbrechung der Verjährung (§ 212 Abs. 1 BGB) sowie die Entstehung eines Anspruchs auf Prozeßzinsen (§ 291 BGB) als nie erfolgt. Von der Interessenlage her besteht insoweit kein wesentlicher Unterschied zwischen einer Klagerücknahme und dem Fall, daß über einen Hilfsantrag infolge Bedingungseintritt nicht mehr entschieden wird. Im letzten Fall wäre es sogar in erhöhtem Maße unbillig, könnte der Kläger aus der zeitweiligen Rechtshängigkeit des Hilfsanspruchs Vorteile herleiten, da der Beklagte — anders als bei einer Klagerücknahme — keinerlei Einfluß darauf hat, ob es zu einer Entscheidung über den Hilfsantrag kommt oder nicht. Allein die Gleichheit der Interessenlage rechtfertigt es also, in entsprechender Anwendung des § 271 ZPO das rückwirkende Erlöschen der Rechtshängigkeit des Hilfsanspruchs anzunehmen.

Hieraus müssen dann aber auch die entsprechenden Konsequenzen hinsichtlich des Wegfalls der materiellrechtlichen Wirkungen der Rechtshängigkeit gezogen werden. Dies verkennt das OLG Celle, nach dessen Auffassung der Eintritt der auflösenden Bedingung an der einmal eingetretenen Unterbrechung der Verjährung nichts ändert[10]. Denn bei Annahme eines rückwirkenden Wegfalls der Rechtshängigkeit des Hilfsanspruchs[11] muß auch § 212 Abs. 1 BGB entsprechend angewendet werden[12]. Dieses Ergebnis ist auch bei Berücksichtigung des

[9] Vgl. *Hahn-Stegemann*, Materialien, S. 263 zu § 234; *Lent-Jauernig*, ZivilprozeßR, § 42 II 1; *Rosenberg*, ZivilprozeßR, § 97 III 2 b; *Staudinger-Coing*, § 212 Rdnr. 1; RGZ 33, 394 (396 f.).

[10] OLG Celle, NJW 65, 1486 (1487); ebenso *Palandt-Danckelmann*, § 209 Anm. 2; *Zöller-Stephan*, § 260 II 2.

[11] In der Entscheidung des 11. Senats des OLG Celle (NJW 65, 1486) wird allerdings nur gesagt, daß die Rechtshängigkeit des Hilfsanspruchs auflösend bedingt sei. Aus der Bezugnahme auf *Stein-Jonas-Pohle* (18. Aufl., § 263 I 1) muß jedoch geschlossen werden, daß auch der 11. Senat — ebenso wie bereits früher der 7. Senat (MDR 61, 516) — von einem *rückwirkenden* Wegfall der Rechtshängigkeit bei Bedingungseintritt ausgeht.

[12] Richtig nunmehr BGH, NJW 68, 692 (693); *Oehlers*, NJW 70, 845. — Die weitere Frage, ob die rückwirkend entfallene Verjährungsunterbrechung analog § 212 Abs. 2 Satz 1 BGB dadurch wiederhergestellt werden kann, daß der Hilfsanspruch binnen 6 Monaten erneut im Klagewege geltend gemacht wird, ist zu bejahen (ebenso im Ergebnis der BGH, a.a.O.). Dieser Fall entspricht insoweit der in § 212 Abs. 1 BGB geregelten Rechtslage, daß die Unterbrechung der Verjährung infolge der Klagerücknahme als nicht erfolgt

Zweckes der Verjährung einleuchtend; denn mit dem rückwirkenden Wegfall der Rechtshängigkeit ist der Schuldner genauso gestellt, als ob er niemals ernsthaft, das heißt auf einem vom Gesetz für die Herbeiführung der Verjährungsunterbrechung vorgesehenen Wege (§ 209 BGB), in Anspruch genommen worden wäre und braucht somit nach Ablauf der Verjährungsfrist nicht mehr damit zu rechnen, noch leisten zu müssen[13].

II. Der Gang des Verfahrens

Da der Hilfsanspruch bereits mit seiner Geltendmachung rechtshängig wird, kann er auch von Anfang an in die Verhandlung einbezogen werden. Dies ist sogar unumgänglich, wenn zwischen Haupt- und Hilfsanspruch ein enger rechtlicher oder tatsächlicher Zusammenhang besteht. Desgleichen ist das Gericht grundsätzlich nicht gehindert, Beweiserhebungen zum Hilfsanspruch jederzeit vorzunehmen. All dem steht die Eventualstellung, die sich unmittelbar nur auf die eigentlichen Entscheidungen des Gerichts bezieht, nicht entgegen. Zu beachten ist allerdings, daß die Beweiserheblichkeit einer den Hilfsanspruch betreffenden Tatsachenbehauptung letztlich erst dann mit Sicherheit bejaht werden kann, wenn es nach der Überzeugung des Gerichts auch zu einer Entscheidung über diesen Hilfsanspruch kommen wird. Andernfalls besteht die Gefahr, daß sich eine solche Beweiserhebung später als überflüssig erweist, so daß die Parteien mit den hierdurch entstandenen Kosten nicht belastet werden dürfen (§ 7 Abs. 1 GKG).

Soweit dagegen zwischen dem Haupt- und Hilfsanspruch kein unmittelbarer rechtlicher oder tatsächlicher Zusammenhang besteht, erscheint es zweckmäßig, die Verhandlung zunächst auf einen der beiden Ansprüche, und zwar in Anbetracht der Eventualstellung auf den Hauptanspruch zu beschränken. Hierdurch kann unnötiger Zeit- und Arbeitsaufwand vermieden werden. Die Zivilprozeßordnung enthält

---

gilt. Die hiergegen von *Oehlers* (NJW 70, 846) vorgebrachte Kritik, die sich auf die Entstehungsgeschichte des § 212 BGB stützt, überzeugt nicht. Wenn auch für die Einbeziehung der Klagerücknahme in den § 212 Abs. 2 Satz 1 BGB allein der Gesichtspunkt maßgeblich war, dem Kläger die Rücknahme einer *formell* nicht einwandfreien Klage ohne Nachteile zu ermöglichen, so muß dies doch bei einem Vergleich der Interessenlagen unberücksichtigt bleiben, da die Motivation der Klagerücknahme für die tatsächliche Anwendbarkeit des § 212 Abs. 2 Satz 1 BGB keine Rolle mehr spielt.

[13] Zum Zweck der Verjährung vgl. *Lehmann-Hübner*, S. 361; *Henckel*, JZ 62, 335 (336). Ob die Unterbrechung der Verjährung des Hilfsanspruchs dann nicht entfällt, wenn beide Ansprüche (Haupt- und Hilfsanspruch) auf demselben Anspruchsgrund beruhen und nur einen unterschiedlichen Anspruchsinhalt haben, kann hier dahingestellt bleiben, weil dies jedenfalls keine Folge der Eventualstellung wäre. Vielmehr würde die Verjährung in diesen Fällen auch dann hinsichtlich beider Ansprüche unterbrochen, wenn nur einer klageweise geltend gemacht worden wäre (hierzu näher *Henckel*, a.a.O.).

allerdings keine Vorschrift, die dem Gericht in derartigen Fällen eine beschränkte Verhandlung ausdrücklich gestattet. Bei der gewöhnlichen objektiven Klagenhäufung kann das Gericht zwar gemäß § 145 Abs. 1 ZPO anordnen, daß mehrere in einer Klage erhobene Ansprüche in getrennten Prozessen verhandelt werden. Diese Möglichkeit ist jedoch bei einer eventuellen objektiven Klagenhäufung nicht gegeben, weil eine Aufspaltung in zwei selbständige Prozesse entweder das Eventualverhältnis gegen den Willen der Partei auflöst, oder aber — bei Aufrechterhaltung des Eventualverhältnisses — den nunmehr vom Ausgang eines anderen Prozesses abhängigen Hilfsanspruch zu einer unzulässig bedingten Klage werden läßt[14]. Eine Beschränkung der Verhandlung im Rahmen eines einheitlichen Prozesses ist aber nach § 146 ZPO möglich, jedoch ausdrücklich nur bei mehreren auf *denselben* Anspruch sich beziehenden selbständigen Angriffs- oder Verteidigungsmitteln, also nicht bei mehreren Ansprüchen[15]. Der in § 146 ZPO zugrunde liegende Gedanke, eine übersichtlichere und zweckmäßige Gliederung des Streitstoffes zu ermöglichen, rechtfertigt es jedoch, diese Vorschrift bei der eventuellen objektiven Klagenhäufung entsprechend anzuwenden[16].

Es kommt auch vor, daß das angerufene Gericht nur für einen der beiden im Eventualverhältnis geltend gemachten Ansprüche zuständig ist[17]. Wenn dies auch die Zulässigkeit der Eventualstellung nicht berührt, so ist bei entsprechender Rüge des Gegners die Klage jedoch insoweit als unzulässig abzuweisen. Eine solche Klagabweisung kann der Kläger nur dadurch vermeiden, daß er gemäß § 276 Abs. 1 ZPO die Verweisung des Rechtsstreits an das zuständige Gericht beantragt. Auch hier ist jedoch darauf zu achten, daß mittels der Verweisung nicht das Eventualverhältnis gegen den Willen des Klägers beendet wird. Ist also das angerufene Gericht für den Hauptanspruch unzuständig, so ist der *gesamte* Rechtsstreit — ohne Rücksicht darauf, ob die Zuständigkeit hinsichtlich des Hilfsanspruchs gegeben ist oder nicht — an das für den Hauptanspruch zuständige Gericht zu verweisen[17], da andernfalls die Eventualstellung nicht mehr fortbestehen könnte. Anders ist dagegen der Fall zu beurteilen, daß das erste Gericht zwar für den Hauptanspruch, nicht aber für den Hilfsanspruch zuständig ist. Hier kommt allein eine Verweisung hinsichtlich des Hilfsanspruchs in Betracht, die aber erst und nur dann erfolgen kann, wenn das Gericht

---

[14] Vgl. *Baumbach-Lauterbach*, § 260 Anm. 3; *Stein-Jonas-Pohle*, § 145 II 2. Gleiches gilt für die Eventualwiderklage, *Rosenberg*, *ZivilprozeßR*, § 61 IV 3 c (S. 286). A. A. *Hellwig*, ZivilprozeßR, § 149 II 2 a (S. 72).

[15] Vgl. *Thomas-Putzo*, § 146 Anm. 2 c.

[16] *Seuffert-Walsmann*, § 260 Anm. 2 c; *Baumbach-Lauterbach*, § 146 Anm. 2 B; *Stein-Jonas-Pohle*, § 146 II 1.

[17] Vgl. BGH, NJW 56, 1357 = LM Nr. 2 zu § 51 SGG.

über den Hauptanspruch entschieden hat und die mit der Eventualstellung gesetzte Bedingung eingetreten ist. Die Verweisung erfolgt also frühestens mit der Entscheidung über den Hauptanspruch und wird erst mit Rechtskraft dieser Entscheidung wirksam[18]. Denn erst von diesem Zeitpunkt an, in dem der Eintritt oder Ausfall der Bedingung endgültig feststeht, läßt sich die durch die alleinige Verweisung des Hilfsanspruchs bewirkte Prozeßtrennung mit der Eventualstellung in Einklang bringen.

An die Eventualstellung ist nicht nur das Gericht, sondern grundsätzlich auch der Kläger gebunden. Dies ergibt sich daraus, daß jede nachträgliche Veränderung des Klageantrags und damit des Streitgegenstandes als Klageänderung nur unter einschränkenden Voraussetzungen zulässig ist (§§ 264, 268 ZPO). Diese Vorschriften kommen aber nicht nur dann zur Anwendung, wenn der Kläger den einzelnen Haupt- oder Hilfsantrag verändert oder überhaupt erst nachträglich neben den bisherigen Klageantrag einen Hilfsantrag stellt[19]. Eine Klageänderung ist vielmehr auch dann gegeben, wenn zwar die einzelnen Anträge für sich genommen unverändert bleiben, der Kläger jedoch die bisherige Reihenfolge der Anträge vertauscht, so daß der frühere Hilfsantrag nunmehr als Hauptantrag erscheint und umgekehrt. Auch hierdurch wird nämlich — ebenso wie bei der Abänderung des Antrags selbst — das Klageziel verändert, das für den Ausgang des Prozesses und den Umfang der materiellen Rechtskraft von entscheidender Bedeutung sein kann. Dies zeigt sich, wenn allein dem bisherigen Hilfsantrag stattzugeben ist. Während bei der ursprünglichen Antragsstellung die Klage zum Teil, nämlich hinsichtlich des Hauptantrages, abgewiesen werden müßte, ist der Klage bei der veränderten Reihenfolge der Anträge uneingeschränkt stattzugeben, da infolge der Eventualstellung der bisherige Hauptantrag unbeschieden bleibt. Eine Umstellung von Haupt- und Hilfsantrag ist also — von den Fällen des § 268 Ziff. 2 und 3 ZPO abgesehen — nur zulässig, wenn der Beklagte einwilligt oder das Gericht eine solche Umstellung für sachdienlich erachtet[20].

---

[18] *Stein-Jonas-Schumann/Leipold*, § 276 II 2.

[19] Str., wie hier RG, ZZP 59, 411 f.; BGH, LM Nr. 1 zu § 648; BGH, NJW 51, 311 (312); 57, 543 (wobei dahingestellt bleiben kann, ob die nachträgliche Stellung eines neuen Antrags eine Klageänderung darstellt oder lediglich wie eine solche zu behandeln ist). A. A. *Stein-Jonas-Schumann/Leipold*, § 268 I 2 e: Danach ist eine nachträgliche Klagenhäufung ohne weiteres zu gestatten.

[20] A. A. *Wieczorek* (§ 264 C II a 1), der hier das Vorliegen einer Klageänderung verneint.

§ 14 Die Entscheidung bei Haupt- und Hilfsanspruch

I. Die Voraussetzung für eine Entscheidung über den Hilfsanspruch

Infolge der Eventualstellung setzt eine Entscheidung über den Hilfsanspruch stets voraus, daß zuvor oder zumindest gleichzeitig über den Hauptanspruch entschieden wird. Wann es jedoch im Einzelfall zu einer Entscheidung über den Hilfsanspruch kommt, ist damit noch nicht gesagt. Dies hängt vielmehr von der Art der Bedingung ab, unter der der Hilfsanspruch geltend gemacht wird. Hierbei ergeben sich mehrere Möglichkeiten[1]. Zunächst kann die Entscheidung über den Hilfsanspruch sowohl von dem Erfolg als auch von der Erfolglosigkeit des Hauptbegehrens abhängig gemacht werden. Der erste Fall ist sicherlich der seltenere. Sein Vorliegen darf deshalb nur dann angenommen werden, wenn dies in der Klage unzweideutig zum Ausdruck gebracht wird. In der Regel ist also davon auszugehen, daß die Abweisung des Hauptanspruchs maßgeblich dafür sein soll, daß es zu einer Entscheidung über den Hilfsanspruch kommt.

Auch insoweit ergeben sich jedoch weitere Zweifelsfragen, da die Abweisung auf den verschiedensten Gründen beruhen und dementsprechend auch von unterschiedlicher Tragweite sein kann. Insbesondere erscheint es fraglich, ob über den Hilfsanspruch auch dann entschieden werden soll, wenn der Hauptanspruch nur als unzulässig oder als teilweise oder zur Zeit unbegründet abzuweisen ist. Eine allgemeingültige Beantwortung dieser Fragen ist nicht möglich. Entscheidend ist stets der Wille des Klägers. Dieser ist im Einzelfall durch Auslegung des klägerischen Vorbringens, notfalls durch Ausübung des richterlichen Fragerechts (§ 139 ZPO) zu ermitteln[2]. Bleiben gleichwohl Unklarheiten bestehen, so ist von der Bedingung auszugehen, die unter den gegebenen Umständen für die Partei die günstigere Wirkung erzeugt.

Bei der Abweisung als unzulässig wird es demnach im Zweifel darauf ankommen, ob der Mangel, der die Unzulässigkeit der Klage zur Folge hat, behebbar ist oder nicht[3]. Im ersten Fall wird es für den Kläger günstiger sein, wenn eine Entscheidung über den Hilfsanspruch unterbleibt und dem Kläger die Gelegenheit gegeben wird, zunächst seinen Hauptanspruch erneut geltend zu machen. Auf diese Weise könnte sich nämlich eine Entscheidung über den Hilfsanspruch, die ja für den Kläger mit einem Kostenrisiko verbunden ist, endgültig er-

---

[1] Vgl. zum folgenden *Brox*, C. Heymanns Festschrift, S. 126 f.

[2] *Brox*, C. Heymanns Festschrift, S. 127; *Stein-Jonas-Schumann/Leipold*, § 260 II 2 b.

[3] Vgl. auch *Brox*, C. Heymanns Festschrift, S. 127.

übrigen. Bezieht sich das prozessuale Hindernis dagegen allein auf den Hauptanspruch und ist es auch in einem neuen Rechtsstreit nicht zu beheben, so ist die Situation für den Kläger praktisch die gleiche wie bei einer Abweisung der Klage als unbegründet und rechtfertigt regelmäßig die Entscheidung über den Hilfsanspruch.

Erfolgt die Abweisung mangels Fälligkeit der in erster Linie eingeklagten Forderung als zur Zeit unbegründet, so ist die Interessenlage des Klägers im Hinblick auf die Eventualstellung die gleiche wie bei einer Abweisung wegen eines behebbaren prozessualen Mangels. Auch hier ist daher im Zweifel von einer Entscheidung über den Hilfsanspruch abzusehen. Anders ist dagegen bei einer teilweisen Klagabweisung zu verfahren, sofern der abgewiesene Teil nicht als verhältnismäßig geringfügig und deshalb insgesamt unbedeutend angesehen werden muß. Zu beachten ist allerdings, daß in Fällen, in denen der Kläger mit Haupt- und Hilfsantrag eine einheitliche Summe begehrt[4], der Hilfsanspruch nur noch in Höhe des abgewiesenen Teils des Hauptanspruchs als geltend gemacht angesehen werden darf, da das Gericht dem Kläger im Falle der Begründetheit des Hilfsanspruchs im Endergebnis keinen höheren Betrag zusprechen darf, als ihn der Kläger ursprünglich beantragt hat (§ 308 Abs. 1 ZPO).

Dem Kläger ist es aber verwehrt, die Entscheidung über den Hilfsanspruch von der *rechtskräftigen* Entscheidung über den Hauptanspruch abhängig zu machen[5]. Dies würde nämlich notwendig zu einer Aufspaltung des Prozesses in zwei selbständige Teile führen[6], so daß die Beantwortung der Frage, ob und wann der Richter über den Hilfsanspruch entscheiden kann, letztlich von dem Ausgang eines anderen Prozesses abhängig gemacht würde. Damit wird deutlich, daß die *rechtskräftige* Entscheidung über den Hauptanspruch kein innerprozessuales Ereignis mehr darstellt, das nach allgemein anerkannter Auffassung aber allein zum Gegenstand einer Bedingung im Prozeßrecht erhoben werden darf[7].

II. Die möglichen Entscheidungen über Haupt- und Hilfsanspruch und ihr Verhältnis zueinander

Macht der Kläger den Hilfsanspruch für den Fall geltend, daß sein Hauptanspruch abgewiesen wird[8], so ergeben sich folgende Entschei-

---

[4] Vgl. die Beispielsfälle oben § 11 II.

[5] A. A. *Brox*, C. Heymanns Festschrift, S. 129.

[6] Dies räumt auch *Brox* (C. Heymanns Festschrift, S. 129) ein, wenn er insoweit eine Entscheidung über Haupt- und Hilfsanspruch durch Teilurteile für „zwingend geboten" erachtet. Vgl. hierzu auch die folgenden Ausführungen.

[7] Vgl. oben § 4 (bei Fußn. 7).

[8] Wird die Entscheidung über den Hilfsanspruch von der Stattgabe des Hauptanspruchs abhängig gemacht, so gilt das Folgende entsprechend.

dungsmöglichkeiten: Hält das Gericht bereits den Hauptanspruch für begründet, dann hat es der Klage stattzugeben; der Hilfsanspruch bleibt unbeschieden. Erweisen sich sowohl der Haupt- als auch der Hilfsanspruch als unbegründet, so ist die Klage in vollem Umfang abzuweisen. Schließlich ist es auch möglich, daß der Hauptanspruch unbegründet, der Hilfsanspruch aber begründet ist. Insoweit ist dem Hilfsanspruch stattzugeben und die Klage im übrigen abzuweisen. In all diesen Fällen haben wir es mit einem Vollendurteil zu tun. Darüber besteht Einigkeit.

Der letztgenannte Fall wird jedoch dann problematisch, wenn das Gericht über Haupt- und Hilfsanspruch durch Teilurteile entscheiden will. Daß ein Teilurteil über den Hilfsanspruch ohne vorherige Entscheidung über den Hauptanspruch unzulässig ist[9], da sich das Gericht damit über die Eventualstellung des Klägers hinwegsetzt, kann keinem Zweifel unterliegen. Nach wie vor umstritten ist jedoch, ob das Gericht den Hauptanspruch zunächst durch Teilurteil abweisen darf[10].

Ein Teilurteil ist zulässig, wenn von mehreren in einer Klage geltend gemachten (prozessualen) Ansprüchen nur der eine oder nur ein Teil eines Anspruchs zur Entscheidung reif ist (§ 301 Abs. 1 ZPO) und wenn das Teilurteil von dem weiteren Verlauf des Prozesses nicht mehr betroffen wird[11]. Diese Voraussetzungen sind bei einer allein den Hauptanspruch abweisenden Entscheidung erfüllt, da es sich bei Haupt- und Hilfsanspruch stets um verschiedene Streitgegenstände handelt und die Entscheidung über den Hauptanspruch von dem Ausfall des Urteils über den Hilfsantrag inhaltlich unabhängig ist[12]. Der hiergegen vorgebrachte Einwand, daß der Kläger im Falle einer eventuellen objektiven Klagenhäufung nur *eine* Rechtsfolge für sich in Anspruch nehme[13] und daher eine Aufteilung der einzelnen Ansprüche nicht möglich sei[14], greift nicht durch. Denn selbst wenn der Kläger im Endergebnis nur eine Rechtsfolge zugesprochen haben möchte,

---

[9] RG, JW 38, 891; *Rosenberg*, ZivilprozeßR, § 93 II 2 d; *Schönke-Kuchinke*, § 74 I 4 d; *Zöller-Degenhart*, § 301 Anm. 3 b.

[10] Dies wird von der überwiegenden Ansicht bejaht, vgl. *Blomeyer*, ZivilprozeßR, § 84 III 1; *Rosenberg*, ZivilprozeßR, § 93 II 2 b; *Brox*, C. Heymanns Festschrift, S. 128); *Stein-Jonas-Schumann/Leipold*, § 301 II 2 (anders noch die Vorauflage); *Baumbach-Lauterbach*, § 301 Anm. 2 B; *Thomas-Putzo*, § 260 Anm. 4 c; RGZ 102, 174 (176); mit der Einschränkung, daß die Entscheidung über den Hauptanspruch nicht mehr in Frage gestellt werden kann, auch BGH, NJW 56, 1154 (1155) und *Zöller-Degenhart*, § 301 Anm. 3 a. Ablehnend: *Seuffert-Walsmann*, § 260 Anm. 2 c; *Schönke-Schröder-Niese*, § 50 II 7; *Wieczorek*, § 301 B II a 2; OLG Hamburg, OLGRspr. 33, 63 (64).

[11] BGHZ 20, 311 (312); *Schönke-Kuchinke*, § 74 I 4 d; *Thomas-Putzo*, § 301 Anm. 1 a.

[12] So mit Recht *Brox*, C. Heymanns Festschrift, S. 128.

[13] *Wieczorek*, § 301 B II a 2; *Schönke-Schröder-Niese*, § 50 II 7.

[14] Vgl. OLG Hamburg, OLGRspr. 33, 63 (64).

was zum Beispiel bei der sogenannten uneigentlichen Eventualhäufung gar nicht der Fall ist, so ändert dies doch nichts daran, daß das Gericht bei Ausfall der vom Kläger gesetzten Bedingung gezwungen wird, über *beide* Ansprüche zu entscheiden.

Gegen die Zulässigkeit eines Teilurteils bei einer Eventualhäufung könnte aber sprechen, daß dieses das bisher einheitliche Prozeßverfahren in zwei voneinander unabhängige Teile aufspaltet[15]. Dadurch könnte also — ähnlich wie bei einer Prozeßtrennung nach § 145 ZPO — der Eventualstellung die Bedeutung genommen werden. Auch dieses Bedenken erweist sich jedoch als unbegründet. Erfolgt die Aufspaltung des Prozesses mit Erlaß des Teilurteils, so steht in diesem Zeitpunkt für das erkennende Gericht zugleich auch fest, daß die auflösende Bedingung nicht eingetreten ist und es somit zur Entscheidung über den Hilfsanspruch befugt ist. Die Aufspaltung des Prozesses führt also weder zur Bedeutungslosigkeit der Eventualstellung noch bewirkt sie, daß die Frage, ob das erstinstanzliche Gericht über den Hilfsanspruch entscheiden kann, nunmehr in unzulässiger Weise vom Ausgang eines anderen Prozesses abhängig gemacht wird.

Schließlich wird gegen die Zulässigkeit eines Teilurteils noch eingewendet, es könne bei Erlaß einer solchen Entscheidung in verschiedenen Instanzen zu widerstreitenden Urteilen über beide Ansprüche kommen[16], da das Gericht eben unabhängig vom weiteren Schicksal des Teilurteils über den Hilfsanspruch entscheiden kann. Dem hält die herrschende Meinung entgegen, solche „Unzuträglichkeiten" könnten vermieden werden, „wenn das Gericht das Verfahren nach Erlaß des Teilurteils wegen prozessualer Präjudizialität bis zur Urteilsrechtskraft aussetzt, § 148 ZPO"[17]. Ob dies zutrifft, das heißt, ob die für eine Aussetzung erforderliche Vorgreiflichkeit (Präjudizialität) allein durch die Eventualstellung begründet wird und somit in allen Fällen eventueller Klagenhäufungen ohne weiteres gegeben ist, erscheint zumindest zweifelhaft. Auf dieses Problem kann und braucht jedoch nicht näher eingegangen zu werden. Der Hinweis auf die Aussetzung ist nämlich ohnehin nicht geeignet, den gegen die Zulässigkeit eines Teilurteils erhobenen Einwand zu entkräften, da das Gericht bei Vorliegen der Voraussetzungen des § 148 ZPO zwar aussetzen *kann*, nicht aber aussetzen *muß*, die angebliche Gefahr widersprüchlicher Urteile also — wenn auch in verringertem Maße — bestehenbleibt. Gleichwohl ergibt

---

[15] *Stein-Jonas-Schumann/Leipold*, § 301 I; *Schönke-Kuchinke*, § 74 I 4 d; ebenso *Schiedermair* (JuS 61, 214) im Falle eines selbständig anfechtbaren Zwischenurteils (§§ 275, 304 ZPO).

[16] OLG Hamburg, OLGRspr. 33, 63 (64); vgl. hierzu auch allgemein BGHZ 20, 311 (312).

[17] *Blomeyer*, ZivilprozeßR, § 84 III 1 b; ebenso *Brox*, C. Heymanns Festschrift, S. 128; *Stein-Jonas-Schumann/Leipold*, § 301 II 2.

sich hieraus kein durchgreifendes Argument gegen die Zulässigkeit eines Teilurteils. Wenn die Gefahr solcher Unzuträglichkeiten überhaupt besteht, so besteht sie nicht nur bei Erlaß eines Teilurteils, sondern auch dann, wenn über Haupt- und Hilfsanspruch durch Vollendurteil entschieden wird. Denn es läßt sich auch bei einem Vollendurteil nicht ausschließen, daß allein die Entscheidung über den Hauptanspruch angefochten wird und somit in verschiedenen Instanzen sowohl dem Haupt- als auch dem Hilfsanspruch entsprochen werden könnte. Zu den befürchteten Unzuträglichkeiten kommt es jedoch bei richtigem Verständnis der Auswirkungen der Eventualstellung gar nicht.

Die unmittelbare Wirkung der Eventualstellung besteht in der Bindung des Gerichts an eine bestimmte Reihenfolge bei den Entscheidungen über Haupt- und Hilfsanspruch. Der Eventualstellung soll nun aber nicht nur für eine Instanz, sondern bis zum rechtskräftigen Abschluß des gesamten Verfahrens Bedeutung zukommen; ihre Bedeutung soll auch für den Fall erhalten bleiben, daß die Entscheidung über den Hauptanspruch im Laufe des Verfahrens in den höheren Instanzen abgeändert werden sollte. Um dies zu erreichen, muß die Eventualstellung zur Folge haben, daß nicht nur Haupt- und Hilfsanspruch, sondern auch die Entscheidungen über diese Ansprüche in einem prozessualen Abhängigkeitsverhältnis zueinander stehen. Die Entscheidung über den Hilfsanspruch ergeht daher — ganz gleich, ob im Rahmen eines Vollendurteils oder als Schlußurteil — stets nur unter der stillschweigenden auflösenden Bedingung der Aufrechterhaltung der Entscheidung über den Hauptanspruch[18]. Ein solches auflösend bedingtes Urteil ist dem Zivilprozeß keineswegs fremd. Wir finden es bereits bei Fällen, in denen dem Endurteil ein selbständig anfechtbares Zwischenurteil (§§ 275, 304 ZPO) vorausgeht. Auch hier ist das Endurteil bis zum Eintritt der Rechtskraft des Zwischenurteils notwendig[19] bedingt, da ihm mit der Aufhebung des Zwischenurteils der Boden entzogen würde[20]. Wie bei diesen Fällen ist auch bei einem Urteil über den Hilfsanspruch die formelle Rechtskraft auflösend und die materielle Rechtskraft aufschiebend bedingt[21]. Bis zur rechtskräftigen Aufhebung der Entscheidung über den Hauptanspruch ist die

---

[18] So neuerdings auch *Rosenberg-Schwab*, § 100 IV 3 c; *Stein-Jonas-Schumann/Leipold*, § 301 II 2 (Fußn. 30), bei einer Entscheidung durch Teilurteil. Entsprechendes gilt auch für die Entscheidung über die Eventualwiderklage, vgl. *Schönke-Kuchinke*, § 46 IV 3.

[19] Das Abhängigkeitsverhältnis beider Entscheidungen, das bei der eventuellen Klagenhäufung durch eine Parteihandlung — nämlich die Eventualstellung — geschaffen wird, beruht hier auf der vorgegebenen inhaltlichen Zusammengehörigkeit.

[20] *Schiedermair*, JuS 61, 212 ff.; *Blomeyer*, ZivilprozeßR, § 83 VII 3; *Stein-Jonas-Schumann/Leipold*, § 275 IV 1 und § 304 III 4.

[21] Vgl. hierzu *Schiedermair* (JuS 61, 215) mit eingehender Begründung.

Entscheidung über den Hilfsanspruch also voll wirksam und auch vorläufig vollstreckbar, sofern sie dafür erklärt ist. Die endgültige Vollstreckbarkeit dieser Entscheidung tritt erst mit ihrer unbedingten Wirksamkeit, also mit der Rechtskraft des Urteils über den Hauptanspruch ein[22]. Kommt es jedoch im Wege eines Rechtsmittels zur Aufhebung und Abänderung der Entscheidung über den Hauptanspruch, so wird die bereits über den Hilfsanspruch getroffene Entscheidung infolge des Bedingungseintritts gegenstandslos. Einer ausdrücklichen Aufhebung der Entscheidung über den Hilfsanspruch bedarf es nicht. Hierzu ist das höhere Gericht auch gar nicht in der Lage, sofern nicht im Einzelfall auch der Hilfsanspruch bei diesem Gericht rechtshängig geworden ist[23]. Im Interesse der Rechtsklarheit ist es allerdings ratsam, in dem Urteil über den Hauptanspruch auf die damit verbundene Gegenstandslosigkeit der Entscheidung über den Hilfsanspruch hinzuweisen[24].

Erkennt man die Auswirkungen der Eventualstellung auf den Bestand der Entscheidung über den Hilfsanspruch an, so zeigt es sich, daß es bei der eventuellen objektiven Klagenhäufung auch im Falle des Erlasses von Teil- und Schlußurteil zu keinen „Unzuträglichkeiten" kommt. Die Befürchtung, daß entgegen der Eventualstellung des Klägers in verschiedenen Instanzen sowohl dem Haupt- als auch dem Hilfsanspruch stattgegeben werden könnte, ist infolge des bedingten Bestandes der Entscheidung über den Hilfsanspruch unbegründet. Damit dürften auch die letzten Zweifel gegen die Zulässigkeit eines Teilurteils bei eventuellen Klagenhäufungen ausgeräumt sein.

Ob sich der Erlaß eines Teilurteils empfiehlt, ist eine Frage der Zweckmäßigkeit, die sich nur im jeweiligen Einzelfall entscheiden läßt. Dabei ist zu beachten, daß ein Teilurteil nicht immer dann als sinnvoll angesehen werden muß, wenn zugleich das Verfahren über den Hilfsanspruch ausgesetzt (§ 148 ZPO) oder insoweit das Ruhen des Verfahrens (§ 251 Abs. 1 ZPO) angeordnet werden kann. Wartet das Gericht mit einer Entscheidung über den Hilfsanspruch bis zur Rechtskraft des Teilurteils, so erspart es sich zwar unter Umständen unnötige Arbeit[25]. Andererseits hat dies aber auch eine Zeitversäumung zur Folge, die mit dem berechtigten Interesse des Klägers an einer alsbaldigen Entscheidung über den Hilfsanspruch im Hinblick auf die Zwangsvollstreckung oftmals nicht zu vereinbaren sein wird. Ein Teil-

---

[22] So zur Vollstreckbarkeit bedingter Endurteile vor allem *Schiedermair*, JuS 61, 216; *Stein-Jonas-Schumann/Leipold*, § 275 IV 1 a. E.; *Stein-Jonas-Münzberg*, § 704 I 3.

[23] Vgl. *Schiedermair*, JuS 61, 214 (Fußn. 11).

[24] So auch *Stein-Jonas-Schumann/Leipold*, § 301 II 2 (Fußn. 30).

[25] Vgl. *Brox*, C. Heymanns Festschrift, S. 128.

urteil kann allerdings auch zweckmäßig sein, wenn das Gericht über den Hilfsanspruch sofort weiterverhandelt und entscheidet. Der Erlaß des Teilurteils hat nämlich zur Folge, daß weiteres Vorbringen zum Hauptanspruch, das ansonsten bis zum Abschluß der Verhandlung über den Hilfsanspruch möglich wäre, abgeschnitten wird; es dient somit einer beschleunigten Erledigung des gesamten Rechtsstreits.

§ 15 Die Kostenentscheidung bei der eventuellen objektiven Klagenhäufung und der Eventualwiderklage

Im Zivilprozeß besteht zwischen der Entscheidung in der Hauptsache, der Kostenentscheidung und der Streitwertfestsetzung zum Zwecke der Kostenberechnung ein systematischer Zusammenhang. Nach dem für die Kostenentscheidung maßgeblichen Veranlassungsprinzip hat die Aufteilung der Kosten grundsätzlich in dem gleichen Verhältnis zu erfolgen, in dem Erfolg und Mißerfolg der Klage zueinander stehen (§§ 91 ff. ZPO); zugleich ist aber auch der Streitwert so zu bemessen, daß er der Summe entspricht, die sich aus dem der Klage entsprechenden Teil des Urteils und dem auf den abweisenden Teil entfallenden Betrag ergibt[1]. Will man diesen Zusammenhängen Rechnung tragen, so stößt man bei Eventualverhältnissen auf Schwierigkeiten. Der Grund hierfür liegt in der Eigenart dieser Klagenverbindung, bei der zwar mehrere prozessuale Ansprüche Gegenstand des Verfahrens sind, von vornherein jedoch nicht feststeht, daß auch über alle entschieden wird. Dies erschwert die Beantwortung der nunmehr zu behandelnden Fragen, ob bei der Bemessung des Streitwertes alle oder nur einzelne Ansprüche zu berücksichtigen sind und wie dementsprechend die Aufteilung der entstandenen Kosten im Urteil vorzunehmen ist.

I. Haupt- und Hilfsanspruch

1. Die Berechnung des Streitwertes

Dem Wert des Streitgegenstandes kommt in mehrfacher Hinsicht Bedeutung zu, vor allem für die sachliche Zuständigkeit des Gerichts[2] und für die Ermittlung der Gerichts- und Rechtsanwaltsgebühren[3]. Wenn sich der Gebührenstreitwert auch regelmäßig nach dem Zuständigkeitsstreitwert richtet, so müssen diese beiden Werte jedoch nicht notwendig übereinstimmen. Das Gesetz selbst kennt Abweichungen nach oben und nach unten[4]. Im Hinblick auf die besondere Situa-

---

[1] Vgl. *Willms*, JZ 58, 619.
[2] §§ 2 ZPO, 23 Nr. 1, 71 GVG.
[3] §§ 10 GKG, 8 Abs. 1 BRAGebO.
[4] Vgl. §§ 11 ff. GKG, 8 ff. BRAGebO.

tion bei Eventualverhältnissen, für die es auch in kostenrechtlicher Sicht keinerlei Sonderbestimmungen gibt, sind daher beide Streitwerte gesondert zu behandeln.

a) Der Zuständigkeitsstreitwert richtet sich nach den §§ 2 ff. ZPO. Demzufolge müßten gemäß § 5 ZPO die Einzelwerte von Haupt- und Hilfsanspruch addiert werden, da wir es auch in diesem Fall mit mehreren in einer Klage geltend gemachten prozessualen Ansprüchen zu tun haben. Es überrascht daher, daß dennoch einhellig die Auffassung vertreten wird, soweit der Hilfsanspruch für den Fall der Abweisung des Hauptanspruches erhoben werde[5], sei für die Zuständigkeit der Wert des höchsten Einzelanspruches maßgebend[6]. Als Begründung wird angeführt, von der Zielsetzung des Klägers her gesehen besitze der Prozeß nur die wirtschaftliche Tragweite eines Einzelanspruches, weil der Kläger nur den Erfolg eines Anspruches anstrebe[7]. Dies vermag jedoch den Widerspruch zu § 5 ZPO nicht zu rechtfertigen. Wenn die Differenzierung der Zuständigkeit nach dem Streitwert den Sinn haben soll, bei Sachen von größerer wirtschaftlicher Bedeutung eine umfassendere Prüfungsmöglichkeit zu gewährleisten[8], so kann es nicht auf den vom Kläger angestrebten Erfolg ankommen. Maßgebend muß vielmehr sein, wieviele prozessuale Ansprüche der Kläger zum Gegenstand des Verfahrens macht, das heißt, über wieviele Ansprüche das Gericht unter Umständen — sei es positiv oder negativ — entscheiden muß. Für die Berechnung des Zuständigkeitsstreitwertes sieht nämlich das Gesetz den Zeitpunkt der Klageerhebung als entscheidend an (§ 4 Abs. 1 ZPO). Bei der Wertberechnung sind danach alle rechtshängigen Ansprüche, also Haupt- und Hilfsanspruch zu berücksichtigen. Die Auffassung der herrschenden Meinung führt außerdem in dem einzigen Fall, in dem sie gegenüber einer konsequenten Anwendung des § 5 ZPO zu abweichenden Ergebnissen gelangt, zu erheblichen Schwierigkeiten. Sie müßte die Zuständigkeit des Amtsgerichts nämlich dann bejahen, wenn Haupt- und Hilfsanspruch zwar als Einzelansprüche in dessen Zuständigkeitsbereich fallen, jedoch in ihrer Gesamtheit den Grenzwert von DM 1500,— (§ 23 Nr. 1 GVG) überschreiten. Kommt das Amtsgericht zum Ergebnis, daß der Hauptanspruch unbegründet ist, so würde es mit der nunmehr notwendigen Entscheidung über den Hilfsanspruch seine sachliche Zuständigkeit überschreiten. Bei entspre-

---

[5] Wird der Hilfsanspruch von dem Erfolg des Hauptanspruchs abhängig gemacht, dann wird eine Zusammenrechnung bejaht, vgl. *Thomas-Putzo*, § 5 Anm. 2 c; *Zöller-Degenhart*, § 3 Anm. 5 „Eventualantrag".

[6] So mit weiteren Nachweisen *Stein-Jonas-Pohle*, § 5 I 2; *Baumbach-Lauterbach*, § 5 Anm. 2 B b; *Zöller-Degenhart*, § 3 Anm. 5 „Eventualantrag"; *Brox*, C. Heymanns Festschrift, S. 125; *Mattern*, NJW 69, 1089.

[7] *Mattern*, NJW 69, 1089.

[8] So auch *Mattern*, NJW 69, 1089.

chender Rüge müßte deshalb der gesamte Rechtsstreit an das Landgericht verwiesen werden. Für eine alleinige Verweisung des Hilfsanspruchs ist hier nämlich kein Raum, weil dieser Anspruch eben für sich genommen nicht der Zuständigkeit des Landgerichts unterfällt. Bejaht man bei dieser Eventualhäufung dagegen von vornherein die Zuständigkeit des Landgerichts, so kann es zwar geschehen, daß im Falle der Stattgabe des Hauptantrages lediglich über einen unter der DM 1500,—-Grenze liegenden Anspruch entschieden wird. Dies ist jedoch auf die einmal begründete Zuständigkeit des Landgerichts ohne Einfluß, da das Landgericht an sich fähig ist, auch über Sachen der amtsgerichtlichen Zuständigkeit zu entscheiden[9].

Entgegen der herrschenden Meinung ist es deshalb gerechtfertigt, auch bei der eventuellen Klagenhäufung den Zuständigkeitsstreitwert grundsätzlich nach dem Gesamtwert der einzelnen Ansprüche zu bemessen (§ 5 ZPO).

Allerdings wird der § 5 ZPO auch bei der kumulativen Klagenhäufung nicht uneingeschränkt angewendet. So soll eine Addition der Einzelwerte immer dann unterbleiben, wenn die mehreren prozessualen Begehren wirtschaftlich denselben Gegenstand haben, so daß in Wirklichkeit nur *eine* Leistung in Frage steht[10]. In derartigen Fällen erscheint es unmöglich, die Kosten nach dem mehrfachen Wert dessen zu berechnen, was der Kläger im Endergebnis tatsächlich erlangen kann. Gegen eine solche Ausnahmeregelung bestehen grundsätzlich keine Bedenken, auch wenn sie mit dem Gesetzeswortlaut nicht zu vereinbaren ist. Das mit einer Prozeßführung verbundene Kostenrisiko muß in einem angemessenen Verhältnis zu dem Erfolg stehen, der nach materiellem Recht mit der Klage erzielt werden kann. Dogmatische Gründe haben insoweit zurückzustehen, da der Prozeß ein praktisches Verfahren ist, so daß Gründen der Praktikabilität und der Billigkeit ein besonderes Gewicht zukommt. Bedenklich ist es aber, daß für die Bestimmung der Ausnahmefälle eine wirtschaftliche Betrachtung maßgebend sein soll. Dadurch entsteht die Gefahr einer zu weiten Ausdehnung dieser Fälle. Läßt man es nämlich genügen, daß *wirtschaftlich* nur eine Leistung verlangt wird, so kann nicht mit Sicherheit ausgeschlossen werden, daß eine Zusammenrechnung auch in Fällen unterbleibt, in denen *rechtlich* mehrere Leistungen möglich sind und somit keinerlei Gründe für ein Abweichen von der gesetzlichen Regelung vorliegen[11]. Es ist deshalb besser, einen Ausnahme-

[9] Vgl. §§ 10, 263 Abs. 2 Ziff. 2 ZPO.

[10] Ganz h. M., vgl. *Stein-Jonas-Pohle*, § 5 I 1; *Rosenberg-Schwab*, § 32 IV 3 a; *Mattern*, NJW 69, 1087.

[11] Beispiel: Der Kläger verlangt 1000,— DM aufgrund eines Kaufabschlusses aus dem Jahre 1969, hilfsweise den gleichen Betrag aufgrund einer Dar-

fall nur dann anzunehmen, wenn dem Kläger aus materiellrechtlichen Gründen die Leistung im Endergebnis nur einmal zukommen kann[12], oder wenn von den mehreren Anträgen der eine in dem anderen wenigstens qualitativ mitenthalten ist[13]. Damit wird einmal sichergestellt, daß das Vorliegen eines Ausnahmefalles vom Kläger nicht willkürlich, das heißt ohne Rücksicht auf den materiellrechtlichen Zusammenhang der prozessualen Ansprüche, herbeigeführt werden kann. Zum anderen wird deutlich, daß Eventualhäufungen nicht schlechthin zu diesen Ausnahmen gerechnet werden dürfen. Von einer Zusammenrechnung der Einzelwerte kann also auch hier nur bei Vorliegen der soeben genannten Voraussetzungen abgesehen werden, also beispielsweise dann, wenn die Herausgabe einer Sache, hilfsweise Schadensersatz verlangt wird, wenn der Kläger Schadensersatz in Form einer Rente, hilfsweise als Kapitalabfindung verlangt oder wenn er Leistung, hilfsweise die Feststellung der Leistungspflicht begehrt. Soweit in derartigen Fällen die Werte der einzelnen Streitgegenstände nicht gleichlautend sind, ist für den Zuständigkeitsstreitwert der höherwertige Antrag maßgebend.

b) Für die Berechnung des Gebührenstreitwertes sind gemäß §§ 11 Abs. 1 GKG, 8 Abs. 1 BRAGebO die §§ 3 bis 9 ZPO maßgebend, soweit das Gerichtskostengesetz keine abweichenden Bestimmungen vorsieht. Bei objektiven Klagenhäufungen sind also gemäß § 5 ZPO die Einzelwerte zu addieren. Ob und in welchem Umfang dies auch für die eventuelle Klagenhäufung zutrifft, ist in Anbetracht der Besonderheit dieser Klagenverbindung zweifelhaft und äußerst umstritten.

(1) Die herrschende Meinung lehnt eine Zusammenrechnung der Einzelwerte ab, weil der Kläger eine ihm günstige Entscheidung nur über einen Antrag verlange[14]. Maßgebend für den Gebührenstreitwert soll also auch hier der höherwertige Anspruch sein[15]. Lediglich für den Fall, daß dem geringerwertigen Hauptanspruch stattgegeben wird, läßt eine im Vordringen befindliche Auffassung den höherwertigen Hilfs-

---

lehenshingabe aus dem Jahre 1967. Wirtschaftlich gesehen verlangt der Kläger in diesem Prozeß die Zahlung von 1000,— DM nur einmal, obwohl er zu erkennen gibt, daß ihm von Rechts wegen dieser Betrag zweimal zusteht. Allerdings will hier auch die h. M. das Vorliegen eines Ausnahmefalles nicht anerkennen (vgl. *Mattern*, NJW 69, 1090).

[12] Vgl. *Rödding*, NJW 68, 2091.

[13] Vgl. hierzu BGH, LM Nr. 18 zu § 3 ZPO.

[14] *Schneider*, Kostenentscheidung, S. 28.

[15] RGZ 58, 294 (295); OLG Düsseldorf, JW 37, 229; OLG Hamburg, MDR 59, 315; OLG Celle, MDR 61, 516; OLG Bremen, NJW 67, 400; *Bucerius*, ZZP 37, 222; *Müller*, JW 31, 2452; *Tschischgale*, NJW 62, 2138; *Gerold*, S. 147; *Drischler*, § 25 Anm. 5; *Willenbücher*, § 8 BRAGebO Rdnr. 26 (S. 441); *Wieczorek*, § 5 B II b 1; *Zöller-Degenhart*, § 3 Anm. 5 „Eventualanträge“.

anspruch für die Gebührenberechnung unberücksichtigt[16]. Damit vermeidet sie, die nach dem höherwertigen Anspruch entstehenden Mehrkosten einer der Parteien auferlegen zu müssen. Dies bereitet nämlich Schwierigkeiten, weil der Kläger als Obsiegender grundsätzlich keine Kosten zu tragen hat, andererseits aber auch dem Beklagten nur die im Umfang seines Unterliegens entstandenen Kosten auferlegt werden dürfen[17].

Der herrschenden Meinung ist zunächst entgegenzuhalten, daß sie auch bei der Berechnung des Gebührenstreitwertes der Eigenart eventueller Klagenhäufungen nicht genügend Rechnung trägt. Da es zu mehreren Entscheidungen über mehrere Streitgegenstände kommen kann, ist es verfehlt, darauf abzustellen, wieviele ihm „günstige Entscheidungen" der Kläger verlangt. Dies führt obendrein auch innerhalb der Eventualverhältnisse zu unterschiedlichen Ergebnissen, je nachdem, ob der Hilfsanspruch vom Erfolg oder Mißerfolg des Hauptanspruches abhängig gemacht wird[18], ohne daß hierfür ein zwingender Grund ersichtlich ist. Die Maßgeblichkeit des höherwertigen Anspruchs entbehrt auch jeglicher gesetzlichen Grundlage. Zwar bestimmt § 15 GKG, daß bei einer Stufenklage (§ 254 ZPO) nur einer der verbundenen Ansprüche, und zwar der höhere, für die Wertberechnung ausschlaggebend ist. Die Stufenklage ist jedoch ein Sonderfall der objektiven Klagenhäufung zur Vorbereitung und Durchsetzung eines dem Kläger nach Höhe und Umfang noch unbekannten Leistungsanspruches. Im Gegensatz zur eventuellen Klagenhäufung handelt es sich hier der Sache nach nur um eine Klage, die lediglich in mehreren Stufen durchgeführt wird und deshalb eine kostenrechtliche Sonderbehandlung rechtfertigt. Eine analoge Anwendung des § 15 GKG bei Eventualverhältnissen scheidet somit aus.

Die Auffassung der herrschenden Meinung führt außerdem in einigen Fällen zu unbilligen und systemwidrigen Ergebnissen. Kommt es nämlich zur Entscheidung über den Haupt- und den Hilfsanspruch, sei es, daß sich beide Ansprüche als unbegründet erweisen oder nur dem Hilfsanspruch stattgegeben werden kann, so ergeben sich unge-

---

[16] So LG Oldenburg, NJW 57, 1482 (1483); OLG München, MDR 63, 854; OLG Köln, MDR 63, 1021; OLG Karlsruhe, NJW 67, 935; *Furtner*, JZ 58, 727 und Urteil, S. 51; *Hillach*, § 15 III 2; *Schneider*, Kostenentscheidung, S. 28 f.; *Baumbach-Lauterbach*, § 5 Anm. 2 B b; *Stein-Jonas-Pohle*, § 5 I 2 (Fußn. 6); ebenso *Thomas-Putzo*, § 5 Anm. 3 b und LG Hamburg, MDR 66, 853, die jedoch die Anwaltsgebühren nach dem höheren Streitwert des Hilfsantrages berechnen.

[17] Vgl. *Furtner*, Urteil, S. 51; *Schneider*, Kostenentscheidung, S. 28 f.

[18] Wird der Hilfsantrag für den Fall gestellt, daß der Hauptantrag begründet ist, so sind nach der h. M. die Einzelstreitwerte zu addieren, vgl. *Thomas-Putzo*, § 5 Anm. 2 c; *Zöller-Degenhart*, § 3 Anm. 5 „Eventualanträge"; *Tschischgale*, NJW 62, 2137.

rechtfertigte Kostenvorteile für den Kläger. Sein Kostenrisiko und seine spätere Kostentragungspflicht stehen in keinem Verhältnis zum Umfang der Entscheidung. Während seine Gewinnchancen mit der Zahl der Hilfsanträge steigen, bleibt das Risiko eines Prozeßverlustes im Hinblick auf die Kosten genauso groß, als wenn der Kläger von Anfang an nur eine einzige Klage erhoben hätte. Diese Vorteile des Klägers gereichen dem Fiskus und den Rechtsanwälten zum Nachteil, da deren Arbeitsaufwand hinsichtlich des anderen Anspruchs, über den zwar entschieden wird, der aber bei der Berechnung des Streitwertes unberücksichtigt bleibt, nicht vergütet wird. Für den Fall, daß unter Abweisung des Hauptanspruches dem gleich- oder höherwertigen Hilfsanspruch stattgegeben wird, läßt sich darüber hinaus die Entscheidung zur Hauptsache mit der Kostenentscheidung nicht in Einklang bringen. Da der Kläger streitwertmäßig alles erhält, was er mit der Klage begehrte, soll der Beklagte gemäß § 91 ZPO die gesamten Kosten des Rechtsstreites zu tragen haben[19]. Damit bleibt aber die teilweise Klagabweisung, die nach § 92 ZPO grundsätzlich eine entsprechende Aufteilung der Kosten zur Folge hat, völlig unberücksichtigt. Der bisher herrschenden Auffassung kann somit nicht zugestimmt werden.

(2) Für eine konsequente Anwendung des § 5 ZPO bei eventuellen objektiven Klagenhäufungen tritt neuerdings *Mattern*[20] ein. Danach soll für den Gebührenstreitwert stets die Summe der Einzelwerte maßgebend sein, ohne Rücksicht darauf, ob es überhaupt zu einer Entscheidung über den Hilfsanspruch kommt. Etwas anderes gilt lediglich hinsichtlich einzelner Gebühren wie der Beweis- und der Urteilsgebühr. Diese errechnen sich nach dem Wert des einzelnen Anspruchs, sofern die Entscheidung oder die Beweisaufnahme nur einen der Ansprüche zum Gegenstand hat[21].

Auf den ersten Blick erscheint diese Lösung gegenüber jener der herrschenden Meinung in der Tat sachgerechter zu sein, vermeidet sie es doch, daß dem Kläger infolge der Eventualstellung unbillige Kostenvorteile erwachsen. Beim näheren Hinsehen zeigt es sich jedoch, daß auch dieser Lösungsweg der Eigenart eventueller Klagenhäufungen nicht gerecht wird. *Mattern* behandelt die Eventualhäufung kostenmäßig wie eine kumulative Klagenhäufung. Dies bringt aber erhebliche Nachteile mit sich, wenn schon dem Hauptanspruch stattgegeben

---

[19] BGH, LM Nr. 8 zu § 92 ZPO = NJW 62, 915; *Wieczorek*, § 92 A I a 2; *Furtner*, JZ 58, 727 und Urteil, S. 52; a. A. im Hinblick auf die Begründung — nicht aber im Ergebnis — *Schneider* (Kostenentscheidung, S. 68), der wenigstens § 92 Abs. 2 ZPO analog anwenden möchte.

[20] NJW 69, 1090; ebenso bereits LG Münster, MDR 66, 340. Zustimmend jetzt auch S. *Lang*, NJW 70, 1173.

[21] *Mattern*, NJW 69, 1090.

wird und somit der Hilfsanspruch unbeschieden bleibt. Infolge der Zusammenrechnung der Einzelwerte entstehen ganz erhebliche Mehrkosten. Fraglich ist, wer diese Mehrkosten tragen soll, da keine der Parteien hinsichtlich des Hilfsanspruches unterlegen ist. Die gleiche Problematik stellt sich auch für die herrschende Meinung, soweit sie bei Obsiegen mit dem Hauptantrag gleichwohl den höherwertigen Hilfsantrag für den Streitwert als maßgebend ansieht. Dem Beklagten dürfen diese Kosten nicht auferlegt werden, denn andernfalls hätte es ein böswilliger Gläubiger in der Hand, seinem Schuldner durch die Stellung höherwertiger Hilfsanträge erhebliche Mehrkosten zu verursachen[22]. Die durch den Hilfsantrag entstandenen Kosten können demnach nur dem Kläger auferlegt werden[23]. Die Begründung dieser Auffassung stößt aber auf Schwierigkeiten. Eine Lösung über § 96 ZPO ist nicht möglich[24], da die Stellung eines Hilfsantrages kein Angriffsmittel, sondern den Angriff selbst verkörpert und zudem seine Erfolglosigkeit mangels einer diesbezüglichen Entscheidung nicht feststeht. Es bleibt also nur die Möglichkeit, § 271 Abs. 3 Satz 2 ZPO entsprechend anzuwenden[25]. Hierfür ergeben sich zwar gewisse Anhaltspunkte, da in beiden Fällen der Kläger die Ursache dafür setzt, daß die Rechtshängigkeit ohne Entscheidung rückwirkend erlischt. Zwischen der Eventualstellung und einer (teilweisen) Klagerücknahme bestehen aber auch bedeutsame Unterschiede. Während sich der Kläger bei der Eventualstellung bereits mit der Klageerhebung festlegt, nimmt er die Klagerücknahme stets zu einem späteren Zeitpunkt vor. Im Gegensatz zur Eventualstellung ist es dem Kläger im Falle einer Klagerücknahme also möglich, die ihn treffenden Kostenfolgen konkret zu überblicken. Vor allem aber kann er sich bei der Klagerücknahme von den Erfolgsaussichten des betreffenden Antrages leiten lassen. Er wird es nur dann zu keiner Entscheidung kommen lassen, wenn er nach dem bisherigen Prozeßverlauf mit einer Klagabweisung rechnen muß. Die Klagerücknahme erspart ihm insoweit sogar Kosten. All dies entfällt bei der Eventualstellung, da die Frage, ob es zu einer Entscheidung über den Hilfsantrag kommt, mit den Erfolgsaussichten dieses Antrages grundsätzlich in keinem Zusammenhang steht. Die analoge Anwendung des § 271 Abs. 3 Satz 2 ZPO im Falle einer eventuellen Klagenhäufung ist also in dogmatischer Hinsicht keineswegs frei von Bedenken.

---

[22] *Furtner*, JZ 58, 727; *Schneider*, Kostenentscheidung, S. 28 f.

[23] So *Mattern*, NJW 69, 1091 und — für den Problemfall der h. M. — bereits OLG Breslau, JW 31, 3575; *Müller*, JW 31, 2452; *Gerold*, S. 148; *Willenbücher*, § 8 BRAGebO Rdnr. 26 (S. 441); *Tschischgale*, NJW 62, 2138.

[24] So aber wohl OLG Breslau, JW 31, 3575.

[25] *Mattern*, NJW 69, 1091; ebenso *Müller*, JW 31, 2452; *Tschischgale*, NJW 62, 2138.

Wie immer man aber letztlich die Kostentragungspflicht des Klägers zu begründen versucht, das Ergebnis als solches vermag nicht zu überzeugen. Wenn die Eventualstellung dem Kläger einerseits keine ungerechtfertigen Vorteile bringen darf, so ist es andererseits ein Gebot der Gerechtigkeit, daß ihn im Falle einer Eventualstellung auch keine unbilligen Nachteile treffen. Hiergegen verstößt jedoch die von *Mattern* gewählte Lösung. Sie bürdet dem Kläger von vornherein einen Teil der Kosten auf, ohne Rücksicht auf den Ausgang des Prozesses. Denn bei einer uneingeschränkten Addition der Einzelwerte ist keine Fallgestaltung denkbar, bei der das Verfahren ohne eine zumindest anteilige Kostenbeteiligung des Klägers endet. Der Kläger steht sich damit kostenmäßig sogar schlechter als bei einer kumulativen Klagenhäufung. Dieses Ergebnis ist mit dem Grundsatz des Zivilprozeßrechts, daß das Kostenrisiko in einem angemessenen Verhältnis zu dem möglichen, mit der Klage erstrebten Erfolg stehen muß, unvereinbar. Es widerspricht zudem der Tatsache, daß mit der Zulassung dieser Klagenverbindung ein rechtliches Interesse des Klägers an der Eventualstellung anerkannt wird.

Schließlich ist auch die an eine derartige Kostenregelung geknüpfte Hoffnung, daß dadurch die Stellung von Hilfsanträgen eingeschränkt werde[26], wohl nur trügerisch. Es besteht vielmehr die Gefahr, daß eine nicht geringe Anzahl von Anwälten bei Streitwerten von geringerem Wert, bei denen ohnehin der Arbeitsaufwand oftmals in keinem Verhältnis zu der hierfür festgesetzten Vergütung steht, mit der Stellung von Hilfsanträgen sogar noch großzügiger verfahren wird. Die Auffassung von *Mattern* führt also ebenfalls zu keiner befriedigenden Lösung in der Kostenfrage.

(3) Der Bedeutung der eventuellen Klagenhäufung wird man nur dann gerecht, wenn man bei der Bestimmung des Gebührenstreitwertes darauf abstellt, über welche prozessualen Ansprüche endgültig entschieden wird. Hat bereits der Hauptanspruch Erfolg und braucht deshalb über den Hilfsanspruch nicht mehr entschieden zu werden, so ist bei der Gebührenberechnung allein vom Wert des Hauptantrages auszugehen. Kommt es dagegen zur Entscheidung über beide Ansprüche, so ist grundsätzlich die Summe der Einzelwerte maßgebend[27], es sei denn, daß einzelne Handlungen, wie zum Beispiel Beweisaufnahmen, nur einen der Ansprüche betreffen; dann errechnet sich die entsprechende Gebühr insoweit nach dem Einzelwert. Diese Lösung führt zu einer gerechten Verteilung des Kostenrisikos zwischen den

---

[26] So vor allem *Dunz*, NJW 62, 1229.

[27] Hierfür setzen sich bereits *Dunz* (NJW 62, 1229), *Brox* (C. Heymanns Festschrift, S. 125 f.) und *Rödding* (NJW 68, 2091) ein. Zu dieser Lösung neigt nunmehr auch *Schneider* (DB 70, 479).

Parteien und läßt sich bei allen echten Eventualverhältnissen[28] ohne Abwandlungen anwenden. Es bedarf im Gegensatz zur herrschenden Meinung also nicht der Unterscheidung, ob der Hilfsantrag für den Fall des Erfolges oder Mißerfolges des Hauptantrages gestellt wird[29].

Eine Ausnahme von der Werteaddition bei mehrfachen Entscheidungen ist allerdings auch hier wieder in den Fällen zu machen, in denen bereits bei der Bestimmung des Zuständigkeitsstreitwertes von einer Zusammenrechnung abgesehen wurde[30]. Auch insoweit ist der höherwertige Anspruch jedoch nicht schlechthin maßgebend[31], sondern — abweichend vom Zuständigkeitsstreitwert — ebenfalls nur dann, wenn über ihn auch tatsächlich entschieden worden ist. Diese Differenzierung ist für die Kostenverteilung von Bedeutung.

Bei der hier vorgeschlagenen Lösung fällt auf, daß der Gebührenstreitwert oftmals niedriger sein wird als der Zuständigkeitsstreitwert. Dies ist aber nicht verwunderlich, wenn man bedenkt, daß mit dem Eintritt der vom Kläger gesetzten Bedingung letztlich auch eine Minderung des Streitgegenstandes[32] bewirkt wird. Ein etwaiger Unterschied zwischen beiden Streitwerten wird vom Gesetz auch keinesfalls mißbilligt. Es wird zwar ausdrücklich nur der Fall erwähnt, daß der Wert des Streitgegenstandes bei dem Erlaß des Urteils höher ist als im Zeitpunkt der Klageerhebung (§ 11 Abs. 3 Satz 1 GKG). Hieraus kann jedoch nicht gefolgert werden, daß es den umgekehrten Fall nicht geben darf. Denn einmal ist das Fehlen einer ausdrücklichen Regelung dieses Falles damit zu erklären, daß der Gesetzgeber an die Möglichkeit des Erlöschens der Rechtshängigkeit durch Bedingungseintritt und die sich hieraus ergebenden kostenrechtlichen Folgen nicht gedacht hat. Zum anderen kennt das Gesetz selbst einen Fall, bei dem der Gebührenstreitwert niedriger ist als der für die Zuständigkeit maßgebliche Wert, nämlich die Stufenklage. Bei dieser sind im Hinblick auf die Zuständigkeit die Einzelwerte zu addieren (§ 5 ZPO)[33], während es für die Gebührenberechnung immer nur auf den Wert eines der beiden Ansprüche ankommt (§ 15 GKG).

---

[28] Darüber hinaus steht diese Lösung auch im Einklang mit der Berechnung des Gebührenstreitwertes bei der Hilfsaufrechnung. Hierzu ausführlich und überzeugend *Rödding,* NJW 68, 1917 ff.; abweichend S. *Lang,* NJW 70, 1173 ff. m. w. N.

[29] Vgl. oben Fußn. 18.

[30] Vgl. oben bei Fußn. 10; ebenso *Rödding,* NJW 68, 2091; *Mattern,* NJW 69, 1090.

[31] So aber *Rödding* (NJW 68, 2091) unter Berufung auf eine angeblich bestehende „Einheitlichkeit des Streitgegenstandes".

[32] Zu den Auswirkungen einer Minderung des Streitgegenstandes auf die Zuständigkeit und die Kosten vgl. *Stein-Jonas-Pohle,* § 4 I 1 a.

[33] *Baumbach-Lauterbach,* § 5 Anm. 2 B a; *Thomas-Putzo,* § 5 Anm. 2 a.

Es soll freilich nicht verkannt werden, daß auch die hier vertretene Auffassung nicht frei von Mängeln ist. Kommt es zu keiner Entscheidung über den Hilfsantrag und bleibt sein Wert bei der Streitwertbestimmung deshalb unberücksichtigt, dann wird die Arbeit und Mühe, die sich sowohl das Gericht als auch die Anwälte gerade im Hinblick auf den Hilfsanspruch gemacht haben, nicht vergütet[34]. Darin liegt sicher eine Unbilligkeit, wenngleich sie im Gegensatz zur herrschenden Auffassung nicht in jedem Falle in Erscheinung tritt und damit durchaus im Rahmen des Zumutbaren bleibt. Diese Unbilligkeit ist jedoch unvermeidbar, will man nicht statt dessen noch schwerwiegendere Nachteile in Kauf nehmen. Wie die vorausgegangenen Ausführungen gezeigt haben, gibt es keine ideale Lösung, die sowohl den Belangen der Beteiligten als auch den Besonderheiten der Eventualhäufung und der Systematik des Gesetzes in vollem Umfang gerecht wird. Es bleibt somit keine andere Wahl, als der Lösung, die gegenüber den anderen Lösungen die geringsten Nachteile mit sich bringt, den Vorzug zu geben.

2. *Die Kostenaufteilung*

a) Im Gegensatz zu den Auffassungen, die den Gebührenstreitwert regelmäßig nach dem höherwertigen Anspruch oder der Wertsumme bemessen, bereitet die hier vorgeschlagene Lösung bei der Verteilung der Kosten keine unüberbrückbaren Schwierigkeiten. Für den Regelfall ergibt sich der zutreffende Inhalt der Kostenentscheidung ohne weiteres aus den §§ 91 ff. ZPO. Insbesondere läßt sich eine befriedigende Kostenverteilung in den Fällen erreichen, in denen dem Hilfsanspruch unter Abweisung des Hauptanspruchs stattgegeben wird. Hier sind die Kosten gemäß § 92 ZPO in dem Verhältnis zu teilen, in dem der Kläger obsiegt und teilweise unterliegt; der Maßstab für die Quotelung ist infolge der Zusammenrechnung der Streitwerte leicht zu finden. Damit läßt sich grundsätzlich auch bei Eventualverhältnissen der eingangs erwähnte Zusammenhang zwischen der Entscheidung zur Hauptsache, der Kostenentscheidung und der Streitwertberechnung wahren.

Gewisse Abweichungen ergeben sich allerdings in den Ausnahmefällen, in denen eine Zusammenrechnung der Einzelwerte unterbleibt. Sind die Werte beider Ansprüche gleich hoch oder ist der Hilfsantrag höherwertig, so treffen den Beklagten die gesamten Kosten des Rechtsstreites auch dann, wenn er nur nach dem Hilfsantrag unter-

---

[34] Der siegreiche Kläger schuldet allerdings seinem Prozeßbevollmächtigten eine halbe Gebühr nach dem Wert des Hilfsanspruches (§ 32 Abs. 1 BRAGebO analog), da infolge des rückwirkenden Erlöschens der Rechtshängigkeit die Situation nicht anders ist, als wenn es wegen des Hilfsanspruches niemals zu einer Einreichung der Klage gekommen wäre.

liegt, der Hauptantrag also abgewiesen wird. Diese Kostenentscheidung läßt sich aber nicht aus § 91 ZPO begründen[35], denn damit würde die teilweise Abweisung ignoriert und der Zusammenhang zwischen der Entscheidung zur Hauptsache und der Kostenentscheidung nicht gewahrt werden. Sie ergibt sich vielmehr aus § 92 Abs. 2 ZPO, da der abgewiesene Hauptantrag weder eine Zuvielforderung darstellt noch besondere Kosten verursacht. Anders verhält es sich, wenn der Wert des abgewiesenen Hauptanspruches den des erfolgreichen Hilfsanspruches übersteigt. In diesem Fall dürfen dem Beklagten grundsätzlich nicht die gesamten, nach dem höheren Wert des Hauptanspruches zu berechnenden Kosten auferlegt werden. Die Kosten sind vielmehr nach § 92 Abs. 1 ZPO derart zu quoteln, daß der Kläger die sich aus der Wertdifferenz zwischen Haupt- und Hilfsanspruch ergebenden Mehrkosten zu tragen hat. Von einer Kostenbelastung des Klägers kann nach § 92 Abs. 2 ZPO nur dann abgesehen werden, wenn die Wertdifferenz verhältnismäßig geringfügig ist und hierdurch keine Mehrkosten entstanden sind, das heißt, wenn die Werte von Haupt- und Hilfsanspruch derselben Gebührenstufe angehören[36].

b) Einige Besonderheiten ergeben sich dann, wenn über Haupt- und Hilfsanspruch in den Instanzen[37] unterschiedlich entschieden wird. Die Kostenentscheidung hat zwar für den ganzen Rechtsstreit einheitlich zu ergehen, so daß für die Kostenverteilung der Enderfolg maßgebend ist, den der Kläger in der Sache erzielt[38]. Neben der Eigenart der Eventualhäufung muß hier jedoch auch der Umstand berücksichtigt werden, daß der Streitwert in den verschiedenen Rechtszügen unterschiedlich sein kann. Dies folgt schon daraus, daß der Rechtsstreit keineswegs in vollem Umfang in der höheren Instanz anhängig zu werden braucht.

Keine Schwierigkeiten bereitet der Fall, daß in beiden Instanzen über den Haupt- und Hilfsanspruch entschieden wird. Unterliegt der Kläger in der zweiten Instanz mit beiden Ansprüchen, so hat er die gesamten Kosten des Rechtsstreits zu tragen. Dem Ausgang der ersten Instanz kommt insoweit für die Kostenentscheidung keine Bedeutung zu. Obsiegt der Kläger nur mit dem Hilfsanspruch, so sind die Kosten nach § 92 ZPO im Verhältnis der Einzelwerte zu quoteln[39]. Obsiegt

---

[35] So aber BGH, LM Nr. 8 zu § 92 ZPO = NJW 62, 915.

[36] Vgl. *Thomas-Putzo*, § 92 Anm. 4 a.

[37] Die folgenden Ausführungen befassen sich aus Gründen der Vereinfachung nur mit der ersten und zweiten Instanz. Im Falle einer Revision gelten sie jedoch entsprechend.

[38] BGH, NJW 57, 543.

[39] Dabei wird unterstellt, daß die einzelnen Gebühren hinsichtlich beider Ansprüche entstanden sind. Bezieht sich dagegen eine etwaige Beweisgebühr nur auf einen der Ansprüche, so kommt es zu einer gerechten Quotelung

der Kläger in der ersten Instanz mit dem Hauptantrag und kommt es in der zweiten Instanz auch zu einer Entscheidung über den Hilfsantrag, dann werden die einzelnen Streitwerte nur für die Kosten des zweiten Rechtszuges addiert. Für eine Rückwirkung der Streitwertaddition auf die Vorinstanz besteht keine Veranlassung[40]. Im Falle einer Kostenquotelung ist daher nicht das Verhältnis der Werte von Haupt- und Hilfsantrag, sondern das Verhältnis der bezüglich jedes einzelnen Antrages entstandenen Kosten maßgebend. Entsprechendes gilt auch dann, wenn der erfolgreiche Hilfsanspruch erst in der zweiten Instanz erhoben worden ist[41]. Wird schließlich im ersten Rechtszug über Haupt- und Hilfsantrag entschieden und setzt sich der Kläger in der Berufung mit dem Hauptantrag durch, so ergibt sich bei konsequenter Anwendung der hier vertretenen Auffassung zum Gebührenstreitwert folgendes: Maßgeblich für den Streitwert in erster und zweiter Instanz ist allein der Wert des Hauptanspruches, da allein über diesen Anspruch eine endgültige Entscheidung getroffen wird. Daß in erster Instanz tatsächlich schon eine Entscheidung zum Hilfsanspruch ergangen war, muß unberücksichtigt bleiben, da diese Entscheidung mit dem Berufungsurteil hinfällig wird. Der Umfang der Kosten darf hier im Prinzip nicht anders sein, als wenn das erstinstanzliche Gericht von vornherein richtig entschieden und somit bereits dem Hauptantrag stattgegeben hätte. Geht man bei dieser Fallgestaltung davon aus, daß sich der Streitwert für die erste und gar auch für die zweite Instanz nach der Wertsumme bemißt[42], so führt das für den Beklagten, der als Unterliegender die Kosten des Rechtsstreits nach § 91 ZPO zu tragen hat, zu einem unbilligen Ergebnis. Er wird dann nämlich auch mit den durch den Hilfsantrag entstandenen Kosten belastet, obwohl er insoweit gar nicht verurteilt worden ist.

II. Klage und Hilfswiderklage

Bezüglich des Streitwertes bei Klage und Widerklage enthält das Gesetz positive Regelungen. So bestimmt es, daß für den Zuständigkeitsstreitwert keine Zusammenrechnung der Einzelwerte erfolgt (§ 5 ZPO). Welches Gericht sachlich zuständig ist, entscheidet sich also nach dem Einzelwert, wobei im Hinblick auf die für beide Parteien bestehende Verweisungsmöglichkeit (§ 506 ZPO) praktisch der höherwertige Anspruch maßgebend ist. Gilt dies aber in Fällen, in denen

---

nur dadurch, daß man die konkret entstandenen Kosten für jeden Anspruch errechnet und zueinander ins Verhältnis setzt.

[40] So mit Recht *Rödding*, NJW 62, 2092.

[41] Ebenso *Rödding*, NJW 68, 2092; abweichend BGH, NJW 57, 543: Danach sollen die Kosten des ersten Rechtszuges im gleichen Verhältnis wie die des zweiten geteilt werden. Dieses Ergebnis ist jedoch für den Beklagten unbillig, da er hinsichtlich des Hauptanspruches nicht unterlegen ist.

[42] So *Rödding*, NJW 68, 2092.

es mit Sicherheit zu Entscheidungen über mehrere Streitgegenstände kommt, so muß es erst recht gelten, wenn ungewiß ist, ob es überhaupt zu einer Entscheidung über die Widerklage kommt. Daher ist § 5 ZPO auch bei einer Hilfswiderklage anwendbar[43].

Dagegen sind für den Gebührenstreitwert die Einzelwerte von Klage und Widerklage grundsätzlich zusammenzurechnen (§§ 16 Abs. 1 Satz 2 GKG, 8 Abs. 1 Satz 1 BRAGebO). Ob dies auch in Fällen einer Hilfswiderklage gelten kann, erscheint in Anbetracht der Besonderheiten dieser Klagenverbindung fraglich. *Mattern*[44] bejaht diese Frage in Übereinstimmung mit der von ihm beim Vorliegen eines Haupt- und Hilfsanspruches vertretenen Meinung. Damit entsteht auch hier wieder das Problem, wer die durch die Hilfswiderklage verursachten Kosten zu tragen hat, wenn die Klage abgewiesen wird und es somit zu keiner Entscheidung über die Widerklage kommt. *Mattern* will auch in diesem Fall § 271 Abs. 3 Satz 2 ZPO analog anwenden und dem Kläger (!) die gesamten Kosten des Rechtsstreits auferlegen[45]. Unabhängig von den bereits früher geäußerten Bedenken gegenüber einer solchen Analogie ist sie hier jedoch eindeutig abzulehnen, führt sie doch dazu, daß der Kläger die Kosten einer Klage zu tragen hat, die von ihm noch nicht einmal erhoben wurde. Wendet man § 271 ZPO analog an, dann müßten diese Kosten von dem Beklagten als Widerkläger getragen werden. Gegen dieses Ergebnis sprechen jedoch die gleichen Gründe, die bereits zur Ablehnung einer unbedingten Werteaddition bei Haupt- und Hilfsanspruch geführt haben. In Übereinstimmung mit der bereits für diese Klagenverbindung vorgeschlagenen Lösung kommt daher eine Zusammenrechnung der Einzelwerte bei Klage und Hilfswiderklage nur dann in Betracht, wenn über beide Klagen endgültig entschieden wird. Die früheren Ausführungen zur Kostenentscheidung bei Haupt- und Hilfsanspruch gelten daher hier entsprechend.

§ 16 Die Einlegung von Rechtsmitteln bei der eventuellen objektiven Klagenhäufung

I. Die Beschwer bei Obsiegen mit dem Hilfsanspruch

Eine im Gesetz nicht erwähnte, aber allgemein anerkannte Voraussetzung für die Zulässigkeit eines Rechtsmittels ist die Beschwer des Rechtsmittelklägers. Sie ist gegeben, wenn die angefochtene Entschei-

---

[43] So auch *Mattern*, NJW 69, 1091.

[44] NJW 69, 1091; ebenso OLG Frankfurt, JurBüro 66, 786. Gegen eine Zusammenrechnung: KG, NJW 66, 1759 f. Das KG läßt für den Gebührenstreitwert stets einen Einzelwert maßgebend sein und unterliegt damit der gleichen Kritik wie die h. M. bezüglich des Gebührenstreitwerts bei Haupt- und Hilfsantrag.

[45] *Mattern*, NJW 69, 1091 f.

dung von der beantragten zum Nachteil des Rechtsmittelklägers abweicht. Für das Vorliegen einer Abweichung und eines Nachteils ist in erster Linie der rechtskraftfähige Inhalt des angefochtenen Urteils maßgebend[1]. Eine Beschwer des Klägers ist damit ohne weiteres gegeben, wenn Haupt- und Hilfsanspruch abgewiesen werden, eine solche des Beklagten, wenn auch nur einer dieser Ansprüche Erfolg hat. Der Beschwerdewert (§§ 511 a, 546 ZPO), für dessen Berechnung der Wert der Beschwer und der in der Rechtsmittelinstanz gestellte Antrag maßgebend sind[2], kann dabei bis zur Wertsumme beider Ansprüche reichen[3]. In diesen Fällen ist der notwendige Zusammenhang zwischen der Beschwer, der Kostenentscheidung und der Entscheidung zur Hauptsache[4] gewahrt. Der Umfang der Beschwer entspricht der Klagabweisung und der damit verbundenen Kostenbelastung.

Zweifel entstehen aber vor allem dann, wenn der Kläger nur mit dem Hilfsanspruch obsiegt. Sicherlich ist der Kläger in diesem Falle formell beschwert, da sein Hauptantrag abgewiesen worden ist. Schwierigkeiten bestehen jedoch insoweit, als der Streitwert allein nach dem Wert eines Einzelanspruches bemessen wird, wie dies nach der herrschenden Meinung immer, nach den übrigen Auffassungen dagegen nur ausnahmsweise der Fall ist. Bleibt man hier konsequent, so müßte sich die Höhe der Beschwer nach der wertmäßigen Differenz zwischen Haupt- und Hilfsantrag richten. Sie wäre also gleich null, wenn der Wert des Hauptantrages den des Hilfsantrages nicht übersteigt, da der Kläger in diesem Falle wertmäßig voll obsiegt. Diese Konsequenz wird von der überwiegenden Meinung freilich nicht gezogen, das Vorliegen einer Beschwer also gleichwohl bejaht[5]. Im Ergebnis ist dies auch zutreffend. Denn soweit eine Anfechtungsmöglichkeit bei getrennter Geltendmachung der verschiedenen Ansprüche besteht, darf bei der nur äußerlichen Zusammenfassung der prozessualen Ansprüche zu einer Klage nichts anderes gelten. Die systematischen Schwierigkeiten, die dieses Ergebnis bei der Eventualhäufung mit sich bringt, da die Höhe der Beschwer nicht wie üblich nach dem Streitwert, sondern dem hierfür unmaßgeblichen Wert des Hauptanspruches ausgerichtet werden muß, werden offenbar gar nicht bemerkt. Sie lassen sich jedoch für den Regelfall vermeiden, wenn man im Falle der Entscheidung über Haupt- und Hilfsanspruch den Streitwert nach der Summe der Einzelwerte bestimmt. Dagegen muß der systematische

---

[1] Statt aller: *Lent-Jauernig*, ZivilprozeßR, § 72 V; *Stein-Jonas-Grunsky*, Allg. Einl. V vor § 511.
[2] Vgl. *Thomas-Putzo*, § 511 a Anm. 1.
[3] Ebenso *Mattern*, NJW 69, 1089.
[4] Vgl. *Lent-Jauernig*, ZivilprozeßR (13. Aufl.), § 39 II 2.
[5] Vgl. BGHZ 26, 295 (296 f.); *Baumbach-Lauterbach*, Grundz § 511 Anm. 3 A; *Stein-Jonas-Grunsky*, Allg. Einl. V 1 a vor § 511; a. A. wohl *Thomas-Putzo*, Vorbem. § 511 IV 2 c.

Bruch in den Ausnahmefällen, in denen eine Zusammenrechnung der Einzelwerte allgemein unterbleibt, hingenommen werden. Auch von der Bestimmung der Beschwer her gesehen erweist sich somit die hier vertretene Auffassung vom Streitwert bei Haupt- und Hilfsanspruch als vorteilhaft.

II. Die Anfallwirkung von Haupt- und Hilfsanspruch in der Rechtsmittelinstanz

Werden im Falle einer eventuellen Klagenhäufung gegen das Urteil erster oder zweiter Instanz Rechtsmittel eingelegt, so fragt es sich, in welchem Umfang der Rechtsstreit bei dem Rechtsmittelgericht anhängig wird, das heißt, ob dieses zur Entscheidung über beide oder nur über einen der Ansprüche befugt ist.

1. Die unbeschränkte Anfallwirkung beider Ansprüche

Die Anfallwirkung von Haupt- und Hilfsanspruch ist ohne weiteres zu bejahen, wenn das vorinstanzliche Gericht über beide Ansprüche entschieden hat und hiergegen beide Parteien — soweit sie durch das Urteil beschwert sind — ein Rechtsmittel einlegen. Damit ist aber noch nicht gesagt, daß es in der Rechtsmittelinstanz tatsächlich zu einer Entscheidung über beide Ansprüche kommt, denn auch hier ist die Eventualstellung zu beachten. Das Rechtsmittelgericht darf über den Hilfsanspruch erst und nur dann entscheiden, wenn es hinsichtlich des Hauptanspruches zu einer der Eventualstellung entsprechenden Entscheidung kommt. Wird also in einem Falle, in dem der Hauptanspruch abgewiesen und dem Hilfsanspruch stattgegeben wird, vom Beklagten Berufung und vom Kläger (Anschluß-)Berufung eingelegt, dann ist zunächst über die (Anschluß-)Berufung zu entscheiden[6]. Wenn das Gericht ihr stattgibt, ist für die Entscheidung über die Berufung des Beklagten kein Raum mehr. Die Grundlage für eine Verurteilung nach dem Hilfsanspruch entfällt nämlich bereits dadurch, daß dem Hauptanspruch entsprochen wird. Als Folge davon, daß über den Hilfsanspruch zunächst immer nur bedingt entschieden werden kann[7], muß bei gleichzeitiger Anfechtung beider Entscheidungen das Rechtsmittel des Beklagten gegen die stattgebende Entscheidung zum Hilfsantrag stets als eventualiter[8] eingelegt aufgefaßt werden.

Eine Besonderheit ergibt sich in diesem Falle aber bei der Revision. Kann das Revisionsgericht über den Hauptanspruch nicht abschließend entscheiden, weil insoweit noch weitere Tatsachenfeststellungen not-

[6] So auch RGZ 169, 65 (69); *Johannsen*, LM Nr. 10 zu § 537 ZPO.
[7] Vgl. oben § 14 II (bei Fußn. 18).
[8] Gegen die Zulässigkeit eines bedingten Rechtsmittels bestehen in diesem Fall keine Bedenken, vgl. oben § 10 II 1 (bei Fußn. 13).

wendig sind, so hebt es das Urteil über den Hauptanspruch auf und verweist die Sache zur anderweitigen Verhandlung und Entscheidung an das Berufungsgericht zurück (§ 565 Abs. 1 ZPO). Fraglich bleibt, ob infolge der Revision des Beklagten auch eine Entscheidung hinsichtlich des Hilfsanspruchs getroffen werden kann. Bedenken ergeben sich aus der Eventualstellung. Die Aufhebung und Zurückverweisung stellt zwar eine Entscheidung über den Hauptanspruch dar. Sie enthält aber keine endgültige Aussage darüber, ob der Hauptanspruch begründet ist oder nicht. Diese Entscheidung muß vielmehr das Berufungsgericht erneut treffen, wobei es lediglich an die für die Aufhebung maßgebliche rechtliche Beurteilung des Revisionsgerichtes gebunden ist (§ 565 Abs. 2 ZPO). Damit kann die Voraussetzung, bei deren Vorliegen es infolge der Eventualstellung überhaupt erst zu einer Entscheidung über den Hilfsanspruch kommen sollte, für die Revisionsinstanz nicht als gegeben angesehen werden.

Gleichwohl sprechen gewichtige Gründe dafür, eine Entscheidung über den Hilfsanspruch zuzulassen. Läßt das Revisionsgericht das Urteil über den Hilfsanspruch unbeschieden, wird es also weder bestätigt noch abgeändert, dann ist das Berufungsgericht bei der erneuten Verhandlung des Rechtsstreits an seinen Ausspruch über den Hilfsanspruch gebunden (§ 318 ZPO). Dies hat für den Beklagten zwar keine nachteiligen Folgen, sofern das Berufungsgericht dem Hauptanspruch nunmehr stattgibt, denn in diesem Fall wird der Ausspruch über den Hilfsanspruch ohnehin gegenstandslos. Anders ist es jedoch, wenn das Berufungsgericht den Hauptanspruch erneut abweist. Verzichtet der Kläger nunmehr darauf, gegen dieses Urteil erneut Revision einzulegen, so wird auch der Ausspruch über den Hilfsanspruch endgültig. Infolge der Rückverweisung des gesamten Rechtsstreits ist der Hilfsanspruch beim Revisionsgericht nicht anhängig geblieben[9]. Eine selbständige Anfechtung seitens des Beklagten ist nicht mehr möglich, da die neue Verhandlung und Entscheidung auf den Hauptanspruch beschränkt war und somit die Rechtsmittelfrist hinsichtlich des Urteils über den Hilfsanspruch regelmäßig bereits abgelaufen sein wird. Bei konsequenter Beachtung der Eventualstellung wird der Beklagte also unter Umständen um die Möglichkeit gebracht, die Entscheidung über den Hilfsantrag durch das Revisionsgericht nachprüfen zu lassen. Dieses Ergebnis kann nicht hingenommen werden, zumal auch die Wirksamkeit des Revisionsurteils über den Hilfsanspruch bis zur rechtskräftigen Zu- oder Aberkennung des Hauptanspruches in der Schwebe bleibt und damit die Eventualstellung wenigstens im Endergebnis ge-

---

[9] Die gegenteilige Auffassung läßt sich nicht vertreten, da wir es dann mit einer unzulässigen, weil von dem Ausgang der Vorinstanz abhängig gemachten Rechtsmitteleinlegung zu tun hätten.

wahrt wird. Soweit das Revisionsgericht dem Hauptanspruch nicht bereits endgültig stattgibt, hat es infolge der Revision des Beklagten also stets auch über den Hilfsanspruch zu entscheiden.

2. *Die gegenständlich beschränkte Anfallwirkung*

Der Umfang der Anfallwirkung ist zweifelhaft, wenn nur die Entscheidung über einen der beiden Ansprüche von der hierdurch beschwerten Partei mit einem Rechtsmittel angegriffen wird. Dabei werden gemeinhin zwei Fallgestaltungen unterschieden und auch unterschiedlich behandelt: Hat das Gericht dem Hilfsanspruch unter Abweisung des Hauptanspruchs stattgegeben und legt nur der Beklagte dagegen ein Rechtsmittel ein, so soll der Hauptanspruch dem Rechtsmittelgericht nicht anfallen, es darf mithin über diesen nicht entscheiden[10]. Gleiches gilt für den Hilfsanspruch bei einer einseitigen Anfechtung seitens des Klägers[11]. Bei Stattgabe des Hauptanspruches und einem hiergegen gerichteten Rechtsmittel des Beklagten wird dagegen der Umfang der Anfallwirkung weiter gezogen. Das Rechtsmittelgericht soll hier ohne weiteres auch über den Hilfsantrag entscheiden dürfen[12].

Die von der ganz überwiegenden Mehrheit vertretene Auffassung bezüglich des letztgenannten Falles sowie die damit verbundene unterschiedliche Beurteilung der beiden Fallgruppen läßt sich jedoch, wie *Brox*[13] erst kürzlich überzeugend nachgewiesen hat, nicht aufrechterhalten.

Der für das erstinstanzliche Verfahren aufgestellte Grundsatz, daß das Gericht an die Parteianträge gebunden ist (§ 308 Abs. 1 ZPO), findet für die Rechtsmittelinstanz sein Gegenstück in den §§ 536, 559 Satz 1 ZPO. Der Rechtsmittelantrag bestimmt den Gegenstand des Rechtsmittelverfahrens. Die Bindung an diesen bewirkt also, daß der Streitgegenstand nur insoweit in die Rechtsmittelinstanz erwächst, als

---

[10] So RG, HRR 1938, 1530; BGHZ 41, 38 = NJW 64, 722 = JZ 64, 229 = LM Nr. 10 zu § 537 ZPO (m. Anm. v. *Johannsen*); *Brox*, C. Heymanns Festschrift, S. 129 ff. (133); *Rosenberg-Schwab*, § 100 IV 3 b; *Stein-Jonas-Grunsky*, § 537 I 1 b, aa; *Thomas-Putzo*, § 260 Anm. 4 c; *Zöller-Stephan*, § 260 II 2; a. A. *Rosenberg*, ZivilprozeßR, § 137 II; *Paulsen*, LM Nr. 1 zu § 525 ZPO.

[11] So ausdrücklich *Zöller-Stephan*, § 260 II 2. Warum *Brox* (C. Heymanns Festschrift, S. 129, 136 ff.) hierin im Hinblick auf die Revision eine besondere Fallgruppe sieht, bleibt unerfindlich.

[12] So RGZ 77, 120 (126); 105, 236 (242); BGH, LM Nr. 1 zu § 525 (m. Anm. v. *Paulsen*); BGH, JZ 64, 229; *Baumbach-Lauterbach*, § 537 Anm. 1 C a; *Nikisch*, ZivilprozeßR, § 122 III 3; *Rosenberg, ZivilprozeßR*, § 137 II; *Thomas-Putzo*, § 260 Anm. 4 c; *Wieczorek*, § 525 B I a; *Zöller-Stephan*, § 260 II 2; *Mattern*, NJW 69, 1090 f.; a. A. neuerdings *Brox*, C. Heymanns Festschrift, S. 133 ff. und ihm folgend *Stein-Jonas-Grunsky*, § 537 I 1 b bb; *Rosenberg-Schwab*, § 100 IV 3 b.

[13] C. Heymanns Festschrift, S. 129 ff.

der Rechtsmittelantrag reicht[14]. Überschreitet das Rechtsmittelgericht die ihm durch den Rechtsmittelantrag gesetzten Grenzen, so besteht die Gefahr eines Verstoßes gegen das Verbot der reformatio in peius. Das zeigt sich bei den hier in Frage stehenden Fällen besonders deutlich. Wendet sich zum Beispiel der Kläger gegen die Abweisung des Hauptanspruches und könnte das Rechtsmittelgericht nunmehr auch den bisher erfolgreichen Hilfsanspruch abweisen, so entstünden dem Kläger infolge seines Rechtsmittels zusätzliche Nachteile[15]. Das Äußerste, was dem Rechtsmittelkläger widerfahren darf, ist jedoch, daß es bei dem von ihm angegriffenen Urteil verbleibt[16]. Die Gefahr einer Benachteiligung des Rechtsmittelsklägers muß auch nicht hingenommen werden, um zu verhindern, daß der Beklagte im Falle eines erfolgreichen Rechtsmittels des Klägers sowohl nach dem Haupt- als auch nach dem Hilfsanspruch verurteilt wird. Die Verurteilung aus dem Hilfsantrag ist stets auflösend bedingt und wird bereits mit der rechtskräftigen Stattgabe des Hauptanspruchs hinfällig, ohne daß es einer förmlichen Beseitigung dieses Ausspruchs bedarf[17]. Es zeigt sich also, daß ein Anwachsen des nicht angefochtenen Anspruchs oder des in der ersten Instanz nicht beschiedenen Hilfsanspruchs in die Rechtsmittelinstanz mit dem geltenden Recht unvereinbar ist.

Die für die abweichende Auffassung im Falle der Stattgabe des Hauptanspruchs von der Rechtsprechung[18] ins Feld geführten Gründe überzeugen nicht. Das Reichsgericht[19] hat ausgeführt, die Anfallwirkung des Hilfsantrags sei bereits deshalb gegeben, weil die Zuerkennung des Hauptanspruchs nicht nur eine tatsächliche Erledigung des Hilfsanspruchs zur Folge habe, sondern zugleich auch eine Aberkennung des Hilfsanspruchs im Sinne des § 537 ZPO enthalte. Dies ist jedoch unrichtig, da in Wirklichkeit infolge des Bedingungseintritts überhaupt keine Entscheidung über den Hilfsanspruch ergeht[20]. Entgegen der Meinung des Bundesgerichtshofs[21] ist eine unterschiedliche Behandlung der beiden Fallgruppen auch nicht im Hinblick auf die Zulässigkeit oder Unzulässigkeit eines Rechtsmittels gegen die jeweilige Entscheidung geboten. Es ist zwar richtig, daß der Kläger bei der Statt-

---

[14] Vgl. *Blomeyer*, ZivilprozeßR, § 99 I.

[15] Entsprechendes gilt bei einer Rechtsmitteleinlegung des Beklagten. Kommt es in der Rechtsmittelinstanz zu einer Verurteilung aus dem anderen Antrag, so würde die ursprüngliche Beschwer zwar beseitigt, zugleich aber eine neue geschaffen.

[16] *Stein-Jonas-Grunsky*, § 536 I 2.

[17] Dies verkennt *Stein-Jonas-Grunsky*, § 537 I 1 b aa. Zutreffend dagegen *Brox*, C. Heymanns Festschrift, S. 136 f.

[18] Vgl. vor allem RGZ 77, 120 (124 ff.); BGH, JZ 64, 229.

[19] RGZ 77, 120 (125).

[20] BGH, JZ 64, 229; *Johannsen*, LM Nr. 10 zu § 537 ZPO; *Brox*, C. Heymanns Festschrift, S. 133.

[21] BGHZ 41, 38 = JZ 64, 229.

gabe des Hauptanspruchs — anders als bei bloßem Obsiegen mit dem Hilfsanspruch — nicht beschwert ist und somit kein selbständiges Rechtsmittel einlegen kann. Dadurch entstehen jedoch keine Unzuträglichkeiten für den Kläger, falls es auf die Berufung des Beklagten hin zu einer Abänderung der bisherigen Entscheidung kommt. Denn einmal besteht für den Kläger die Möglichkeit, den Hilfsantrag im Wege einer unselbständigen eventuellen Anschlußberufung in die höhere Instanz zu bringen[22], sofern man mit der herrschenden Meinung[23] für diese Anschlußberufung keine Beschwer voraussetzt. Selbst wenn man jedoch mangels Beschwer eine Anschlußberufung für unzulässig ansieht, eine Entscheidung über den Hilfsantrag durch das Berufungsgericht also ausscheidet, entstehen keine nachteiligen Folgen. Da die Rechtshängigkeit des Hilfsanspruchs erst mit der rechtskräftigen Stattgabe des Hauptanspruchs erlischt[24] und der Hilfsanspruch der Berufungsinstanz nicht angefallen ist, hat die Vorinstanz den Hilfsanspruch nunmehr durch Ergänzungsurteil analog § 321 ZPO zu erledigen[25]. Die Situation ist nämlich nicht anders, als wenn bereits die Vorinstanz den Hauptanspruch abgewiesen und den Hilfsanspruch übergangen hätte. Damit hat der Kläger jedenfalls auch bei Unzulässigkeit einer Anschlußberufung die Möglichkeit, eine Entscheidung über den Hilfsanspruch herbeizuführen.

Abschließend bleibt somit festzustellen, daß sich der Umfang der Anfallwirkung von Haupt- und Hilfsanspruch in der Rechtsmittelinstanz allein nach den Rechtsmittelanträgen der Parteien richtet[26]. Das gilt entsprechend auch bei Vorliegen von Klage und Hilfswiderklage.

---

[22] So *Brox*, C. Heymanns Festschrift, S. 134; *Stein-Jonas-Grunsky*, § 537 I 1 b bb (allerdings in Widerspruch zu der bei § 521 I 1 vertretenen Ansicht, daß auch die Anschlußberufung eine Beschwer erfordert).

[23] *Lent-Jauernig*, ZivilprozeßR, § 72 VI; *Schönke-Kuchinke*, § 77 I 8; *Baumbach-Lauterbach*, § 521 Anm. 1 B b; *Thomas-Putzo*, § 521 Anm. 3; a. A. *Stein-Jonas-Grunsky*, § 521 I 1.

[24] Vgl. oben § 13 I (bei Fußn. 2).

[25] Vgl. *Stein-Jonas-Grunsky*, § 537 I 1 b cc (für den entsprechenden Fall eines vom Erfolg des Hauptantrags abhängig gemachten Hilfsantrags).

[26] So bereits *Brox*, C. Heymanns Festschrift, S. 129 ff. (140) und ihm folgend *Stein-Jonas-Grunsky*, § 537 I 1 b.

Literaturverzeichnis

Alsberg-Nüse: Der Beweisantrag im Strafprozeß, 4. Aufl., Köln-Berlin-Bonn-München 1969.

Arens, Peter: Streitgegenstand und Rechtskraft im aktienrechtlichen Anfechtungsverfahren, Bielefeld 1958.

— Der Grundsatz der Einheitlichkeit der Entscheidung in Ehesachen, besonders im Hinblick auf das Wiederaufnahmeverfahren, ZZP 76, 423 ff.

Auffahrt-Müller: Kündigungsschutzgesetz, Berlin und Frankfurt/M. 1960.

Bader, Hans: Zur Tragweite der Entscheidung über die Art des Anspruchs bei Verurteilungen im Zivilprozeß, Berlin 1966.

Baumbach-Hueck: Aktiengesetz, 13. Aufl., München 1968.

Baumbach-Lauterbach: Kommentar zur Zivilprozeßordnung, 30. Aufl., München 1970.

Baumgärtel, Gottfried: Wesen und Begriff der Prozeßhandlung einer Partei im Zivilprozeß, Berlin und Frankfurt/M. 1957.

— Anmerkung zum Urteil des BGH v. 16. 6. 1959, JZ 60, 28 f.

— Anmerkung zum Urteil des BAG v. 27. 4. 1960, AP Nr. 1 zu § 537 ZPO.

Berg, Hans: Das Erfordernis der Bestimmtheit des Klageantrags bei einer Mehrheit von prozessualen Ansprüchen, JR 67, 326 ff.

Bergerfurth, Bruno: Hilfsanträge zur Erledigung der Hauptsache? NJW 68, 530 ff.

Bernhardt, Wolfgang: Das Zivilprozeßrecht, 3. Aufl., Berlin 1968.

Blomeyer, Arwed: Zivilprozeßrecht, Erkenntnisverfahren, Berlin-Göttingen-Heidelberg 1963.

— Zum Urteilsgegenstand im Leistungsprozeß, in Festschrift für Friedrich Lent, München und Berlin 1957, S. 43 ff.

— Anmerkung zum Urteil des BGH v. 30. 5. 1956, JZ 57, 127.

— Grundprobleme der Erledigung der Hauptsache, JuS 62, 212 ff.

Blomeyer, Jürgen: Rechtskraft und Rechtsmittel bei Klagabweisung, NJW 69, 587 ff.

Bötticher, Eduard: Zur Lehre vom Streitgegenstand im Eheprozeß, in Festgabe für Leo Rosenberg, München und Berlin 1949, S. 73 ff.

— Anmerkung zum Urteil des BGH v. 8. 10. 1953, JZ 54, 242 f.

— Anmerkung zum Urteil des BGH v. 13. 7. 1956, MDR 58, 330 f.

— Anmerkung zum Urteil des BGH v. 21. 12. 1967, JZ 68, 798 f.

de Boor, Hans-Otto: Zur Lehre vom Parteiwechsel und vom Parteibegriff, Leipziger rechtswissenschaftliche Studien, herausgegeben von der Leipziger Juristenfakultät, Heft 124, Sonderdruck aus der Festschrift für Heinrich Siber, Leipzig 1943.

Brauer, Helmuth: Zur Lehre vom gleichwertigen Parteivorbringen, JZ 56, 710 ff.

Brauer, Helmut: Mehrheit materiellrechtlicher Ansprüche des Leistungsklägers, NJW 56, 1189 f.

Brox, Hans: Zur Problematik von Haupt- und Hilfsanspruch, in Recht im Wandel, Festschrift 150 Jahre Carl Heymanns Verlag, Köln-Berlin-Bonn-München 1966, S. 121 ff.

Bruck, Eberhard Friedrich: Bedingungsfeindliche Rechtsgeschäfte, Breslau 1904.

Bruns, Rudolf: Zivilprozeßrecht, Berlin und Frankfurt/M. 1968.

Bucerius: Eventuell verbundene Anträge, ZZP 37, 193 ff.

Bülow, Oskar: Die Lehre von den Proceßeinreden und die Proceßvoraussetzungen, Gießen 1868.

Bunte, Klaus: Verbindung von Herausgabeanspruch und eventuellem Schadensersatzanspruch — OLG Schleswig (NJW 1966, 1929), JuS 67, 206 ff.

Cahn, Friedrich: Eventuelle und alternative Klageanträge, JW 20, 1014 ff.

Deubner, Karl Günther: Grundprobleme der Erledigung der Hauptsache, JuS 62, 205 ff.

Dietrich, Peter: Zur materiellen Rechtskraft eines klagabweisenden Urteils, ZZP 83, 201 ff.

Donau, Helmut: Zur Rechtslage bei Streit über die Erledigung der Hauptsache (einseitige Erledigungserklärung), MDR 57, 524 ff.

— Zur Diskussion über den Streitgegenstand im Zivilprozeß, JR 60, 204 ff.

Drischler, Karl: Bundesgerichtskostengesetz, 2. Aufl., Flensburg 1961.

Dunz, Walter: Streitgegenstand auf Umtausch, NJW 62, 1225 ff.

Ebbecke: Umfang des Rechtsstreits, ZZP 47, 207 ff.

Eccius: Besprechung der 5. Aufl. des Kommentars der ZPO und des GVG für das Deutsche Reich nebst den Einführungsgesetzen von v. Wilmowski-Levy, Gruch 33, 137 ff.

— Besprechung der 6. Aufl. des vorgenannten Kommentars, Gruch 36, 143 ff.

Enneccerus-Nipperdey: Lehrbuch des Bürgerlichen Rechts, Allgemeiner Teil, 2. Halbband, 15. Aufl., Tübingen 1960.

Erman, Walter: Handkommentar zum Bürgerlichen Gesetzbuch, Band 1, 4. Aufl., Münster 1967.

Esser, Josef: Schuldrecht, Allgemeiner Teil (Band I), 3. Aufl., Karlsruhe 1968.

Eyermann-Fröhler: Verwaltungsgerichtsordnung, Kommentar, 4. Aufl., München und Berlin 1965.

Fenn, Herbert: Die Anschlußbeschwerde im Zivilprozeß und im Verfahren der freiwilligen Gerichtsbarkeit, Bielefeld 1961.

— Die fristgebundene Widerklage — ein Anschluß„rechtsmittel" erster Instanz? AcP 163, 152 ff.

Fischer, Walther: Eventualhäufungen in Klage, Widerklage und Rechtsmitteln, Leipziger Dissertation 1912.

Flume, Werner: Allgemeiner Teil des Bürgerlichen Rechts, II. Band, Das Rechtsgeschäft, Berlin-Heidelberg-New York 1965.

Förster-Kann: Die Zivilprozeßordnung für das Deutsche Reich, Band I, 3. Aufl., Berlin 1913.

Furtner, Georg: Das Urteil im Zivilprozeß, 2. Aufl., München und Berlin 1967.

Gerold, Wilhelm: Streitwert. Der Wert des Streitgegenstandes in bürgerlichen Rechtsstreitigkeiten, München und Berlin 1959.

Göppinger, Horst: Die Erledigung des Rechtsstreits in der Hauptsache, Stuttgart 1958.

— Anmerkung zum Urteil des LG Ulm v. 10. 6. 1955, ZZP 68, 467 f.

— Anmerkung zum Urteil des OVG Lüneburg v. 4. 12. 1958, DÖV 60, 194 f.

Götz, Heinrich: Die innerprozessuale Bindungswirkung von Urteilen im Zivil-, Arbeits- und Verwaltungsprozeßrecht, JZ 59, 681 ff.

Goldschmidt, James: Der Prozeß als Rechtslage, Berlin 1925.

— Zivilprozeßrecht, 2. Aufl., Berlin 1932.

Gross, Rolf: Klageänderung und Klagerücknahme, Frankfurter Dissertation 1959.

— Das Verhältnis der Klageänderung zur Klagerücknahme, ZZP 75, 93 ff.

Grunsky, Wolfgang: Rechtskraft von Entscheidungsgründen und Beschwer, ZZP 76, 165 ff.

— Besprechung von Wolfgang Bernhardts Lehrbuch „Das Zivilprozeßrecht", JZ 68, 638 f.

Güntzel, Gerald: Die Fehlerhaftigkeit von Prozeßhandlungen der Partei im Zivilprozeß und die Möglichkeit ihrer Heilung, Marburger Dissertation 1966.

Habscheid, Walther J.: Der Streitgegenstand im Zivilprozeß und im Streitverfahren der freiwilligen Gerichtsbarkeit, Bielefeld 1956.

— Die Rechtsnatur der Erledigung der Hauptsache — Ein Beitrag zur Lehre vom Streitgegenstand, in Festschrift für Friedrich Lent, München und Berlin 1957, S. 153 ff.

— Der gegenwärtige Stand der Lehre von der Erledigung des Rechtsstreits in der Hauptsache, JZ 63, 579 ff., 624 ff.

— Anmerkung zum Urteil des LG Berlin v. 14. 11. 1957, NJW 58, 833 f.

Hahn-Mugdan: Die gesamten Materialien zu den Reichs-Justizgesetzen, 8. Band, Berlin 1898.

Hahn-Stegemann: Die gesamten Materialien zur Civilprozeßordnung und dem Einführungsgesetz zu demselben v. 30. 1. 1877, 1. Abt., 2. Aufl., Berlin 1881.

Hein, Wolfgang: Identität der Partei, Band I, Berlin und Leipzig 1918.

Hellwig, Konrad: Lehrbuch des Deutschen Zivilprozeßrechts, III. Band, 1. Abt., Leipzig 1909.

— Prozeßhandlung und Rechtsgeschäft, in Festgabe der Berliner Juristischen Fakultät für Otto Gierke, Band II, Breslau 1910, S. 41 ff.

— System des Deutschen Zivilprozeßrechts, 1. Teil, Leipzig 1912.

— Anspruch und Klagrecht, Leipzig 1924.

Henckel, Wolfram: Parteilehre und Streitgegenstand im Zivilprozeß, Heidelberg 1961.

— Die Grenzen der Verjährungsunterbrechung, JZ 62, 335 ff.

Herschel, Wilhelm: Anmerkung zum Urteil des LAG Hamm v. 22. 10. 1952, AP 53 Nr. 139.

Hillach, Alexander: Handbuch des Streitwerts in bürgerlichen Rechtsstreitigkeiten unter Verwertung der Rechtsprechung und Rechtslehre, 2. Aufl., Köln und Berlin 1954.

Hueck, Alfred: Anfechtbarkeit und Nichtigkeit von Generalversammlungsbeschlüssen, Mannheim-Berlin-Leipzig 1924.

— Klage und Urteil im Kündigungsschutzstreit, in Festschrift für Hans Carl Nipperdey, München und Berlin 1955, S. 99 ff.

— Gesellschaftsrecht, 14. Aufl., München 1968.

— Kündigungsschutzgesetz, 7. Aufl., München 1970.

Jauernig, Othmar: Das fehlerhafte Zivilurteil, Frankfurt/M. 1958.

— Verhandlungsmaxime, Inquisitionsmaxime und Streitgegenstand, Tübingen 1967.

Johannsen, Kurt: Anmerkung zum Urteil des BGH v. 17. 10. 1963, LM Nr. 6 zu § 33 ZPO.

— Anmerkung zum Urteil des BGH v. 14. 11. 1963, LM Nr. 10 zu § 537 ZPO.

Jonas, Martin: Anmerkung zum Urteil des RG v. 3. 10. 1929, JW 30, 142 ff.

Käufer, Johannes: Wiedereinsetzungsantrag und „bedingte" Berufung, NJW 62, 572 f.

Kempf, Ludwig: Zur Problematik des Musterprozesses, ZZP 73, 342 ff.

Kion, Hans-Jürgen: Anmerkung zum Urteil des VGH Kassel v. 1. 6. 1967, NJW 68, 268 f.

Kisch: Anmerkung zum Urteil des RG v. 23. 11. 1935, JW 36, 1255.

Kleinfeller, Georg: Lehrbuch des Deutschen Zivilprozeßrechts, 3. Aufl., Berlin 1925.

Knöpfel, Gottfried: Der Antrag auf Erlaß des Anerkenntnisurteils (§ 307 ZPO), ZZP 68, 450 ff.

König: Der Hilfsantrag auf Wertersatz bei den Klagen auf Herausgabe einer Sache, LZ 17, 846 ff.

Körner, Ludwig: Zur Klagabweisungs- und Beweiserhebungstheorie bei der Eventualaufrechnung im Zivilprozeß, Frankfurter Dissertation 1950.

Kohler, Josef: Der Prozeß als Rechtsverhältnis, Mannheim 1888.

Lämmert: Eventuelle Klagenverbindung, ZZP 16, 428 ff.

Lang, Alfred: Die Zulässigkeit bedingter Parteihandlungen im Zivilprozeß, Münchener Dissertation 1954.

Lang, Siegfried: Streitwert bei Mehrheit von Ansprüchen, NJW 70, 1173 ff.

Larenz, Karl: Lehrbuch des Schuldrechts, I. Band, Allgemeiner Teil, 9. Aufl., München 1968.

Lehmann-Hübner: Allgemeiner Teil des Bürgerlichen Gesetzbuches, 15. Aufl., Berlin 1966.

Lent, Friedrich: Zur Abgrenzung der Anspruchsmehrheit von der Mehrheit der Klagegründe, ZZP 57, 1 ff.

— Zur Lehre vom Streitgegenstand, ZZP 65, 315 ff.

— Anmerkung zum Urteil des KG v. 9. 2. 1950, JR 51, 376 f.

Lent-Jauernig: Zivilprozeßrecht, 15. Aufl., München 1970.

Lüderitz, Alexander: Der Einfluß des Armenrechtsverfahrens auf den Lauf der Rechtsmittelfrist, ZZP 78, 131 ff.

Lüke, Gerhard: Grundsätze des Verwaltungsprozesses, JuS 61, 41 ff.

— Zum Streitgegenstand im arbeitsgerichtlichen Kündigungsschutzprozeß, JZ 60, 203 ff.

Lüke, Gerhard: Die Beseitigung des Prozeßvergleichs durch Parteivereinbarung, JuS 65, 482 ff.

Mattern, Friedrich: Streitwert bei Mehrheit von Ansprüchen, NJW 69, 1087 ff.

Meilicke, Heinz: Eventuelle subjektive Klagenhäufung im englischen Zivilprozeß unter Rechtsvergleichung mit deutschem Recht, JW 35, 762 f.

Meyer, Karl E.: Der Streitwert der Zwischenfeststellungsklage, JR 55, 253 f.

Mühl, Otto: Die Bedeutung des Sachverhalts für den Begriff des Streitgegenstandes bei Leistungsklagen in der Rechtsprechung, NJW 54, 1664 ff.

— Die Lehre von Gutachten und Urteil, JuS 64, 108 ff.

Müller: Die Kostenentscheidung bei Eventualanträgen, JW 31, 2452.

Nakano, Teiichiro: Das Prozeßrechtsverhältnis, ZZP 79, 99 ff.

Nikisch, Arthur: Der Streitgegenstand im Zivilprozeß, Tübingen 1935.

— Zur Lehre vom Streitgegenstand im Zivilprozeß, AcP 154, 271 ff.

— Zivilprozeßrecht, 2. Aufl., Tübingen 1952.

— Die Aufrechnung im Prozeß, in: Das Deutsche Privatrecht in der Mitte des 20. Jahrhunderts, Festschrift für Heinrich Lehmann, Berlin-Tübingen-Frankfurt/M. 1956, II. Band, S. 765 ff.

Oehlers, Horst: Verjährungsunterbrechung durch hilfsweise Geltendmachung eines Anspruchs, NJW 70, 845 f.

Oertmann, Paul: Die Rechtsbedingung (condicio iuris), Leipzig und Erlangen 1924.

Ohr, Günter: Streitiges Urteil trotz Anerkenntnis? NJW 55, 251 ff.

Palandt, Otto: Bürgerliches Gesetzbuch, Kommentar, bearbeitet von Bernhard Danckelmann, Max Degenhart, Helmut Heinrichs, Theodor Keidel, Wolfgang Lauterbach, Hans Putzo, Heinz Thomas, 29. Aufl., München 1970.

Paulsen: Anmerkung zum Urteil des BGH v. 16. 1. 1951, LM Nr. 1 zu § 525 ZPO.

Pawlowski, Hans-Martin: Die bestimmte Angabe des Gegenstandes und des Grundes bei Teilklagen, ZZP 78, 307 ff.

Petersen: Über eventuelle Klagebegehren und Rechtsmittel, sowie die eventuelle Verbindung von mehreren Klagegründen, ZZP 16, 493 ff.

Pfizer: Eventuelles Vorbringen, ZZP 21, 367 ff.

Pünder, Werner: Die Verbindung der durch Nichterfüllung eines rechtskräftig festgestellten Anspruchs bedingten Ersatzklage mit der primären Leistungsklage, ZZP 41, 47 ff.

Putzo, Hans: Anmerkung zum Urteil des BGH v. 17. 10. 1963, NJW 64, 500 f.

Reichsgerichtsrätekommentar (RGRK): Kommentar zum Bürgerlichen Gesetzbuch, herausgegeben von Reichsgerichtsräten und Bundesrichtern, Band I, 2. Teilband und Band II, 2. Teilband, 11. Aufl., Berlin 1960.

Rimmelspacher, Bruno: Zur Prüfung von Amts wegen im Zivilprozeß, Göttingen 1966.

Rödding, Gerhard: Der Streitwert bei Hilfsaufrechnung, NJW 68, 1917 ff.

— Der Streitwert bei Hilfsansprüchen, NJW 68, 2091 f.

Rosenberg, Leo: Lehrbuch des Deutschen Zivilprozeßrechts, 9. Aufl., München und Berlin 1961.

— Zur Lehre vom Streitgegenstand, in Festgabe für Richard Schmidt, Band II, Leipzig 1932, S. 256 ff.

Rosenberg-Schwab: Zivilprozeßrecht, 10. Aufl., München 1969.

Sauer, Wilhelm: Allgemeine Prozeßrechtslehre, Berlin-Detmold-Köln-München 1951.

Schiedermair, Gerhard: Vereinbarungen im Zivilprozeß, Bonn 1935.

— Die Wirkung der Anfechtung von Zwischenurteilen nach §§ 275, 304 ZPO auf das Endurteil, JuS 61, 212 ff.

Schlosser, Peter: Gestaltungsklagen und Gestaltungsurteile, Bielefeld 1966.

Schmidt, Richard: Lehrbuch des Deutschen Zivilprozeßrechts, 1. Hälfte, 2. Aufl., Leipzig 1906.

Schneider, Egon: Die Kostenentscheidung im Zivilurteil, Berlin und Frankfurt/M. 1962.

— Hilfsbegründungen, NJW 58, 536 f.

— Prozeßkostenerhöhung bei Aufrechnung mit einer Gegenforderung, DB 70, 477 ff.

Schönke-Kuchinke: Zivilprozeßrecht, 9., völlig neu bearbeitete Aufl. des von Adolf Schönke begründeten und von Horst Schröder und Werner Niese fortgeführten Lehrbuchs, Karlsruhe 1969.

Schönke-Schröder-Niese: Lehrbuch des Zivilprozeßrechts, 8. Aufl., Karlsruhe 1956.

Schröder, Jochen: Widerklage gegen Dritte? AcP 164, 517 ff.

Schumann, Ekkehard: Anmerkung zum Urteil des BAG v. 20. 12. 1963, AP Nr. 11 zu § 91 a ZPO.

Schwab, Karl Heinz: Der Streitgegenstand im Zivilprozeß, München und Berlin 1954.

— Der Streitgegenstand im Eheprozeß, ZZP 65, 101 ff.

— Zum gegenwärtigen Stand der Lehre vom Streitgegenstand, JuS 65, 81 ff.

— Die einseitige Erledigungserklärung, ZZP 72, 127 ff.

— Bemerkungen zur Prozeßaufrechnung, in Festschrift für Hans Carl Nipperdey, München und Berlin 1965, Band I, S. 939 ff.

— Zur Wiederbelebung des Rechtsschutzanspruchs, ZZP 81, 412 ff.

— Die Bedeutung der Entscheidungsgründe, in Festschrift für Eduard Bötticher, Berlin 1969, S. 321 ff.

Sellner, G.: Die Behandlung sogenannter Eventualanträge, BlfRA 69, 493 ff.

Seuffert-Walsmann: Kommentar zur Zivilprozeßordnung, I. Band, 12. Aufl., München 1932.

Siegert, Karl: Die Prozeßhandlungen, ihr Widerruf und ihre Nachholung, Berlin 1929.

Soergel-Siebert: Kommentar zum Bürgerlichen Gesetzbuch, Band 2, Schuldrecht I, 10. Aufl., Stuttgart-Berlin-Köln-Mainz 1967 (zit.: Soergel-Bearbeiter).

Staudinger: Kommentar zum Bürgerlichen Gesetzbuch, Allgemeiner Teil, 11. Aufl., Berlin 1957; Recht der Schuldverhältnisse, 1. Teil, 11. Aufl., Berlin 1959; Erbrecht, 2. Teil, 10./11. Aufl., Berlin 1960.

Steif, Leon: Die Ausschaltungsbefugnis. Ein Beitrag zur Lehre von der Dispositionsfreiheit der Parteien im Zivilprozeß, Frankfurter Dissertation 1969.

Stein, Friedrich: Bedingte Prozeßhandlungen, DJZ 13, 35 ff.

Stein-Jonas: Kommentar zur Zivilprozeßordnung, bearbeitet seit 1953 von Rudolf Pohle, seit 1967 fortgeführt von Wolfgang Grunsky, Dieter Leipold, Wolfgang Münzberg, Peter Schlosser, Ekkehard Schumann, 19. Aufl., Tübingen 1964 ff.

Stölzel, Adolf: Schulung für die zivilistische Praxis, II. Teil, Die Eventualaufrechnung, 5. Aufl., Berlin 1914.

Struckmann-Koch: Die Zivilprozeßordnung für das Deutsche Reich, Kommentar, 9. Aufl., Berlin 1910.

Thomas-Putzo: Zivilprozeßordnung, 4. Aufl., München 1970.

Tschischgale, Max: Die Kosten bei Hilfsbegehr und Eventualbegründung, NJW 62, 2134 ff.

Wach, Adolf: Handbuch des Deutschen Civilprozeßrechts, Band I, Leipzig 1885.

Weismann, Jakob: Lehrbuch des deutschen Zivilprozeßrechts, Band I, Stuttgart 1903.

Weiß, Franz: Uneigentliche Eventualanträge, Emsdetten 1932.

Wieczorek, Bernhard: Zivilprozeßordnung und Gerichtverfassungsgesetz, Handausgabe, 2. Aufl., Berlin 1966.

Wierscher, Hartmut: Die Bestimmung der Prozeßpartei im Zivilprozeß, Frankfurter Dissertation 1956.

Willenbücher: Das Kostenfestsetzungsverfahren und die Bundesgebührenordnung für Rechtsanwälte, 16. Aufl., Berlin 1959.

Willms, Günther: Die Festsetzung des Streitwerts bei unbezifferten Leistungsklagen, JZ 52, 618 f.

v. Wilmowski-Levy: Civilprozeßordnung, Band I, 7. Aufl., Berlin 1895.

Windscheid-Kipp: Lehrbuch des Pandektenrechts, Band II, 9. Aufl., Frankfurt/M. 1906.

Zeuner, Albrecht: Die objektiven Grenzen der Rechtskraft im Rahmen rechtlicher Sinnzusammenhänge, Tübingen 1959.

Zöller, Richard: Zivilprozeßordnung, Kommentar, bearbeitet von Max Degenhart, Walter Karch, Franz Scherübl, Dieter Stephan, 10. Aufl., München 1968.

Kolibri 360 GmbH
Ferdinand-Jühlke-Straße 7
99095 Erfurt, Deutschland
produktsicherheit@kolibri360.de

Druck:
CPI Druckdienstleistungen GmbH
im Auftrag der
Kolibri 360 GmbH
Ferdinand-Jühlke-Str. 7
99095 Erfurt